Arbeiterfigur, entworfen von Professor Hosaeus, Berlin

DIE DEUTSCHE ARBEITER VERSICHERUNG

SONDERAUSSTELLUNG
AUF DER INTERNAT. HYGIENE-AUSSTELLUNG DRESDEN 1911.
KATALOG BEARBEITET VON
GEH. REG.-RAT DR. G. A. KLEIN,
SENATSVORSITZENDEM IM
REICHS-VERSICHERUNGSAMT

SPRINGER-VERLAG BERLIN HEIDELBERG GMBH 1911

ISBN 978-3-662-24187-5 ISBN 978-3-662-26300-6 (eBook)
DOI 10.1007/978-3-662-26300-6
Softcover reprint of the hardcover 1st edition 1911
Additional material to this book can be downloaded from http://extras.springer.com

KATALOG
DER SONDERAUSSTELLUNG DER KRANKEN-, UNFALL- U. INVALIDENVERSICHERUNG UNTER LEITUNG DES REICHS-VERSICHERUNGSAMTS

INHALTSVERZEICHNIS

	Seite
Verzeichnis der Mitglieder des Gesamt- und des Arbeitsausschusses	VII
Verzeichnis der Aussteller	XI
Einleitung	XIV
Katalog mit Erläuterung der Ausstellungsgegenstände:	
Arbeiterversicherung insgesamt	
1. Reichs-Versicherungsamt	1
Hierzu 32 statistisch-graphische Darstellungen.	
2. Königlich Bayerisches Landes-Versicherungsamt	25
Krankenversicherung	
A. Ortskrankenkassen	26
3. Zentralverband von Ortskrankenkassen des Deutschen Reichs	27
4. Ortskrankenkasse Dresden	28
5. Ortskrankenkasse für Leipzig und Umgegend in Leipzig	29
6. Ortskrankenkasse für den Gewerbebetrieb der Kaufleute, Handelsleute und Apotheker in Berlin	30
7. Gemeinsame Ortskrankenkasse Düsseldorf	32
B. Betriebskrankenkassen	34
8. Verband zur Wahrung der Interessen der Deutschen Betriebskrankenkassen in Essen (Ruhr)	34
9. Verband rheinisch-westfälischer Betriebskrankenkassen	35
10. Betriebskrankenkasse der Firma Friedr. Krupp A.-G. in Essen (Ruhr)	35
11. Betriebskrankenkasse der Firma Friedr. Krupp A.-G. Grusonwerk in Magdeburg-Buckau	37
12. Betriebskrankenkasse der Continental Caoutchouc- und Guttapercha-Compagnie in Hannover	37
13. Betriebskrankenkasse des »Phönix«, A.-G. für Bergbau und Hüttenbetrieb, Abteilung Ruhrort in Duisburg-Ruhrort	38
14. Betriebskrankenkasse der Maschinenfabrik Augsburg-Nürnberg A.-G., Werk Augsburg in Augsburg	40
15. Verband Thüringer Betriebskrankenkassen in Gera (Reuß)	40
16. Textil-Betriebs-Krankenkasse Gera, Reuß	41
17. Betriebskrankenkasse des »Phönix«, A.-G. für Bergbau und Hüttenbetrieb, Abteilung Hörder Verein in Hörde	41
18. Betriebskrankenkasse der Firma Schäffer und Buddenberg G. m. b. H., Maschinen- und Dampfkessel-Armaturen-Fabrik in Magdeburg-Buckau	42
19. Krankenkasse für sämtliche Betriebsstätten des Aktien-Vereins »Gutehoffnungshütte« in Oberhausen	43
20. Betriebskrankenkasse der Aktiengesellschaft »Weser« in Bremen	44
21. Betriebskrankenkasse der Firma Joh. C. Tecklenborg A.-G. in Geestemünde	44
22. Betriebskrankenkasse der Norddeutschen Kammgarnspinnerei und Wollkämmerei in Delmenhorst	45
23. Verband Dortmunder Betriebskrankenkassen zu Dortmund	46
24. Betriebskrankenkasse der Firma Th. Goldschmidt in Essen (Ruhr)	46
25. Krankenkasse der Röchlingschen Eisen- und Stahlwerke G. m. b. H. in Völklingen	47
26. Staatliche Betriebskrankenkasse für das Großherzogtum Hessen in Darmstadt	49
27. Betriebskrankenkasse der Vereinigten Uhrenfabriken von Gebr. Junghans und Thomas Haller A.-G. in Schramberg (Württemberg)	50
28. Betriebskrankenkasse der Röchlingschen Eisen- und Stahlwerke, G. m. b. H. Abteilung Carlshütte in Algringen	51
29. Königlich Sächsische Porzellanmanufaktur in Meißen	51
30. Betriebskrankenkasse der Portland-Cementwerke Heidelberg und Mannheim Akt.-Ges. in Heidelberg	52
31. Krankenkasse der Accumulatorenfabrik in Hagen i. Westf.	53
Unfallversicherung	
A. Gewerbliche Berufsgenossenschaften	55
32. Verband der Deutschen Berufsgenossenschaften	57
33. Knappschafts-Berufsgenossenschaft, Sektion VI in Beuthen O.-S.	57

Seite

34. Knappschafts-Berufsgenossenschaft, Sektion VII in Zwickau 58
35. Süddeutsche Edel- und Unedelmetall-Berufsgenossenschaft in Stuttgart 59
36. Ziegelei-Berufsgenossenschaft in Berlin 60
37. Berufsgenossenschaft der chemischen Industrie in Berlin 60
38. Berufsgenossenschaft der Gas- und Wasserwerke in Berlin 61
39. Papierverarbeitungs-Berufsgenossenschaft in Berlin 61
40. Norddeutsche Holz-Berufsgenossenschaft in Berlin 63
41. Nahrungsmittel-Industrie-Berufsgenossenschaft in Mannheim 63
42. Zucker-Berufsgenossenschaft in Berlin 64
43. Brauerei- und Mälzerei-Berufsgenossenschaft in Frankfurt a. M. 65
44. Bekleidungsindustrie-Berufsgenossenschaft in Berlin 66
45. See-Berufsgenossenschaft in Hamburg 67
46. Fleischerei-Berufsgenossenschaft in Mainz 67
47. Schmiede-Berufsgenossenschaft in Berlin 67

B. Landwirtschaftliche Berufsgenossenschaften 68
48. Ständige Kommission der deutschen landwirtschaftlichen Berufsgenossenschaften in Posen 68
49. Land- und forstwirtschaftliche Berufsgenossenschaft für den Regierungsbezirk Oberbayern in München 68
50. Land- und forstwirtschaftliche Berufsgenossenschaft für das Königreich Sachsen in Dresden 69
51. Braunschweigische landwirtschaftliche Berufsgenossenschaft in Braunschweig 69
52. Freie Vereinigung berufsgenossenschaftlicher Verwaltungen im Rheinland in Cöln . . 69
53. Westfälische Vereinigung berufsgenossenschaftlicher Verwaltungen in Dortmund . . . 70

Invalidenversicherung

A. Landes-Versicherungsanstalten 71
54. Landes-Versicherungsanstalt Ostpreußen in Königsberg i. Pr. 74
55. Landes-Versicherungsanstalt Westpreußen in Danzig 74
56. Landes-Versicherungsanstalt Berlin in Berlin 74
57. Landes-Versicherungsanstalt Brandenburg in Berlin 75
58. Landes-Versicherungsanstalt Pommern in Stettin 75
59. Landes-Versicherungsanstalt Posen in Posen 76
60. Landes-Versicherungsanstalt Schlesien in Breslau 76
61. Landes-Versicherungsanstalt Sachsen-Anhalt in Merseburg 77
62. Landes-Versicherungsanstalt Schleswig-Holstein in Kiel 77
63. Landes-Versicherungsanstalt Hannover in Hannover 77
64. Landes-Versicherungsanstalt Westfalen in Münster i. W. 78
65. Landes-Versicherungsanstalt Rheinprovinz in Düsseldorf 78
66. Versicherungsanstalt für Niederbayern in Landshut 79
67. Versicherungsanstalt für die Pfalz in Speyer 79
68. Versicherungsanstalt für Oberpfalz und Regensburg in Regensburg 79
69. Versicherungsanstalt für Oberfranken in Bayreuth 80
70. Versicherungsanstalt für Mittelfranken in Ansbach 80
71. Versicherungsanstalt für Schwaben und Neuburg in Augsburg 80
72. Landes-Versicherungsanstalt Königreich Sachsen in Dresden 81
73. Landes-Versicherungsanstalt Württemberg in Stuttgart 83
74. Landes-Versicherungsanstalt Baden in Karlsruhe 83
75. Landes-Versicherungsanstalt Großherzogtum Hessen in Darmstadt 84
76. Thüringische Landes-Versicherungsanstalt in Weimar 84
77. Landes-Versicherungsanstalt Oldenburg in Oldenburg 85
78. Landes-Versicherungsanstalt Braunschweig in Braunschweig 85
79. Landes-Versicherungsanstalt der Hansestädte in Lübeck 85
80. Landes-Versicherungsanstalt Elsaß-Lothringen in Straßburg i. E. 86

B. Besondere Kasseneinrichtungen der Invalidenversicherung (Knappschaftsvereine) . . . 87
81. Allgemeiner Knappschaftsverein in Bochum 89
82. Saarbrücker Knappschaftsverein in St. Johann-Saarbrücken 92
83. Norddeutsche Knappschafts-Pensionskasse in Halle a. S. 96
84. Knappschaftskassen des Königreichs Sachsen, des preußischen Oberbergamtsbezirkes Halle a. S. und der Thüringischen Staaten 96
85. Oberschlesischer Knappschaftsverein in Tarnowitz 97
Anhang 99

I. GESAMT-AUSSCHUSS

VORSITZENDER:

Dr. jur. et med. KAUFMANN, Wirklicher Geheimer Ober-Regierungsrat, Präſident des Reichs-Verſicherungsamts, Berlin W 10, Königin-Auguſta-Straße 25/27.

STELLVERTRETENDER VORSITZENDER:

WEGER, Geheimer Rat, Vorſitzender des Vorſtandes der Landes-Verſicherungsanſtalt Königreich Sachſen, Dresden, Marſchnerſtraße 39.

MITGLIEDER:

1. APPELIUS, Landesrat, Mitglied der Landes-Verſicherungsanſtalt der Rheinprovinz, Düſſeldorf.
2. BIELEFELDT, Geheimer Regierungsrat, Direktor und Vorſitzender des Vorſtandes der Landes-Verſicherungsanſtalt der Hanſeſtädte, Lübeck.
3. Dr.-Ing. BLUM, Geheimer Baurat, Vorſitzender der Nordöſtlichen Eiſen- und Stahl-Berufsgenoſſenſchaft und der Sektion I dieſer Berufsgenoſſenſchaft, Generaldirektor der Berlin-Anhaltiſchen Maſchinenbau-Aktiengeſellſchaft, Berlin NW 87, Reuchlinſtraße.
4. Dr. VON DZIEMBOWSKI, Landeshauptmann, Wirklicher Geheimer Ober-Regierungsrat, Vorſitzender der Poſenſchen landwirtſchaftlichen Berufsgenoſſenſchaft und Vorſitzender des Vorſtandes der Landes-Verſicherungsanſtalt Poſen, Poſen.
5. FABER, Kommerzienrat, ſtellvertretendes nichtſtändiges Mitglied des Reichs-Verſicherungsamts, Vorſitzender der Südweſtdeutſchen Holz-Berufsgenoſſenſchaft und der Sektion I dieſer Berufsgenoſſenſchaft, Stuttgart.
6. FALK, Gewerberat, Vorſitzender der Fleiſcherei-Berufsgenoſſenſchaft, Mainz, Diether-von-Iſenburgſtraße 15.
7. FELISCH, Geheimer Baurat, nichtſtändiges Mitglied des Reichs-Verſicherungsamts, Mitglied des Hauſes der Abgeordneten, Vorſitzender des Verbandes der Baugewerks-Berufsgenoſſenſchaften und Vorſitzender der Nordöſtlichen Baugewerks-Berufsgenoſſenſchaft, Berlin-Grunewald.
8. FRÄSSDORF, nichtſtändiges Mitglied des Reichs-Verſicherungsamts, Vorſitzender des Vorſtandes des Zentralverbandes von Ortskrankenkaſſen im Deutſchen Reich und Vorſitzender des Vorſtandes der Allgemeinen Ortskrankenkaſſe in Dresden, Wettiner Platz 2.
9. Dr. FREUND, Landesrat, Vorſitzender des Vorſtandes der Landes-Verſicherungsanſtalt Berlin, Berlin, Am Köllniſchen Park 8.
10. Dr.-Ing. HARTMANN, Geheimer Regierungsrat, Senatsvorſitzender im Reichs-Verſicherungsamt, Profeſſor an der Techniſchen Hochſchule, Berlin-Grunewald, Johannaplatz.
11. HEINEMANN, Geſchäftsführer des Verbandes zur Wahrung der Intereſſen der deutſchen Betriebskrankenkaſſen, Eſſen (Ruhr).
12. JACOB, Geheimer Kommerzienrat, Handelsrichter, Vorſitzender der Lagerei-Berufsgenoſſenſchaft, Berlin W 62, Landgrafenſtraße 12.
13. Dr. KLEIN, Geheimer Regierungsrat, Senatsvorſitzender im Reichs-Verſicherungsamt, Berlin.

14. KOHN, Geschäftsführer der Ortskrankenkasse für den Gewerbebetrieb der Kaufleute, Handelsleute und Apotheker in Berlin NO 43, Georgenkirchstraße 40.

15. KÖHNE, Knappschaftsdirektor, Gerichtsassessor a. D., Direktor des Allgemeinen Knappschaftsvereins, Bochum.

16. Dr. KRÄMER, Professor, nichtständiges Mitglied des Reichs-Versicherungsamts, Vorsitzender der Berufsgenossenschaft der chemischen Industrie, Berlin-Wannsee, Königstraße 66.

17. Dr. KREMS, Geheimer Rat, Direktor der Oberdirektion des Wasser- und Straßenbaues, Vorsitzender des Großherzoglich Badischen Landes-Versicherungsamts, Karlsruhe.

18. Dr. LIEBRECHT, Geheimer Regierungsrat, Vorsitzender des Vorstandes der Landes-Versicherungsanstalt Hannover, Hannover.

19. VON MÜLLER, Ministerialrat, Präsident des Königlich Bayerischen Landes-Versicherungsamts, München.

20. Dr. NEISSER, Justizrat, Syndikus der Schlesischen Textil-Berufsgenossenschaft, Breslau.

21. NESTLE, Präsident, Vorstand des Königlich Württembergischen Medizinalkollegiums, Vorsitzender des Königlich Württembergischen Landes-Versicherungsamts, Stuttgart.

22. NÖTEL, Geheimer Regierungsrat, Erster Landesrat, Vorsitzender der Ständigen Kommission der landwirtschaftlichen Berufsgenossenschaften, Posen O 1, Friedrichstraße 7.

23. V. D. OSTEN, Landesrat, Vorstandsmitglied der Landes-Versicherungsanstalt Hannover, Hannover.

24. POLLENDER, Vorsitzender des Vorstandes der Ortskrankenkasse für Leipzig und Umgegend, Leipzig, Gellertstraße 7/9.

25. POMPLITZ, Geheimer Regierungsrat, Vorsitzender des Vorstandes der Thüringischen Landes-Versicherungsanstalt, Weimar.

26. Freiherr VON RICHTHOFEN, Landeshauptmann, Vorsitzender der Schlesischen landwirtschaftlichen Berufsgenossenschaft und Vorsitzender des Vorstandes der Landes-Versicherungsanstalt Schlesien, Breslau.

27. RIEDESEL Freiherr ZU EISENBACH, Königlicher Kammerherr, Landeshauptmann, Vorsitzender der Hessen-Nassauischen landwirtschaftlichen Berufsgenossenschaft und Vorsitzender des Vorstandes der Landes-Versicherungsanstalt Hessen-Nassau, Cassel.

28. RÜTTEN, Kurdirektor, Vorsitzender der Nahrungsmittel-Industrie-Berufsgenossenschaft, Bad Neuenahr.

29. Dr. SARRAZIN, Geheimer Ober-Regierungsrat, Direktor im Reichs-Versicherungsamt, Berlin-Friedenau, Kaiserallee 80.

30. Dr. SCHELCHER, Geheimer Rat, Ministerialdirektor im Königlich Sächsischen Ministerium des Innern, Vorsitzender des Königlich Sächsischen Landes-Versicherungsamts, Dresden.

31. V. SCHMID, Regierungsdirektor, Vorsitzender des Vorstandes der Versicherungsanstalt für Schwaben und Neuburg, Augsburg.

32. Dr. SCHWABE, Geheimer Hofrat, Leipzig, Querstraße 5.

33. SIEFART, Geheimer Regierungsrat, Senatsvorsitzender im Reichs-Versicherungsamt, Berlin.

34. D. SPIECKER, Direktor der Siemens & Halske-Aktiengesellschaft und Siemens-Schuckertwerke G. m. b. H., Vorsitzender des Verbandes der Deutschen Berufsgenossenschaften, Vorsitzender der Berufsgenossenschaft der Feinmechanik und Elektrotechnik und der Sektion I dieser Berufsgenossenschaft, Berlin SW, Askanischer Platz 3.

35. STIEBER, Erster Direktor der Norddeutschen Knappschafts-Pensionskasse, Halle a. S.

36. Freiherr VON THÜNGEN, stellvertretendes nichtständiges Mitglied des Reichs-Versicherungsamts, Rittergutsbesitzer, Roßbach.

37. UHLMANN, Verwaltungsdirektor der Ortskrankenkasse für Leipzig und Umgegend, Leipzig.

38. WAHLEN, Kommerzienrat, stellvertretendes nichtständiges Mitglied des Reichs-Versicherungsamts, Vorsitzender der Sektion XI der Ziegelei-Berufsgenossenschaft, Cöln a. Rh.

39. WANDEL, Justizrat, Direktor bei der Firma Friedrich Krupp A.-G., Vorsitzender der Rheinisch-Westfälischen Hütten- und Walzwerks-Berufsgenossenschaft und Vorsitzender der Sektion I dieser Berufsgenossenschaft, Vorsitzender des Vorstandes des Verbandes zur Wahrung der Interessen der deutschen Betriebskrankenkassen, Essen (Ruhr), Altendorfer Straße 95.

40. Dr. WEIDTMANN, Geheimer Bergrat, Vorsitzender des Vorstandes des Allgemeinen Knappschaftsvereins, Bochum.

41. WENZEL, Generalsekretär des Vereins zur Wahrung der Interessen der chemischen Industrie Deutschlands, Berlin-Friedenau, Kaiserallee 69.

42. WITOWSKI, Direktor im Reichs-Versicherungsamt, Steglitz, Miquelstraße 31.

II. ARBEITS-AUSSCHUSS

VORSITZENDER:

Dr. jur. et med. KAUFMANN, Wirklicher Geheimer Ober-Regierungsrat, Präsident des Reichs-Versicherungsamts, Berlin W10, Königin-Augusta-Straße 25-27.

MITGLIEDER:

1. FRÄSSDORF, nichtständiges Mitglied des Reichs-Versicherungsamts, Vorsitzender des Vorstandes des Zentralverbandes von Ortskrankenkassen im Deutschen Reich und Vorsitzender des Vorstandes der Allgemeinen Ortskrankenkasse, Dresden, Wettiner Platz 2.

2. Dr. FREUND, Landesrat, Vorsitzender des Vorstandes der Landes-Versicherungsanstalt Berlin, Berlin, Am Köllnischen Park 8.

3. Dr.-Ing. HARTMANN, Geheimer Regierungsrat, Senatsvorsitzender im Reichs-Versicherungsamt, Professor an der Technischen Hochschule, Berlin-Grunewald, Johannaplatz.

4. Dr. KLEIN, Geheimer Regierungsrat, Senatsvorsitzender im Reichs-Versicherungsamt, Berlin.

5. KÖHNE, Knappschaftsdirektor, Gerichtsassessor a. D., Direktor des Allgemeinen Knappschaftsvereins, Bochum.

6. Dr. KRÄMER, Professor, nichtständiges Mitglied des Reichs-Versicherungsamts Vorsitzender der Berufsgenossenschaft der chemischen Industrie, Berlin,-Wannsee Königstraße 66.

7. NÖTEL, Geheimer Regierungsrat, Erster Landesrat, Vorsitzender der Ständigen Kommission der landwirtschaftl. Berufsgenossenschaften, Posen O1, Friedrichstr. 7.

8. WANDEL, Justizrat, Direktor bei der Firma Friedrich Krupp A.-G., Vorsitzender der Rheinisch-Westfälischen Hütten- und Walzwerks-Berufsgenossenschaft und Vorsitzender der Sektion I dieser Berufsgenossenschaft, Vorsitzender des Vorstandes des Verbandes zur Wahrung der Interessen der deutschen Betriebskrankenkassen, Essen (Ruhr), Altendorfer Straße 95.

9. WEGER, Geheimer Rat, Vorsitzender des Vorstandes der Landes-Versicherungsanstalt Königreich Sachsen, Dresden, Marschnerstraße 39.

Außerdem haben folgende Berufsgenossenschaften die Sonderausstellung finanziell unterstützt

1. Steinbruchs-Berufsgenossenschaft in Berlin.
2. Berufsgenossenschaft der Feinmechanik und Elektrotechnik in Berlin.
3. Südwestdeutsche Eisen-Berufsgenossenschaft in Saarbrücken.
4. Rheinisch-Westfälische Hütten- und Walzwerks-Berufsgenossenschaft in Essen (Ruhr).
5. Maschinenbau- und Kleineisenindustrie-Berufsgenossenschaft in Düsseldorf.
6. Sächsisch-Thüringische Eisen- und Stahl-Berufsgenossenschaft in Leipzig.
7. Nordöstliche Eisen- und Stahl-Berufsgenossenschaft in Berlin.
8. Schlesische Eisen- und Stahl-Berufsgenossenschaft in Breslau.
9. Nordwestliche Eisen- und Stahl-Berufsgenossenschaft in Hannover.
10. Norddeutsche Metall-Berufsgenossenschaft in Berlin.
11. Berufsgenossenschaft der Musikinstrumenten-Industrie in Leipzig.
12. Glas-Berufsgenossenschaft in Berlin.
13. Berufsgenossenschaft der chemischen Industrie in Berlin.
14. Süddeutsche Textil-Berufsgenossenschaft in Augsburg.
15. Schlesische Textil-Berufsgenossenschaft in Breslau.
16. Rheinisch-Westfälische Textil-Berufsgenossenschaft in München-Gladbach.
17. Papiermacher-Berufsgenossenschaft in Berlin.
18. Norddeutsche Holz-Berufsgenossenschaft in Berlin.
19. Südwestdeutsche Holz-Berufsgenossenschaft in Stuttgart.
20. Müllerei-Berufsgenossenschaft in Berlin.
21. Nahrungsmittel-Industrie-Berufsgenossenschaft in Mannheim.
22. Berufsgenossenschaft der Molkerei-, Brennerei- und Stärke-Industrie in Berlin.
23. Tabak-Berufsgenossenschaft in Berlin.
24. Hamburgische Baugewerks-Berufsgenossenschaft in Hamburg.
25. Nordöstliche Baugewerks-Berufsgenossenschaft in Berlin.
26. Magdeburgische Baugewerks-Berufsgenossenschaft in Magdeburg.
27. Sächsische Baugewerks-Berufsgenossenschaft in Dresden.
28. Thüringische Baugewerks-Berufsgenossenschaft in Erfurt.
29. Hessen-Nassauische Baugewerks-Berufsgenossenschaft in Frankfurt a. M.
30. Privatbahn-Berufsgenossenschaft in Lübeck.
31. Straßen- und Kleinbahn-Berufsgenossenschaft in Berlin.
32. Lagerei-Berufsgenossenschaft in Berlin.
33. Ostdeutsche Binnenschiffahrts-Berufsgenossenschaft in Bromberg.
34. See-Berufsgenossenschaft in Hamburg.
35. Tiefbau-Berufsgenossenschaft in Deutsch-Wilmersdorf.
36. Fleischerei-Berufsgenossenschaft in Mainz.
37. Schmiede-Berufsgenossenschaft in Berlin.
38. Bayerische Holzindustrie-Berufsgenossenschaft in München.
39. Sächsische Holz-Berufsgenossenschaft in Dresden.

Ferner haben auch andere Versicherungsträger einen Beitrag übernommen oder in Aussicht gestellt.

VERZEICHNIS DER AUSSTELLER

ARBEITERVERSICHERUNG INSGESAMT

1. Reichs-Verſicherungsamt Berlin.
2. Königlich Bayeriſches Landes-Verſicherungsamt München.

KRANKENVERSICHERUNG

A. ORTSKRANKENKASSEN.

3. Zentralverband von Ortskrankenkaſſen im Deutſchen Reich in Dresden.
4. Ortskrankenkaſſe Dresden.
5. Ortskrankenkaſſe für Leipzig und Umgegend in Leipzig.
6. Ortskrankenkaſſe für den Gewerbebetrieb der Kaufleute, Handelsleute und Apotheker in Berlin.
7. Gemeinſame Ortskrankenkaſſe Düſſeldorf.

B. BETRIEBSKRANKENKASSEN.

8. Verband zur Wahrung der Intereſſen der Deutſchen Betriebskrankenkaſſen in Eſſen (Ruhr).
9. Verband rheiniſch-weſtfäliſcher Betriebskrankenkaſſen.
10. Betriebskrankenkaſſe der Firma Friedr. Krupp A.-G. in Eſſen (Ruhr).
11. Betriebskrankenkaſſe der Firma Friedr. Krupp A.-G. Gruſonwerk in Magdeburg-Buckau.
12. Betriebskrankenkaſſe der Continental-Caoutchouc- und Guttapercha-Compagnie in Hannover.
13. Betriebskrankenkaſſe des »Phönix«, A.-G. für Bergbau und Hüttenbetrieb, Abteilung Ruhrort in Duisburg-Ruhrort.
14. Betriebskrankenkaſſe der Maſchinenfabrik Augsburg-Nürnberg A.-G., Werk Augsburg in Augsburg.
15. Verband Thüringer Betriebskrankenkaſſen in Gera (Reuß).
16. Textil-Betriebs-Krankenkaſſe Gera, Reuß.
17. Betriebskrankenkaſſe des »Phönix«, A.-G. für Bergbau und Hüttenbetrieb, Abteilung Hörder Verein in Hörde.
18. Betriebskrankenkaſſe der Firma Schäffer und Buddenberg G. m. b. H., Maſchinen- und Dampfkeſſel-Armaturen-Fabrik in Magdeburg-Buckau.
19. Krankenkaſſe für ſämtliche Betriebsſtätten des Aktien-Vereins »Gutehoffnungshütte« in Oberhauſen.
20. Betriebskrankenkaſſe der Aktiengeſellſchaft »Weſer« in Bremen.
21. Betriebskrankenkaſſe der Firma Joh. C. Tecklenborg A.-G. in Geeſtemünde.
22. Betriebskrankenkaſſe der Norddeutſchen Kammgarnſpinnerei und Wollkämmerei in Delmenhorſt.
23. Verband Dortmunder Betriebskrankenkaſſen zu Dortmund.
24. Betriebskrankenkaſſe der Firma Th. Goldſchmidt in Eſſen (Ruhr).
25. Krankenkaſſe der Röchlingſchen Eiſen- und Stahlwerke G. m. b. H. in Völklingen.
26. Staatliche Betriebskrankenkaſſe für das Großherzogtum Heſſen in Darmſtadt.
27. Betriebskrankenkaſſe der Vereinigten Uhrenfabriken von Gebr. Junghans und Thomas Haller A.-G. in Schramberg (Württemberg).
28. Betriebskrankenkaſſe der Röchlingſchen Eiſen- und Stahlwerke, G. m. b. H. Abteilung Carlshütte in Algringen.

29. Königlich Sächsische Porzellanmanufaktur in Meißen.
30. Betriebskrankenkasse der Portland-Cementwerke Heidelberg und Mannheim Akt.-Ges. in Heidelberg.
31. Krankenkasse der Accumulatorenfabrik in Hagen i. Westf.

UNFALLVERSICHERUNG

A. GEWERBLICHE BERUFSGENOSSENSCHAFTEN

32. Verband der Deutschen Berufsgenossenschaften in Berlin.
33. Knappschafts-Berufsgenossenschaft, Sektion VI in Beuthen O.-S.
34. Knappschafts-Berufsgenossenschaft, Sektion VII in Zwickau.
35. Süddeutsche Edel- und Unedelmetall-Berufsgenossenschaft in Stuttgart.
36. Ziegelei-Berufsgenossenschaft in Berlin.
37. Berufsgenossenschaft der chemischen Industrie in Berlin.
38. Berufsgenossenschaft der Gas- und Wasserwerke in Berlin.
39. Papierverarbeitungs-Berufsgenossenschaft in Berlin.
40. Norddeutsche Holz-Berufsgenossenschaft in Berlin.
41. Nahrungsmittel-Industrie-Berufsgenossenschaft in Mannheim.
42. Zucker-Berufsgenossenschaft in Berlin.
43. Brauerei- und Mälzerei-Berufsgenossenschaft in Frankfurt a. M.
44. Bekleidungsindustrie-Berufsgenossenschaft in Berlin.
45. See-Berufsgenossenschaft in Hamburg.
46. Fleischerei-Berufsgenossenschaft in Mainz.
47. Schmiede-Berufsgenossenschaft in Berlin.

B. LANDWIRTSCHAFTLICHE BERUFSGENOSSENSCHAFTEN

48. Ständige Kommission der deutschen landwirtschaftlichen Berufsgenossenschaften in Posen.
49. Braunschweigische landwirtschaftliche Berufsgenossenschaft in Braunschweig.
50. Land- und forstwirtschaftliche Berufsgenossenschaft für den Regierungsbezirk Oberbayern in München.
51. Land- und forstwirtschaftliche Berufsgenossenschaft für das Königreich Sachsen in Dresden.
52. Freie Vereinigung berufsgenossenschaftlicher Verwaltungen im Rheinland in Cöln.
53. Westfälische Vereinigung berufsgenossenschaftlicher Verwaltungen in Dortmund.

INVALIDENVERSICHERUNG

A. LANDES-VERSICHERUNGSANSTALTEN

54. Landes-Versicherungsanstalt Ostpreußen in Königsberg i. Pr.
55. Landes-Versicherungsanstalt Westpreußen in Danzig.
56. Landes-Versicherungsanstalt Berlin in Berlin.
57. Landes-Versicherungsanstalt Brandenburg in Berlin.
58. Landes-Versicherungsanstalt Pommern in Stettin.
59. Landes-Versicherungsanstalt Posen in Posen.
60. Landes-Versicherungsanstalt Schlesien in Breslau.
61. Landes-Versicherungsanstalt Sachsen-Anhalt in Merseburg.
62. Landes-Versicherungsanstalt Schleswig-Holstein in Kiel.

63. Landes-Verſicherungsanſtalt Hannover in Hannover.
64. Landes-Verſicherungsanſtalt Weſtfalen in Münſter i. W.
65. Landes-Verſicherungsanſtalt Rheinprovinz in Düſſeldorf.
66. Verſicherungsanſtalt für Niederbayern in Landshut.
67. Verſicherungsanſtalt für die Pfalz in Speyer.
68. Verſicherungsanſtalt für Oberpfalz und Regensburg in Regensburg.
69. Verſicherungsanſtalt für Oberfranken in Bayreuth.
70. Verſicherungsanſtalt für Mittelfranken in Ansbach.
71. Verſicherungsanſtalt für Schwaben und Neuburg in Augsburg.
72. Landes-Verſicherungsanſtalt Königreich Sachſen in Dresden.
73. Landes-Verſicherungsanſtalt Württemberg in Stuttgart.
74. Landes-Verſicherungsanſtalt Baden in Karlsruhe.
75. Landes-Verſicherungsanſtalt Großherzogtum Heſſen in Darmſtadt.
76. Thüringiſche Landes-Verſicherungsanſtalt in Weimar.
77. Landes-Verſicherungsanſtalt Oldenburg in Oldenburg.
78. Landes-Verſicherungsanſtalt Braunſchweig in Braunſchweig.
79. Landes-Verſicherungsanſtalt der Hanſeſtädte in Lübeck.
80. Landes-Verſicherungsanſtalt Elſaß-Lothringen in Straßburg i. E.

B. BESONDERE KASSENEINRICHTUNGEN DER INVALIDEN-VERSICHERUNG (KNAPPSCHAFTSVEREINE).

81. Allgemeiner Knappſchaftsverein in Bochum.
82. Saarbrücker Knappſchaftsverein in St. Johann-Saarbrücken.
83. Norddeutſche Knappſchafts-Penſionskaſſe in Halle a. S.
84. Knappſchaftskaſſen des Königreichs Sachſen, des preußiſchen Oberbergamtsbezirkes Halle a. S. und der Thüringiſchen Staaten.
85. Oberſchleſiſcher Knappſchaftsverein in Tarnowitz.

EINLEITUNG

Die deutsche reichsgesetzliche Arbeiterversicherung ist in ihren unmittelbaren Leistungen, wie in ihren mittelbaren gesundheitlichen und sozialen Wirkungen zu einem der bedeutendsten Grund- und Eckpfeiler der Hygiene und der Volkswohlfahrt im Deutschen Reiche geworden.

Ein Bild der die Volkswohlfahrt fördernden hygienischen Bestrebungen und Leistungen in Deutschland wäre unvollständig, wenn es die Arbeiterversicherung außer acht ließe. Deshalb ist es wohl berechtigt, daß auf der Internationalen Hygiene-Ausstellung in Dresden 1911 die deutsche Arbeiterversicherung in einer umfassenden und eindrucksvollen Sonderausstellung erscheint, zu der sich Versicherungsträger der Kranken-, Unfall- und Invalidenversicherung unter Leitung und Mitwirkung des Reichs-Versicherungsamts zusammengefunden haben.

Die Arbeiterversicherung setzt sich zum Ziele, die Arbeiterschaft gegenüber den unvermeidlichen Gefahren und Schäden ihres Berufs in ihrem wirtschaftlichen Leben zu sichern.

Die deutsche Arbeiterversicherung beruht auf Gegenseitigkeit und Selbstverwaltung, umfaßt kraft Gesetzes ohne Unterschied der Nationalität Personen, welche in Deutschland ihre Arbeitskraft gegen Lohn verwerten, und gewährt bei Krankheit, Unfall, Invalidität oder Alter — im Gegensatze zur Armenpflege — jedem Versicherten einen Rechtsanspruch auf gesetzlich bestimmte Leistungen bei kostenfreiem Verfahren.

Die Krankenversicherung (seit 1885, 1909 13,4 Millionen Versicherte) gewährt im Erkrankungsfall auf die Dauer bis 26 Wochen und darüber entweder Verpflegung im Krankenhaus oder ärztliche Behandlung, Arznei und Krankengeld, außerdem Sterbegeld und Wöchnerinnenunterstützung.

Die Unfallversicherung (seit 1885, 1909 23,8 Millionen Versicherte) entschädigt Betriebsunfälle und leistet unentgeltliches Heilverfahren, Verletzten- und Hinterbliebenenrenten sowie Sterbegeld.

Die Invalidenversicherung (seit 1891, 1909 15,4 Millionen Versicherte) bezweckt die Gewährung von Invaliden- und Altersrenten und übernimmt die Krankenfürsorge in Krankheitsfällen, welche Erwerbsunfähigkeit befürchten lassen. In gesetzlich bestimmten Fällen wird die Hälfte der für die Versicherten gezahlten Beiträge zurückerstattet.

Seit 1885 bis 1909 sind von diesen drei Zweigen der Arbeiterversicherung des Deutschen Reichs zusammen über 7,6 Milliarden (genauer 7674 Millionen) Mark den Versicherten an Entschädigungen gezahlt worden oder ihnen und ihren Familien an ärztlicher Behandlung (Arznei, Heilanstaltspflege usw.) unmittelbar zugute gekommen. Die Verwaltungskosten sind in diesem Betrage nicht mitenthalten.

Von den 7,6 Milliarden (7674 Millionen) Mark Entschädigungen sind als aufgebracht anzusehen

von den Arbeitgebern	3757 Millionen Mark	=	49,0 vom Hundert,
von den Versicherten	3330 » »	=	43,4 vom Hundert,
als Zuschuß des Reichs	587 » »	=	7,6 vom Hundert.

Zur Sicherung und Deckung künftiger Leistungen ist ein Vermögen der Arbeiterversicherung von 2371 Millionen Mark gesammelt, dessen Anlage zum großen Teile wieder gemeinnützigen Zwecken zugute kommt.

KATALOG MIT ERLÄUTERUNG DER AUSSTELLUNGSGEGENSTÄNDE

ARBEITERVERSICHERUNG INSGESAMT

1. REICHS-VERSICHERUNGSAMT, BERLIN

Das Reichs-Versicherungsamt nimmt nach den Vorschriften der Unfallversicherungsgesetze und des Invalidenversicherungsgesetzes die Geschäfte der Unfall- und Invalidenversicherung als oberste Spruch-, Beschluß- und Aufsichtsbehörde wahr. Der Entwurf einer Reichsversicherungsordnung, der zur Zeit dem Reichstage vorliegt, bezeichnet es als »Reichsbehörde höchster Instanz in Angelegenheiten der Reichsversicherung« und überträgt ihm entsprechende Befugnisse auch auf dem Gebiete der Krankenversicherung und der neu einzuführenden Hinterbliebenenversicherung.

Die Entscheidungen des Reichs-Versicherungsamts sind endgültig, nur bei Versagung der Genehmigung von Statuten oder von Abänderungen der Statuten der Berufsgenossenschaften und Versicherungsanstalten findet gegen seine Entscheidung Beschwerde an den Bundesrat statt.

Zur Zeit besteht das Reichs-Versicherungsamt aus dem Präsidenten, den beiden Direktoren der Abteilungen für Unfall- und für Invalidenversicherung, 23 Senatsvorsitzenden, 40 sonstigen ständigen Mitgliedern und insgesamt 353 weiteren Beamten usw. Vom Bundesrate sind außerdem 6 nichtständige Mitglieder gewählt. Als Vertreter der Arbeitgeber und der Versicherten sowie als deren Stellvertreter gehören dem Amte zusammen 264 Mitglieder an. Die Zahl der richterlichen Beisitzer usw. beträgt 99.

Der Etat des Reichs-Versicherungsamts ist für das Jahr 1911 auf 2,596 Millionen Mark festgesetzt.

A. BILDER

1 bis 20 — 40 AUSGEWÄHLTE PHOTOGRAPHIEN von praktisch bewährten neuen Unfallverhütungs- und Sicherheitseinrichtungen in verschiedenen Betrieben mit beschreibenden Erläuterungen.

21 bis 32 — 12 ALBUMS mit 1013 weiteren Photographien von Unfallverhütungs- und Sicherheitseinrichtungen in gewerblichen und landwirtschaftlichen Betrieben mit beschreibenden Erläuterungen.
Die Bilder der Unfallverhütungs- und Sicherheitseinrichtungen sind im Reichs-Versicherungsamte von dem Senatsvorsitzenden, Geheimen Regierungsrat Professor Dr.-Ing. HARTMANN gesammelt und mit Erläuterungen versehen worden.
Band I: Dampfkessel, Dampfleitungen (42 Bilder).
Band II: Kraftmaschinen, Transmissionen (84 Bilder).
Band III: Elektrische Einrichtungen (48 Bilder).
Band IV: Hebemaschinen, Transporteinrichtungen, Schiffahrt (107 Bilder).
Band V: Bergwerke, Steinbrüche, Ziegelei (85 Bilder).
Band VI: Hüttenwerke, Gießerei, Chemische Industrie (76 Bilder).
Band VII: Metallbearbeitung (134 Bilder).
Band VIII: Holzbearbeitung, Bauwesen (91 Bilder).
Band IX: Textil- und Bekleidungsindustrie, Papier-, Leder- und Gummiindustrie (122 Bilder).
Band X: Nahrungsmittelindustrie, Fleischerei, Brauerei (97 Bilder).
Band XI: Landwirtschaft (62 Bilder).
Band XII: Persönliche Ausrüstung der Arbeiter: Arbeiterkleidung, Schutzbrillen, Schutzmasken, Respiratoren und Atmungsapparate (65 Bilder).

33 bis 35 — 3 PHOTOGRAPHIEN des Krankenhauses Bergmannsheil in Bochum der Knappschafts-Berufsgenossenschaft.

36 bis 37	5 PHOTOGRAPHIEN der Unfall-Nervenheilanstalt Bergmannswohl bei Schkeuditz der Knappschafts-Berufsgenossenschaft.
38	1 PHOTOGRAPHIE mit Lageplan der Lungenheilstätte in Dannenfels der Badischen Anilin- und Sodafabrik in Ludwigshafen.
39	1 PHOTOGRAPHIE mit Lageplan des Wöchnerinnenasyls in Ludwigshafen der Badischen Anilin- und Sodafabrik in Ludwigshafen.
40	1 PHOTOGRAPHIE mit Lageplan des Erholungshauses in Kirchheimbolanden der Badischen Anilin- und Sodafabrik in Ludwigshafen.
41	4 PHOTOGRAPHIEN der Ernst-Ludwig-Heilanstalt in Darmstadt.
42	6 PHOTOGRAPHIEN der Heilanstalt für Kassenkranke in Aue a. S.
43	3 PHOTOGRAPHIEN von zum Krankentransport hergerichteten Straßenbahnwagen der Straßenbahnen der Stadt Düsseldorf.
44	4 PHOTOGRAPHIEN von Dr. Georg Müllers Privat-Heilanstalt für Unfallverletzte in Berlin.
45	6 PHOTOGRAPHIEN des mediko-mechanischen Instituts von Dr. Biesalski in Berlin.
46	6 PHOTOGRAPHIEN des Hoffmannsstifts der Hoffmanns-Stärkefabriken-Aktiengesellschaft in Salzuflen (Lippe).
47	4 PHOTOGRAPHIEN des mediko-mechanischen Zander-Instituts von Ad. Gramcko & Sohn in Hamburg.
48 bis 71	24 AUSGEWÄHLTE BILDER von Heilanstalten und Genesungsheimen der Landes-Versicherungsanstalten der Invalidenversicherung aus deren Festschrift »Invalidenversicherung und Arbeiterwohlfahrt«, und zwar: Lungenheilstätte bei Beelitz (Frontansicht und Liegehallen), Sanatorium in Beelitz (Pavillon für Männer), Tuberkulinstation in Lichtenberg und Sanatorium Gütergotz im Kreise Teltow, Landes-Versicherungsanstalt Berlin. Auguste-Viktoria-Heim, Krankenhaus in Eberswalde und Walderholungsheim bei Cottbus, Landes-Versicherungsanstalt Brandenburg. Kurhaus Wilhelmshof bei Uchtspringe i. d. Altmark für alkohol- und nervenkranke Männer, Landes-Versicherungsanstalt Sachsen-Anhalt. Genesungshaus Andreasheim bei St. Andreasberg (Harz), Genesungshaus Schwarzenbach bei Klausthal (Harz), Genesungshaus auf dem Königsberge bei Goslar (Harz), Genesungsheim Stübeckshorn bei Soltau, Genesungshaus Erbprinzentanne bei Zellerfeld (Harz) und Lungenheilstätte Heidehaus bei Hannover, Landes-Versicherungsanstalt Hannover. Volksheilstätte bei Lüdenscheid in Hellersen, Pflegestätte Gute Hoffnung in Eckartsheim bei Bielefeld und Lungenheilstätte Auguste-Viktoria-Stift in Lippspringe, Landes-Versicherungsanstalt Westfalen. Stadtkölnische Auguste-Viktoria-Stiftung-Lungenheilstätte in Roßbach a. d. Sieg, Landes-Versicherungsanstalt Rheinprovinz. Volksheilstätte Albertsberg bei Reiboldsgrün im Vogtland, Heimstätte Rittergut Förstel, Genesungsheim Grünhain (Erzgebirge), Landes-Versicherungsanstalt Königreich Sachsen. Auskunft- und Fürsorgestelle des Vereins zur Bekämpfung der Tuberkulose in Nürnberg und Asyl zum heiligen Jodok und Invalidenhaus, Versicherungsanstalt Niederbayern.

Auskunft- und Fürsorgestelle für Lungenkranke in Augsburg,
Heilstätte Wasach bei Oberstdorf im Bayerischen Algäu und
Anstalt für Unheilbare in Lauingen a. d. Donau, Versicherungsanstalt Schwaben und Neuburg.

Erholungsheim Marienhöhe bei Regensburg, Versicherungsanstalt für Oberpfalz und Regensburg.

Dr. Rumpfs Sanatorium Ebersteinburg bei Baden-Baden, Landes-Versicherungsanstalt Baden.

Lungenheilstätte Römhild in Thüringen und Heilanstalten Milbitz bei Gera, Thüringische Landes-Versicherungsanstalt.

Die Bilder von Kranken- und Genesungshäusern, Heilanstalten usw., welche von Krankenkassen, Berufsgenossenschaften und Versicherungsträgern der Invalidenversicherung benutzt werden, sind im Reichs-Versicherungsamte gesammelt und für Ausstellungszwecke diesem von den Versicherungsträgern zur Verfügung gestellt worden. Die Auswahl ist so getroffen, daß die hier aufgeführten Bilder die von den einzelnen Versicherungsträgern selbst ausgestellten Bilder usw. ergänzen.

B. STATISTISCH-GRAPHISCHE TAFELN

(Bearbeiter: Senatsvorsitzender, Geheimer Regierungsrat Dr. KLEIN)

I. ARBEITERVERSICHERUNG INSGESAMT

72 EINNAHMEN, AUSGABEN UND LEISTUNGEN DER DEUTSCHEN ARBEITERVERSICHERUNG 1885—1909 in Form einer statistisch-heraldisch-allegorischen Darstellung einer Eiche, nach Angabe von Dr. Klein, gemalt von Kunstmaler G. Tischer, Groß-Lichterfelde.

Die Darstellung schildert Einnahmen, Ausgaben und Leistungen der Arbeiterversicherung unter dem Bilde einer Eiche, welche Schilde verschiedener Größe trägt. Die Schilde entsprechen in ihrer Größe den Beträgen oder der Zahl der Entschädigten, welche sie andeuten.

Wie die Eiche aus dem Erdreiche, zieht der Baum der Arbeiterversicherung seine Kraft aus der Gesamtbevölkerung (1909 63,9 Millionen) und dem Versichertenbestande:

	Millionen
Krankenversicherung	13,4
Unfallversicherung	23,8
Invalidenversicherung	15,4

Vier Wurzeln nähren den Baum:

Die BEITRÄGE DER VERSICHERTEN, 1885 bis 1909 4270,0 Millionen Mark, und zwar:

	Millionen Mark
Krankenversicherung	2998,8
Unfallversicherung	—
Invalidenversicherung	1271,2

Die BEITRÄGE DER ARBEITGEBER, 1885 bis 1909 4817,5 Millionen Mark, und zwar:

	Millionen Mark
Krankenversicherung	1351,3
Unfallversicherung	2195,0
Invalidenversicherung	1271,2

Der REICHSZUSCHUSS (nur zur Invalidenversicherung), 1891 bis 1909 587,2 Millionen Mark.

Die ZINSEN UND SONSTIGEN EINNAHMEN 1885 bis 1909 1010,3 Millionen Mark, und zwar:

	Millionen Mark
Krankenversicherung	205,7
Unfallversicherung	283,6
Invalidenversicherung	521,0

Diesen Einnahmen von insgesamt 10685,0 Millionen Mark (1885 bis 1909) entstammt das VERMÖGEN, das in diesen Jahren auf 2371,3 Millionen Mark angewachsen ist und für die

	Millionen Mark
Krankenversicherung	286,5
Unfallversicherung	510,7
Invalidenversicherung	1574,1

beträgt; für die Invalidenversicherung gilt, im Gegensatze zu dem Verfahren der Umlegung des Jahresbedarfs bei der Unfallversicherung, der Grundsatz der Kapitaldeckung der zu erwartenden Aufwendungen.

Die AUSGABEN der Arbeiterversicherung beliefen sich in den 25 Jahren 1885 bis 1909 auf 8441,9 Millionen Mark, und zwar für:

	Millionen Mark
Krankenversicherung	4237,6
Unfallversicherung	2127,9
Invalidenversicherung	2076,4

Von diesen Ausgaben entfallen insgesamt auf die

ENTSCHÄDIGUNGEN	7674,3
GESAMTVERWALTUNG	767,6

und zwar bei der

	Entschädigungen Millionen Mark	Gesamtverwaltung Millionen Mark
Krankenversicherung	3994,4	243,2
Unfallversicherung	1808,3	319,6
Invalidenversicherung	1871,6	204,8

Die EINZELLEISTUNGEN UND VERWALTUNGSKOSTEN DER VERSICHERUNGSZWEIGE werden auf den Ästen der Eiche dargestellt.

Für die KRANKENVERSICHERUNG kommen in Betracht
Entschädigungen insgesamt 3994,4 Millionen Mark, und zwar

		1885 bis 1909 Millionen Mark
Krankheitskosten	Arzt	845,1
	Arznei und kleine Heilmittel	615,9
	Krankengeld an Mitglieder	1736,2
	Krankengeld an Angehörige	39,5
	Wöchnerinnen	63,7
	Krankenhaus	510,6
	Sterbegeld	122,0
Sonstige Leistungen (darunter Krankentransportkosten)		61,4
Gesamtverwaltung		243,2

Die Entschädigungen der UNFALLVERSICHERUNG (1808,3 Millionen Mark) verteilen sich wie folgt:

Heilverfahren	44,7
Fürsorge in der Wartezeit	10,6
Heilanstalt	67,2
Angehörigenrente	18,3
Verletztenrente	1304,2
Abfindung an Inländer	12,4
Sterbegeld	10,4
Hinterbliebenenrente	324,4
Witwenabfindung	12,2
Ausländerabfindung	3,9

Von den auf die Gesamtverwaltung der Unfallversicherung verwendeten 319,6 Millionen Mark entfallen auf die

Verwaltung	215,2
Unfallverhütung	18,9
Schiedsgerichte	27,0
Entschädigungs-Feststellung	58,5

Was die Unfallverhütung betrifft, so sind nur die von den Berufsgenossenschaften für die Überwachung der Betriebe, den Erlaß von Unfallverhütungsvorschriften usw. verausgabten Beträge nachgewiesen. Die in der Gesamtheit viel höheren Aufwendungen der Unternehmer für die Verhütung von Unfällen sind in den obigen Zahlen nicht enthalten.

Bei der INVALIDENVERSICHERUNG ſchließlich gliedern ſich die Entſchädigungen (insgeſamt 1871,6 Millionen Mark) in Ausgaben für

	1891 bis 1909 Millionen Mark
Heilverfahren	137,6
Invalidenrente	1188,9
Krankenrente	25,9
Altersrente	423,5
Beitragserſtattung	95,7

während ſich die Geſamtverwaltungskoſten (204,8 Millionen Mark) verteilen auf die

Verwaltung	140,0
Beitragserhebung	55,8
Schiedsgerichte	9,0

Die ENTSCHÄDIGUNGSFÄLLE finden in der Krone der Eiche in unten zugeſpitzten Schilden ihre Darſtellung.

Von der KRANKENVERSICHERUNG ſind 1885 bis 1909 insgeſamt 87 Millionen Erkrankungsfälle und 1566 Millionen Krankheitstage entſchädigt worden. Um mit den anderen Verſicherungen, welche dauernde Renten gewähren, vergleichbar zu ſein, ſind die Krankheitstage, indem ſie durch 365 geteilt wurden, zu vollen Krankheitsjahren (1885 bis 1909 4290667) zuſammengefaßt; es iſt hiernach die Schildgröße bemeſſen.

Die UNFALLVERSICHERUNG hat 1885 bis 1909 insgeſamt 2141066 Unfälle entſchädigt.

Die INVALIDENVERSICHERUNG hat (1891 bis 1909)
1 748 137 Invaliden-,
103 192 Kranken- und
481 382 Altersrenten gewährt, während in
2 406 341 Fällen Beitragserſtattung erfolgte.

Die auf der bildlichen Darſtellung eingeſetzten und vorſtehend mitgeteilten Hauptzahlen der deutſchen Arbeiterverſicherung betreffen durchweg die Jahre ſeit Beſtehen der Verſicherungszweige, für die Krankenverſicherung und Unfallverſicherung alſo die 25 Jahre 1885 bis 1909, für die Invalidenverſicherung die Jahre 1891 bis 1909.

73 EINNAHMEN.

	1885/1909 ℳ	1909 ℳ
Überhaupt	10 685 060 946	893 684 813
Beiträge der Arbeitgeber	4 817 530 398	414 173 835
Beiträge der Verſicherten	4 269 977 406	342 781 565
Zuſchuß des Reichs	587 227 014	51 500 690
Zinſen uſw.	1 010 326 128	85 228 723

74 AUSGABEN.

	1885/1909 ℳ	1909 ℳ
Überhaupt	8 441 894 406	762 161 106
Entſchädigungen	7 674 289 040	693 495 921
und zwar Krankenfürſorge	4 211 445 192	368 975 706
andere	3 462 843 848	324 520 215
Verwaltung	767 605 366	68 665 185

75 VERMÖGEN.

	1908 ℳ	1909 ℳ
Vermögen der Arbeiterverſicherung	2 083 920 428	2 371 373 255
davon Krankenverſicherung	267 708 360	286 525 102
Unfallverſicherung	326 601 453	510 736 773
Invalidenverſicherung	1 489 610 615	1 574 111 380
Das Vermögen iſt ſtetig gewachſen		

II. KRANKENVERSICHERUNG

76 ERLÄUTERUNG UND BEISPIELE.

Der Krankenversicherung unterliegen alle in der Industrie (einschl. Bergbau), im Handwerk und Handel, und zum Teil auch die in der Landwirtschaft beschäftigten Personen, jedoch Betriebsbeamte, Handlungsgehilfen und Bureauarbeiter nur mit Jahresarbeitsverdienst bis 2000 Mark. Die Versicherten erhalten im Erkrankungsfall entweder Verpflegung im Krankenhaus oder ärztliche Behandlung, Arznei und Krankengeld, letzteres mindestens in Höhe des halben Lohnes für die Zeit der Erwerbsunfähigkeit. Außerdem wird Wöchnerinnenunterstützung und Sterbegeld gewährt.

BEISPIELE

	ℳ
Ein Arbeiter hat einen Wochenlohn von	24,00
Er zahlt einen Wochenbeitrag von	0,72
Aufwand für ihn im Krankheitsfall auf die Dauer bis 26 Wochen:	
Krankengeld wöchentlich	12,00
Arzt und Arznei wöchentlich	5,40
Bei 17wöchiger Krankheit also zusammen	295,80
Sterbegeld	80,00
Außerdem häufig freie ärztliche Behandlung der Familie.	

Eine Arbeiterin hat einen Wochenlohn von	16,00
Sie zahlt einen Wochenbeitrag von	0,48
Aufwand für sie im Krankheitsfall auf die Dauer bis 26 Wochen:	
Krankengeld wöchentlich	8,00
Arzt und Arznei wöchentlich	5,40
Bei 10wöchiger Krankheit also zusammen	134,00
Wöchnerinnenunterstützung	48,00
Sterbegeld	53,33

77 ORGANISATION, EINNAHMEN, AUSGABEN, VERMÖGEN, KRANKHEITSHÄUFIGKEIT UND DAUER.

Organisation 1909. Zahl der Krankenkassen 23063.

Versicherte 1909		Das sind Prozent der Gesamtbevölkerung desselben Geschlechts
Überhaupt	13 404 298	21,0
Männer	9 946 585	31,6
Frauen	3 457 713	10,7

Einnahmen	1885/1909 ℳ	1909 ℳ
Überhaupt	4 555 853 258	385 686 904
Beiträge der Arbeitgeber	1 351 345 049	120 973 280
Beiträge der Versicherten	2 998 827 507	248 562 329
Zinsen usw.	205 680 702	16 151 295
Ausgaben		
Überhaupt	4 237 629 834	362 894 245
Krankenfürsorge	3 933 031 895	337 150 128
Andere Leistungen	61 341 549	5 050 192
Verwaltung	243 256 390	20 693 925
Ausgaben siehe auch unter Nr. 79. Vermögen siehe unter Nr. 75.		

Krankheitshäufigkeit und Dauer.

Krankenkassen	Im Jahre 1909 entfallen					
	Krankheitsfälle auf 100 Versicherte			Krankheitstage auf 1 Krankheitsfall		
	überhaupt	Männer	Frauen	überhaupt	Männer	Frauen
Gemeindekrankenversicherung	26,54	28,20	23,49	20,72	19,34	23,78
Ortskrankenkassen	41,46	43,50	37,10	21,26	19,93	24,60
Betriebskrankenkassen	46,29	47,99	39,77	19,11	18,52	21,86
Baukrankenkassen	76,65	78,07	39,72	19,05	19,02	20,46
Innungskrankenkassen	38,56	39,76	32,51	20,44	19,85	24,11
Eingeschriebene Hilfskassen	36,00	36,17	34,34	19,96	19,85	21,13
Landesrechtliche Hilfskassen	28,79	28,50	30,06	20,47	21,44	16,34
Knappschaftskassen	58,25	58,74	25,90	17,12	17,08	23,48
insgesamt	41,49	43,68	35,17	20,17	19,15	23,82

78 KRANKHEITSHÄUFIGKEIT UND DAUER. Diagramme. Männer — Frauen.

	Erkrankungsfälle		Krankheitstage		Krankheitstage auf 1 Erkrankungsfall	
	auf 100 Versicherte					
	(seit 1888 völlig vergleichbare Zahlen)					
	Männer	Frauen	Männer	Frauen	Männer	Frauen
Höchste Zahl	45,5 (1908)	36,6 (1908)	844,9 (1908)	859,6 (1908)	19,2 (1909)	24,1 (1906)
Niedrigste Zahl	34,2 (1888)	28,6 (1888)	561,9 (1889)	504,9 (1889)	15,76 (1890)	17,18 (1890)
1909	43,7	35,2	836,8	837,6	19,2	23,8

79 ENTSCHÄDIGUNGEN.

	1885 / 1909 ℳ	1909 ℳ
Überhaupt	3 994 373 444	342 200 320
Arzt usw.	845 115 619	75 378 368
Arznei	615 848 032	47 772 617
Krankengeld an Mitglieder	1 736 177 964	145 825 802
Krankengeld an Angehörige	39 519 929	4 676 368
Wöchnerinnen	63 737 657	6 112 699
Krankenhaus und Rekonvaleszenz	510 595 744	49 096 328
Sterbegeld	122 036 950	8 287 946
Sonstige Leistungen	61 341 549	5 050 192

80 ERKRANKUNGSFÄLLE, welche mit Erwerbsunfähigkeit verbunden waren. Männer — Frauen.

1885/1909 86 877 890, 1908 (höchste Zahl) 5 701 180, 1909 5 561 006, und zwar 4 345 004 Männer, 1 216 002 Frauen.

81 KRANKHEITSTAGE, welche mit Erwerbsunfähigkeit verbunden waren. Männer — Frauen.

1885/1909 1 566 093 501, 1909 (höchste Zahl) 112 190 311, und zwar 83 228 537 Männer, 28 961 774 Frauen.

82 DURCHSCHNITTSHÖHE DER ENTSCHÄDIGUNGEN, berechnet auf 1 Erkrankungsfall.

	Überhaupt ℳ	Arzt usw. ℳ	Arznei ℳ	Krankengeld ℳ	Sonstige Leistungen ℳ
1909	61,54	13,56	8,59	27,06	12,33

83 DURCHSCHNITTSHÖHE DER ENTSCHÄDIGUNGEN, berechnet auf 1 Krankheitstag.

	Überhaupt ℳ	Arzt usw. ℳ	Arznei ℳ	Krankengeld ℳ	Sonstige Leistungen ℳ
1909	3,05	0,67	0,43	1,34	0,61

84 ENTSCHÄDIGUNG, BEITRÄGE U. MEHREMPFANG DER VERSICHERTEN im Durchschnitt bei allen Kassenarten zusammen.

Es entfallen auf 1 Versicherten

	Beitrag ℳ	Entschädigung ℳ	Mehrempfang ℳ	
1887	10,25	11,90	1,65	niedrigster Betrag seit 1885
1908	17,91	25,10	7,19	höchster Betrag seit 1885
1909	18,54	25,53	6,99	

85 ENTSCHÄDIGUNG, BEITRÄGE U. MEHREMPFANG DER VERSICHERTEN bei den einzelnen Kassenarten.

Kassen	1885			1909			1885/1909		
	Auf 1 Versicherten entfallen im Durchschnitt		Mehr- (— Minder-) empfang der Versicherten	Auf 1 Versicherten entfallen im Durchschnitt		Mehr- (— Minder-) empfang der Versicherten	Auf 1 Versicherten entfallen im Durchschnitt		Mehr- (— Minder-) empfang der Versicherten
	Entschädigungen ℳ	Beiträge ℳ	ℳ	Entschädigungen ℳ	Beiträge ℳ	ℳ	Entschädigungen ℳ	Beiträge ℳ	ℳ
Gemeinde-Krankenversicherung	6,90	4,56	2,34	13,60	8,76	4,84	9,37	5,98	3,39
Ortskrankenkassen . . .	9,91	8,43	1,48	24,50	18,41	6,09	16,98	13,05	3,93
Betriebs-(Fabrik-)Krankenkassen	14,18	10,85	3,33	30,86	20,84	10,02	21,86	15,06	6,80
Baukrankenkassen	24,60	20,30	4,30	41,26	24,20	17,06	24,20	16,54	7,66
Innungskrankenkassen. .	8,95	7,47	1,48	23,17	18,35	4,82	16,68	13,29	3,39
Eingeschriebene Hilfskassen	12,58	13,81	—1,23	22,23	25,10	—2,87	16,96	18,97	—2,01
Landesrechtliche Hilfskassen	12,80	12,97	—0,17	19,23	18,27	0,96	15,09	14,91	0,18
Knappschaftskassen . . .	14,44	9,12	5,32	39,99	22,66	17,33	26,34	15,86	10,48

III. UNFALLVERSICHERUNG

86 ERLÄUTERUNG UND BEISPIELE.

Die Unfallversicherung umfaßt die in Industrie und Gewerbe, Bau- und Seewesen, Land- und Forstwirtschaft beschäftigten Arbeiter, Betriebsbeamten mit einem Jahresarbeitsverdienste bis 3000 Mark und kleinere Unternehmer; sie erfolgt auf Gegenseitigkeit der zu Berufsgenossenschaften vereinigten Betriebsunternehmer, für die in Staats- und Kom-

munalbetrieben beschäftigten Personen sind besondere Ausführungsbehörden errichtet.
Die Unfallversicherung gewährt bei Betriebsunfällen unentgeltliches Heilverfahren, Verletzten- und Hinterbliebenenrenten sowie Sterbegeld.
Die Höhe der Verletztenrente wird bemessen nach dem Grade der Erwerbsunfähigkeit aus dem Unfall und dem Jahresarbeitsverdienste des Verletzten.

Beispiele:

Beruf des Verletzten	Maurer	Arbeiterin an der Seifenpresse	Landwirtschaftlicher Tagelöhner
Jahresarbeitsverdienst	1391,70 Mark	392,60 Mark	540,00 Mark
Art der Verletzung	Quetschung des Brustkastens und Verlust beider Arme	Quetschung der rechten Hand	Knieverletzung, Blutvergiftung
Heilanstaltsbehandlung usw.	(90 Tage) 306,55 Mark	—	(105 Tage) 157,80 Mark
Angehörigenrente während der Heilanstaltsbehandlung	204,31 Mark (Ehefrau, 2 Kinder)	—	93,20 Mark (Ehefrau, 2 Kinder)
Grad der Erwerbsunfähigkeit	100 Prozent	15 Prozent	90 Prozent
Jahresrente des Verletzten	928,20 Mark	39,60 Mark	324,00 Mark
Außerdem für die Zeit der völligen Hilflosigkeit jährlich	463,50 Mark	—	—
Sterbegeld	92,80 Mark	—	50,00 Mark
Hinterbliebenenrente	835,20 Mark	—	324,00 Mark

87 ORGANISATION, EINNAHMEN, AUSGABEN, VERMÖGEN, HÄUFIGKEIT UND FOLGEN DER UNFÄLLE.

Organisation 1909:
Berufsgenossenschaften, gewerbliche 66, land- und forstwirtschaftliche 48.
Ausführungsbehörden für Staats- und Kommunalbetriebe 545.
Versicherte Betriebe 6150053.

Versicherte Personen		Das sind Prozent der Gesamtbevölkerung desselben Geschlechts
Überhaupt	23 767 000	37,2
Männer	14 854 000	47,1
Frauen	8 913 000	27,5

Einnahmen	1885/1909 ℳ	1909 ℳ
Überhaupt	2 478 700 143	214 103 931
Umlagen der Arbeitgeber	2 195 035 450	198 981 319
Keine Beiträge der Versicherten	—	—
Zinsen usw.	283 664 693	15 122 612
Ausgaben		
Überhaupt	2 127 868 407	189 873 648
Krankenfürsorge	140 829 804	11 095 551
Andere Entschädigungen	1 667 479 136	151 170 552
Gesamtverwaltung	319 559 467	27 607 545
Ausgaben siehe auch unter Nr. 88/89 u. 122. Vermögen siehe unter Nr. 75.		

Häufigkeit und Folgen (Schwere) der Unfälle nach Berufsgenossenschaften und Gruppen derselben. 1909.
Verletzte auf 300000 geleistete Arbeitstage = 1000 Vollarbeiter.

Berufsgenossenschaften und Gruppen dieser	Überhaupt	Tod
Fuhrwerks-Berufsgenossenschaft	19,96	2,00
Steinbruchs-Berufsgenossenschaft	15,83	1,67
Tiefbau-Berufsgenossenschaft	15,44	1,32
Knappschafts-Berufsgenossenschaft	15,38	2,14
Müllerei-Berufsgenossenschaft	14,20	1,05
Binnenschiffahrts-Berufsgenossenschaften	13,69	2,92
Brauerei- und Mälzerei-Berufsgenossenschaft	12,07	1,04
Holz-Berufsgenossenschaften	11,75	0,38
Staatsbetriebe für Schiffahrt, Baggerei, Flößerei	10,92	1,37
Bauwesen (Privatbetriebe)	10,58	0,81
Eisen- und Stahl-Berufsgenossenschaften	10,45	0,52
Papiermacher-Berufsgenossenschaft	9,16	0,58
Zucker-Berufsgenossenschaft	9,08	0,91
Ziegelei-Berufsgenossenschaft	9,07	0,89
Lagerei-Berufsgenossenschaft	9,02	0,67
Fleischerei-Berufsgenossenschaft	8,93	0,34
Berufsgenossenschaft der chemischen Industrie	8,63	0,65
Berufsgenossenschaft der Molkerei-, Brennerei- und Stärke-Industrie	8,19	0,49
Öffentliche Baubetriebe (Staatliche, Provinzial- und Kommunal-Bauverwaltungen)	7,53	0,68
Staatseisenbahnen, Post und Telegraphen	7,23	1,00
Berufsgenossenschaft der Gas- und Wasserwerke	7,17	0,54
Berufsgenossenschaft der Schornsteinfegermeister des Deutschen Reichs	6,97	1,87
Metall-Berufsgenossenschaften	6,58	0,13
Straßen- und Klein-Bahn-Berufsgenossenschaft	6,43	0,80
Berufsgenossenschaft der Musikinstrumenten-Industrie	6,06	—
Lederindustrie-Berufsgenossenschaft	5,86	0,35
Berufsgenossenschaft der Feinmechanik und Elektrotechnik	5,76	0,22
See-Berufsgenossenschaft	5,59	1,09
Privatbahn-Berufsgenossenschaft	5,35	0,72
Nahrungsmittel-Industrie-Berufsgenossenschaft	4,96	0,23
Glas-Berufsgenossenschaft	4,65	0,30
Marine- und Heeresverwaltung	4,32	0,17
Papierverarbeitungs-Berufsgenossenschaft	4,15	0,09
Töpferei-Berufsgenossenschaft	3,04	0,15
Deutsche Buchdrucker-Berufsgenossenschaft	2,96	0,06
Textil-Berufsgenossenschaften	2,86	0,11
Bekleidungsindustrie-Berufsgenossenschaft	2,00	0,05
Tabak-Berufsgenossenschaft	0,52	0,02
Gewerbe-, Bau- und See-Unfallversicherung	8,79	0,72
Unfallversicherung für Land- und Forstwirtschaft	11,50	0,55

88 UNFALLVERHÜTUNGSKOSTEN.

	1885/1909 ℳ	1909 ℳ
Überhaupt	18 875 616	2 129 757
Überwachung der Betriebe	17 578 769	1 997 799
Kosten bei Erlaß von Unfallverhütungsvorschriften	912 350	62 905
Prämien für Rettung Verunglückter	384 497	69 053

Die namhaften, dem Betrage nach aber unbekannten, Aufwendungen der Betriebsunternehmer für Unfallverhütung sind in vorstehenden Zahlen nicht mitenthalten.

89 UNFALLENTSCHÄDIGUNGEN.

	1885/1909 ℳ	1909 ℳ
Überhaupt	1 808 308 940	162 266 103
Koſten des Heilverfahrens	140 829 804	11 095 551
Renten an Verletzte	1 304 139 386	117 417 992
Zahlungen für Todesfälle	346 985 911	31 682 114
Abfindung inländiſcher Verletzter (erſt ſeit 1900)	12 437 625	1 791 980
Ausländerabfindung	3 916 214	278 466

90
bis
91 DIE ENTWICKELUNG DER UNFALLENTSCHÄDIGUNGSLAST. Gewerbliche — landwirtſchaftliche Berufsgenoſſenſchaften.
Die aus den in einem Jahre feſtgeſtellten Unfällen erwachſende Unfallentſchädigungslaſt verringert ſich im Laufe der Jahre durch Ausſcheiden der Rentenempfänger infolge Wiedererlangung der Erwerbsfähigkeit, Todes, Abfindung oder ſonſtiger Gründe. Beiſpielsweiſe wurden für Unfälle, die im Jahre 1890 feſtgeſtellt ſind,

	von den gewerblichen	von den landwirtſchaftlichen
	Berufsgenoſſenſchaften	
	ℳ	ℳ
erſtmalig gezahlt 1890	4 942 117	1 212 165
weitergezahlt 5. Jahr 1894	3 263 715	668 535
» 10. » 1899	2 585 398	497 379
» 15. » 1904	1 976 155	370 184
» 20. » 1909	1 502 195	266 788

92 UNFALLVERHÜTUNGSKOSTEN UND UNFALLENTSCHÄDIGUNGEN.
Diagramme der Verhältniszahlen.
Es entfallen

	1909 ℳ	
Unfallverhütungskoſten		
auf 10 000 ℳ der Geſamtausgabe	112	(gewerbliche Berufsgenoſſenſchaften)
» 100 Betriebe	267	
» 1000 Verſicherte	212	
Unfallentſchädigungen		
auf 100 ℳ der Geſamtausgabe	86	(Unfallverſicherung insgeſamt)
» 1 entſchädigten Unfall	159	
» 10 000 ℳ anrechnungsfähige Löhne	133	(gewerbliche Berufsgenoſſenſchaften)

93
bis
118 UNFALLHÄUFIGKEIT UND UNFALLFOLGEN nach Alter und Geſchlecht und Betriebsgruppen bei den gewerblichen Berufsgenoſſenſchaften.
Als Beiſpiele ſind hier die Knappſchafts-, die Eiſen- und Stahl-, Textil- und Baugewerks-Berufsgenoſſenſchaften herausgegriffen. Es ſind nur die Angaben für die Unfallhäufigkeit abgedruckt.

Verletzte, für welche im Jahre 1907 zum erſten Male Entſchädigungen gezahlt ſind:

Betriebsgruppen	überhaupt	auf 1000 Vollarbeiter desſelben Alters u. Geſchlechts			
		Erwachſene		Jugendliche (unter 16 J.)	
		männliche	weibliche	männliche	weibliche
1. Knappſchafts-Berufsgenoſſenſchaft					
Steinkohlenbergbau	9 349	17,76	6,35	10,90	11,49
Braunkohlenbergbau	601	13,16	3,46	—	—
Erzgruben	691	10,30	2,29	5,23	2,03

Betriebsgruppen	überhaupt	auf 1000 Vollarbeiter desselben Alters u. Geschlechts			
		Erwachsene		Jugendliche (unter 16 J.)	
		männliche	weibliche	männliche	weibliche
Metallhütten	66	6,05	—	5,76	—
Salzbergbau und Salinen	259	10,62	—	4,57	—
Kalksteinbrüche und Kalkbrennereien, Marmor-, Ton-, Sand- und Lehmgruben, selbständige Tiefbohrbetriebe	23	11,69	—	—	—
Schwerspat- und Flußspatgruben, Schieferbrüche, Mühlsteingruben und -brüche	57	12,07	—	5,24	—
Betriebe zur Gewinnung von Gips, Alabaster, Antimon, Porzellanerde und Erdfarben; ferner Ocker-, Sandstein-, Speckstein- und Basaltgruben, Kiesgruben	17	14,25	—	22,73	—
Nebenbetriebe					
Schiefertonziegeleien	—	—	—	—	—
Brikettfabriken	189	15,41	10,42	3,58	—
Naßpreßsteinfabriken	3	3,11	—	—	—
Teerschwelereien	5	5,04	—	—	—
Mineralöl- und Paraffinfabriken	4	5,86	—	—	—
Ziegeleien (ausschl. Schiefertonziegeleien)	12	6,52	3,73	11,90	31,25
Abraumbetriebe	53	7,70	—	—	—
Chlorkaliumfabriken	50	7,21	—	3,61	—
Landwirtschaftliche Betriebe	2	10,05	—	—	—
2. Eisen- und Stahl-Berufsgenossenschaften					
Maschinenbau einschl. mechanische Werkstätten u. Eisengießereien	4 882	9,72	3,99	7,34	—
Kesselschmieden	544	26,11	—	7,02	—
Eisenkonstruktionswerkstätten	996	31,62	—	16,68	—
Wagenbau	411	11,12	—	9,64	—
Schiffbau	582	17,84	—	8,21	—
Schlossereien	630	7,47	6,49	4,47	9,58
Eisen- und Stahlwaren, einschl. Schmiedereien	493	6,41	4,90	5,35	4,26
Fahrradfabriken	69	3,78	4,37	4,51	—
Geldschrankfabriken	41	10,60	—	5,11	—
Blechindustrie	337	7,36	6,83	6,75	6,76
Drahtindustrie	254	7,05	2,15	8,21	5,10
Heizungs-, Beleuchtungs-, Lüftungs- und Kanalisationsanlagen	108	9,67	—	6,37	—
Hüttenwerke	3 323	17,70	8,42	12,75	8,13
Motorenbetriebe	404	19,49	14,89	15,23	—
Holzbearbeitungswerkstätten	165	25,62	—	20,83	—
Sonstige Betriebe	844	15,20	3,01	6,06	—
3. Textil- (auch Leinen- und Seiden-) Berufsgenossenschaften					
Zubereitung von Spinn- und Faserstoffen	102	7,83	4,03	5,59	—
Spinnerei (einschließlich Hechelei, Haspelei, Spulerei, Zwirnerei), Wattenfabrikation (mit und ohne Bleicherei, Färberei usw.)	870	6,29	3,33	4,64	3,08

Betriebsgruppen	überhaupt	auf 1000 Vollarbeiter desselben Alters u. Geschlechts			
		Erwachsene		Jugendliche (unter 16 J.)	
		männliche	weibliche	männliche	weibliche
Weberei einschl. Bandweberei (ausgenommen Wollweberei mit Spinnerei, Färberei usw.) mit und ohne Bleicherei, Färberei usw. und mit und ohne Spulerei, Haspelei usw.	504	2,32	1,02	1,45	1,32
Wollweberei mit Spinnerei, Bleicherei, Walkerei, Färberei usw.	333	5,35	3,17	6,43	1,78
Jutespinnerei und -weberei einschl. Haspelei, Spulerei usw.	65	6,57	2,12	5,22	2,21
Strickerei und Wirkerei (auch Strumpffabrikation)	54	1,60	0,24	—	0,15
Häkelei, Stickerei, Spitzenverfertigung	43	1,06	0,38	3,52	2,15
Bleicherei, Färberei, Druckerei und Appretur von Spinnstoffen, Garnen, Geweben, Zeugen aller Art (sofern nicht zu einem anderen Betriebe gehörig)	495	5,46	2,44	5,33	3,33
Seilerei uud Reepschlägerei	45	7,36	4,83	6,58	4,22
Filzfabrikation	10	7,07	2,74	40,00	—
Verlags-, Vorbereitungs- und Fertigstellungsbetriebe für Textilwaren	17	1,40	0,29	—	0,46
Sonstige Betriebe der Textilindustrie	6	5,35	2,59	—	—
Fremdartige Nebenbetriebe	195	8,22	2,26	6,87	—
4. Baugewerks-Berufsgenossenschaften					
Maurer usw.	4 943	10,19	8,64	4,88	9,28
Zimmerer	1 866	15,70	21,28	6,73	—
Tischler und Stellmacher	77	4,85	—	3,66	—
Klempner	407	7,89	22,22	6,38	—
Dachdecker	511	24,51	—	12,14	—
Maler	503	5,19	10,99	1,82	—
Steinmetzen und Stuckateure	386	9,13	7,66	5,79	—
Tapezierer und Stubenbohner	22	2,95	—	5,63	—
Glaser	110	11,50	—	5,56	—
Ofensetzer (Töpfer)	40	3,20	133,33	2,74	—
Asphaltierer	263	8,06	—	3,95	—
Schiffbau	62	13,09	—	10,27	—
Mühlenbau	15	15,89	—	—	—
Brunnenmacher	98	30,54	—	—	—
Abbruch von Gebäuden und Schiffen, Handlung mit Baumaterialen	159	59,48	—	—	—
Wartung und Bedienung von Dampfkesseln. Kraft- und Arbeitsmaschinen, welche durch Motoren getrieben werden, mechanische Holzbearbeitung	816	54,21	—	145,70	—
Fensterputzer	45	27,23	50,00	—	—
Fuhrwesen	292	27,47	—	54,05	—
Stein-, Sand-, Kies-, Lehm- usw. Gewinnung und -Verarbeitung	261	23,96	13,61	4,39	—
Erdarbeiten	121	12,40	16,95	—	—
Sonstige Betriebe	34	18,20	30,30	—	500,00

119 DIE UNFALLHÄUFIGKEIT NACH ALTER UND GESCHLECHT. Gewerbe-, Bau- und See-Unfallverſicherung 1897. — Unfallverſicherung für Land- und Forſtwirtſchaft 1901.

Die Unfallhäufigkeit iſt weſentlich höher bei Männern als bei Frauen und wächſt mit zunehmendem Alter faſt ausnahmslos bis zum 70. Jahre.

Verletzte auf 1000 Verſicherte desſelben Alters und Geſchlechts.

Alter	Gewerbe-, Bau- und See-Unfallverſicherung 1897		Unfallverſicherung für Land- und Forſtwirtſchaft 1901	
	Männer	Frauen	Männer	Frauen
unter 16 Jahre	2,7	1,6	3,1	1,5
16 bis unter 18 Jahre	3,6	1,6	2,8	1,5
18 bis unter 20 Jahre	4,3	1,3	2,6	1,5
20 bis unter 30 Jahre	6,2	1,6	3,0	2,1
30 bis unter 40 Jahre	10,1	1,9	4,4	4,9
40 bis unter 50 Jahre	13,6	2,5	6,6	6,8
50 bis unter 60 Jahre	15,3	3,2	8,1	9,1
60 bis unter 70 Jahre	16,0	2,6	10,4	10,3
70 Jahre und darüber	9,9	1,1	8,9	8,4

120 bis 121 STAND DER UNFALLFOLGEN.

Jahr der Feſtſtellung, ſeit 1893 Zahlung der Entſchädigung	Zahl der Verletzten überhaupt	Von 100 Verletzten waren: aus dem Rentengenuß infolge Wiedererlangung völliger Erwerbsfähigkeit ausgeſchieden nach durchſchnittlich				nach durchſchnittlich 5 Jahren noch im Rentengenuß					tot
		1 Jahre	2 Jahren	3 Jahren	4 Jahren	überhaupt	und zwar für eine Erwerbsunfähigkeit von Prozent: unter 25	25-50	mehr als 50-75	75-100 (einſchl.)	
Gewerbliche Berufsgenoſſenſchaften											
1896	38 538	20,82	28,37	32,68	35,09	53,89	34,32	12,68	4,39	2,50	11,02
97	41 746	21,29	29,20	33,42	35,39	53,90	34,76	12,52	4,18	2,44	10,71
98	44 881	21,38	29,39	32,92	35,05	54,18	34,86	12,78	4,18	2,36	10,77
99	49 175	21,93	28,70	32,53	35,41	54,35	35,53	12,26	4,20	2,36	10,24
1900	51 697	19,67	27,32	31,78	34,53	55,07	36,13	12,49	4,16	2,29	10,40
01	55 525	19,83	28,73	33,24	36,88	53,71	35,39	12,10	3,81	2,41	9,41
02	57 244	21,11	29,94	35,58	39,49	52,02	34,51	11,52	3,73	2,26	8,49
03	60 550	21,35	31,72	37,87	41,55	50,27	33,65	11,03	3,50	2,09	8,18
04	65 205	22,59	33,59	39,97	44,37	47,57	32,32	10,25	3,13	1,87	8,06
05	68 360	23,49	35,42	42,18	46,98	45,11	30,69	9,69	3,00	1,73	7,91
06	71 227	25,07	37,50	44,67	49,54	42,56	29,04	9,23	2,76	1,53	7,90
07	75 370	25,83	39,18	46,40	—	—	—	—	—	—	—
08	74 581	27,89	40,41	—	—	—	—	—	—	—	—
1909	70 986	28,99	—	—	—	—	—	—	—	—	—
Landwirtſchaftliche Berufsgenoſſenſchaften*)											
1896	17 537	14,58	29,33	37,82	41,97	51,14	30,50	14,56	3,66	2,42	6,89
97	18 343	13,83	30,60	38,98	41,81	51,53	31,51	14,64	3,39	1,99	6,66
98	18 641	14,22	33,29	38,27	43,16	50,25	32,02	12,87	3,46	1,90	6,59
99	20 789	14,85	31,71	38,65	42,90	51,18	32,78	12,74	3,91	1,75	5,92
1900	20 830	14,31	31,00	36,75	43,55	50,27	31,98	12,74	3,80	1,75	6,18
01	23 104	13,81	32,13	40,13	43,79	50,56	32,42	12,84	3,50	1,80	5,65
02	24 273	15,22	33,74	40,50	44,67	50,19	32,81	12,46	3,09	1,83	5,14
03	25 054	14,40	34,93	41,37	48,27	46,35	30,18	11,47	2,90	1,80	5,38
04	26 920	17,02	34,87	45,13	50,00	44,72	29,57	10,55	2,73	1,87	5,28
05	25 709	18,49	38,09	45,24	51,25	43,19	28,72	9,98	2,55	1,94	5,56
06	24 607	17,95	38,75	47,53	51,97	42,67	28,65	9,92	2,30	1,80	5,36
07	24 989	17,53	40,33	48,81	—	—	—	—	—	—	—
08	25 676	18,83	41,10	—	—	—	—	—	—	—	—
1909	25 467	18,73	—	—	—	—	—	—	—	—	—

*) 22 landwirtſchaftliche Berufsgenoſſenſchaften

122 KRANKENFÜRSORGE

	1885/1909 ℳ	1909 ℳ
Überhaupt	140 829 804	11 095 551
Fürſorge in der Wartezeit	10 591 174	933 203
Heilverfahren	44 709 563	3 701 781
Heilanſtalt	67 214 820	5 031 702
Angehörigenrente	18 314 247	1 428 865

123 DIE KOSTEN DER KRANKENFÜRSORGE, berechnet auf eine behandelte Perſon.

	Höchſter Betrag ℳ	Niedrigſter Betrag ℳ	1909 ℳ
Fürſorge in der Wartezeit	66,74 (1907)	46,83 (1899)	62,81
Heilverfahren	49,85 (1887)	31,37 (1899)	37,18
Heilanſtalt	164,89 (1908)	79,81 (1886)	163,72
Angehörigenrente	46,68 (1887)	33,07 (1898)	46,49

124 bis 125 DIE ART DER VERLETZUNGEN UND DIE VERLETZTEN KÖRPERTEILE. Gewerbe-, Bau- und See-Unfallverſicherung 1907. — Unfallverſicherung für Land- und Forſtwirtſchaft 1901.

	Gewerbe-, Bau- und See-Unfallverſicherung 1907		Unfallverſicherung für Land- und Forſtwirtſchaft 1901	
	Unfälle	v. H.	Unfälle	v. H.
Wunden, Quetſchungen, Knochenbrüche uſw.	77 313	93,83	56 291	98,92
Arme	32 620	32,41	18 957	33,31
Beine	20 837	26,02	16 806	29,53
Rumpf	7 944	11,58	10 461	18,38
Kopf und Hals, Augen	8 138	12,11	4 788	8,42
Mehrere Körperteile zugleich	6 726	10,02	5 028	8,84
Ganzer Körper	1 048	1,69	251	0,44
Verbrennungen, Verbrühungen, Ätzungen	2 727	2,89	307	0,54
Ertrinken	398	0,06	48	0,08
Blitzſchlag, Hitzſchlag, Erfrieren	324	0,21	208	0,37
Erſticken	486	3,01	53	0,09

126 bis 127 DIE VERLETZUNGEN DER ARME UND BEINE. Gewerbe-, Bau- und See-Unfallverſicherung 1907. — Unfallverſicherung für Land- und Forſtwirtſchaft 1901.

128 bis 129 DIE UNFALLHÄUFIGKEIT NACH BETRIEBSEINRICHTUNGEN UND VORGÄNGEN. Gewerbe-, Bau- und See-Unfallverſicherung. — Unfallverſicherung für Land- und Forſtwirtſchaft. 1888-1909.
1909. Gewerbe-, Bau- und See-Unfallverſicherung unter Hervorhebung der wichtigſten Induſtriegruppen. Verletzte auf 100000 Vollarbeiter zu je 300 Arbeitstagen. — Unfallverſicherung für Land- und Forſtwirtſchaft, Berufsgenoſſenſchaften und Ausführungsbehörden. Verletzte auf 100 000 Verſicherte.

	1909. Verletzte auf 100 000 Vollarbeiter Gewerbe-, Bau- und See-Unfallverſicherung: überhaupt	davon wichtigſte Gruppe	100 000 Verſicherte Unfallverſicherung für Land- und Forſtwirtſchaft
Motoren	162,87	Eiſen und Stahl	25,60
Fall von Leitern	138,31	Privat-Bauweſen	100,05
Zuſammenbruch	135,99	Bergbau	24,17
Auf- und Abladen	125,96	Bergbau	30,85

	1909. Verletzte auf			
	100 000 Vollarbeiter Gewerbe-, Bau- und See-Unfallverſicherung		100 000 Verſicherte Unfallverſicherung für Land- und Forſtwirtſchaft
	überhaupt	davon wichtigſte Gruppe	
Handwerkszeug	62,82	Eiſen und Stahl	28,77
Eiſenbahnbetrieb	58,84	Staatseiſenbahnen, Poſt und Telegraphen	0,60
Fuhrwerk	57,69	Bergbau, Fuhrweſen	64,38
Sonſtige	44,55	Bergbau	23,72
Hebemaſchinen	36,72	Eiſen und Stahl	0,46
Feuergefährliche Stoffe	26,99	Eiſen und Stahl	4,85
Tiere	11,60	Fuhrweſen, Lagerei	51,07
Sprengſtoffe	7,09	Bergbau	1,31
Schiffahrt	6,76	Binnenſchiffahrt	0,17
Dampfkeſſel	2,47	Eiſen und Stahl	0,09

130 bis 131 DIE URSACHEN DER UNFÄLLE (SCHULDFRAGE). Gewerbe-, Bau- und See-Unfallverſicherung 1907. — Unfallverſicherung für Land- und Forſtwirtſchaft 1901.

	Gewerbe-, Bau- und See-Unfallverſicherung		Unfallverſicherung für Land- und Forſtwirtſchaft	
	1907		1901	
	Unfälle	v. H.	Unfälle	v. H.
Mangelhafte Betriebseinrichtungen	4 349	5,40	2 935	5,19
Fehlende oder mangelhafte Schutzvorrichtungen	3 777	4,69	6 084	10,75
Fehlende oder ungenügende Vorſchriften, Anweiſungen ſeitens der Arbeitsgeber	1 586	1,97	978	1,73
Ungeſchicklichkeit, Unachtſamkeit und Unvorſichtigkeit	23 326	28,96	14 382	25,42
Nichtbenutzung oder Beſeitigung der vorhandenen Schutzvorrichtungen	1 787	2,22	102	0,18
Handeln wider beſtehende Vorſchriften uſw.	7 632	9,48	609	1,08
Leichtſinn, Spielerei, Neckerei, Trunkenheit uſw.	441	0,55	575	1,02
Ungeeignete Bekleidung	42	0,05	115	0,20
Schuld des Arbeitgebers und Arbeitnehmers zugleich	736	0,90	399	0,71
Schuld von Mitarbeitern und anderen Perſonen	4 784	5,94	1 084	1,92
Allgemeine Betriebsgefahr	30 323	37,66	27 853	49,23
Sonſtige Urſachen (höhere Gewalt, Zufall, Krankheit uſw.)	1 759	2,18	1 456	2,57

132 bis 134 DIE UNFALLHÄUFIGKEIT NACH DER ZEIT (Monate, Wochentage, Tagesſtunden). Gewerbe-, Bau- und See-Unfallverſicherung 1887, 1897, 1907. — Landwirtſchaftliche Unfallverſicherung 1891, 1901.

	Unfallziffer v. H. der verletzten und getöteten Perſonen					
	Gewerbe-, Bau- und See-Unfallverſicherung					
	1887		1897		1907	
	höchſte	niedrigſte	höchſte	niedrigſte	höchſte	niedrigſte
	Ziffer v. H.		Ziffer v. H.		Ziffer v. H.	
Monate	9,27 Oktober	7,51 Februar	9,23 Juli	7,03 Februar	9,39 Oktober	7,22 Februar
Wochentage	16,82 Montag	2,70 Sonntag	17,33 Montag	2,24 Sonntag	16,94 Montag	2,52 Sonntag
Tagesſtunden	27,64 9—12 vorm.	2,13 12—3 vorm.	29,52 9—12 vorm.	1,37 12—3 vorm.	28,42 9—12 vorm.	1,93 12—3 vorm.

	Unfallziffer v. H. der verletzten und getöteten Perſonen			
	Unfallverſicherung für Land- und Forſtwirtſchaft			
	1891		1901	
	höchſte	niedrigſte	höchſte	niedrigſte
	Ziffer v. H.		Ziffer v. H.	
Monate	9,99 Dezember	6,31 Mai	11,06 Auguſt	6,46 April
Wochentage	16,70 Sonnabend	3,86 Sonntag	17,35 Montag	4,07 Sonntag
Tagesſtunden	29,51 3—6 nachm.	0,24 12—3 vorm.	31,37 3—6 nachm.	0,23 12—3 vorm.

135 bis 138 DIE VERLETZTEN UND GETÖTETEN PERSONEN nach der Dauer ihrer Beſchäftigung am Unfalltage (ſeit Beginn der Arbeitsſchicht).

IV. INVALIDENVERSICHERUNG

139 ERLÄUTERUNG UND BEISPIELE.

Die Invalidenverſicherung umfaßt die Arbeiterſchaft ſämtlicher Berufszweige. Sie bezweckt die Gewährung von Invaliden-(Kranken-) und Altersrenten und übernimmt die Krankenfürſorge in Krankheitsfällen, welche Erwerbsunfähigkeit befürchten laſſen. Die Hälfte der für die Verſicherten gezahlten Beiträge wird zurückerſtattet: im Todesfalle, wenn noch keine Rente gezahlt war, an die Witwe oder Kinder unter 15 Jahren; im Falle der Erwerbsunfähigkeit infolge eines von der Unfallverſicherung entſchädigten Unfalls und bei der Verheiratung weiblicher Verſicherter.

Von jeder Rente zahlt das Reich jährlich 50 Mark, der Reſt wird aus den Beiträgen beſtritten.

Höhe der Beiträge und Renten.

Die Arbeiter zahlen nach ihrem Lohne Beiträge von 7 bis 18 Pfennig wöchentlich. Die Arbeitgeber zahlen gleich hohe Beiträge.

Die Invaliden- (Kranken-) Rente richtet ſich nach Zahl und Höhe der Beiträge, ſie ſchwankt bei einem Wochenbeitrage von 7 Pfennig zwiſchen 116 und 200 Mark und bei einem Wochenbeitrage von 18 Pfennig zwiſchen 150 und 500 Mark jährlich.

Siebzigjährige, aber noch erwerbsfähige Arbeiter erhalten Altersrenten von 110 bis 230 Mark jährlich und vom Eintritte der Erwerbsunfähigkeit an die höheren Invalidenrenten.

140 ORGANISATION, EINNAHMEN, AUSGABEN, VERMÖGEN, INVALIDITÄTSHÄUFIGKEIT NACH DEM ALTER.

Organiſation 1909.

Verſicherungsanſtalten 31. Beſondere Kaſſeneinrichtungen 10.

Verſicherte		Das ſind Prozent der Geſamtbevölkerung desſelben Geſchlechts
Überhaupt	15 444 300	24,2
Männer.	10 707 100	34,0
Frauen	4 737 200	14,6

Einnahmen	1891/1909 ℳ	1909 ℳ
Überhaupt	3 650 507 545	293 893 978
Beiträge der Arbeitgeber	1 271 149 899	94 219 236
Beiträge der Verſicherten	1 271 149 899	94 219 236
Reichszuſchuß	587 227 014	51 500 690
Zinſen uſw.	520 980 733	53 954 816
Ausgaben		
Überhaupt	2 076 396 165	209 393 213
Krankenfürſorge	137 583 493	20 730 027
Andere Entſchädigungen	1 734 023 163	168 299 471
Geſamtverwaltung	204 789 509	20 363 715
Ausgaben ſiehe auch Nr. 141, Vermögen ſiehe Nr. 75.		

Invaliditätshäufigkeit nach dem Alter.

Verſicherungsanſtalten	Auf 100 Verſicherte entfallen Invalidenrenten an Empfänger im Alter (zur Zeit der Feſtſtellung) von						
	20 bis 70 Jahren (insgeſamt)	20 bis unter 25 Jahren	25 bis unter 30 Jahren	30 bis unter 40 Jahren	40 bis unter 50 Jahren	50 bis unter 60 Jahren	60 bis unter 70 Jahren
Oſtpreußen	12,1	1,5	3,2	3,9	7,4	21,2	97,4
Weſtpreußen	10,2	1,2	2,4	3,3	6,7	19,1	88,8
Berlin	8,5	1,1	2,6	5,2	10,1	25,6	92,9
Brandenburg	7,6	0,8	1,9	2,9	6,1	17,5	71,0
Pommern	10,7	1,5	2,9	3,3	6,3	20,5	95,8
Poſen	10,0	1,0	3,0	3,6	5,9	18,2	75,5
Schleſien	7,7	1,2	2,3	3,0	5,7	16,9	61,7
Sachſen-Anhalt	9,1	1,1	2,0	2,7	5,7	18,0	80,4
Schleswig-Holſtein	7,7	1,2	2,3	2,9	5,6	16,1	67,9
Hannover	7,6	1,2	2,6	3,3	6,1	19,0	72,4
Weſtfalen	8,0	1,5	2,5	3,6	7,2	24,6	94,1
Heſſen-Naſſau	8,7	1,1	2,5	4,0	8,3	25,7	93,1
Rheinprovinz	7,7	1,3	2,5	3,4	7,2	24,0	86,5
Königreich Bayern	11,1	1,5	3,1	5,3	10,4	30,0	109,2
Königreich Sachſen	8,7	1,0	2,2	3,5	7,3	22,6	86,9
Königreich Württemberg	11,6	1,6	3,1	4,7	9,2	28,8	101,2
Großherzogtum Baden	10,1	1,9	3,5	5,4	9,8	26,1	86,9
Großherzogtum Heſſen	11,8	1,7	3,3	5,3	10,0	31,6	119,7
Großherzogtum Mecklenburg	6,9	0,9	2,0	2,4	3,7	11,8	49,4
Thüringen	8,3	1,1	1,9	3,0	5,8	18,0	71,8
Oldenburg	5,6	1,1	1,7	2,1	3,2	14,0	55,5
Braunſchweig	7,5	0,8	1,4	2,6	5,3	16,8	64,8
Hanſeſtädte	4,4	0,5	1,2	1,8	3,6	13,6	52,7
Elſaß-Lothringen	9,3	0,2	2,7	4,0	8,3	22,0	76,8
Kaſſeneinrichtungen							
Knappſchaftskaſſen	8,6	0,9	1,2	1,9	6,8	50,8	185,0
Eiſenbahn-Penſionskaſſen	7,2	0,6	1,1	2,1	6,1	24,9	104,4
insgeſamt	8,7	1,2	2,4	3,5	7,1	22,3	84,2

141 ENTSCHÄDIGUNGEN

	1891/1909 M	1909 M
Überhaupt	1 871 606 656	189 029 498
Invalidenrenten	1 186 007 474	139 257 351
Krankenrenten	25 860 870	3 458 812
Altersrenten	423 518 087	15 549 500
Beitragserstattungen bei Heirat	66 850 980	5 813 686
» » Unfall	438 155	51 791
» » Tod	28 449 961	3 554 956
Heilverfahren	131 469 593	19 346 187
Außerordentliche Leistungen	6 113 900	1 383 840
Invalidenhauspflege	2 897 636	613 375

142 NEUENTSCHÄDIGTE PERSONEN

	1891/1909	1909
Invalidenrentner	1 748 137	115 264
Krankenrentner	103 192	12 716
Altersrentner	481 382	11 003
Beitragserstattungen bei Heirat	1 962 340	148 441
» » Unfall	6 025	549
» » Tod	437 976	37 560

143 ENTSCHÄDIGUNGEN. DIAGRAMME DER DURCHSCHNITTSBETRÄGE

	Höchster Betrag 1909 M	Niedrigster Betrag M
Invalidenrenten	174,80	113,49 (1891)
Krankenrenten	174,15	147,73 (1900)
Altersrenten	163,58	124,00 (1891)
Beitragserstattungen bei Heirat	39,46	19,84 (1895)
» » Unfall	95,05	47,37 (1900)
» » Tod	95,37	28,17 (1895)

144 HEILBEHANDLUNGSKOSTEN DER INVALIDEN-VERSICHERUNGSANSTALTEN insgesamt, für Lungentuberkulose und andere Krankheiten.

Jahr	Heilbehandlungskosten für Lungentuberkulose M	Heilbehandlungskosten für andere Krankheiten M	Jahr	Heilbehandlungskosten für Lungentuberkulose M	Heilbehandlungskosten für andere Krankheiten M
1897	1 027 096	984 052	1904	8 475 040	4 260 040
1898	1 548 364	1 220 966	1905	9 685 857	4 762 148
1899	2 405 037	1 651 938	1906	11 491 547	5 168 898
1900	3 766 762	2 443 959	1907	11 894 318	6 060 388
1901	5 038 751	2 873 468	1908	14 819 921	6 805 962
1902	5 861 166	3 195 074	1909	16 320 601	7 954 976
1903	7 410 667	4 090 538			

145 KOSTENAUFWAND UND DAUER DER STÄNDIGEN HEILBEHANDLUNG DER INVALIDEN-VERSICHERUNGSANSTALTEN FÜR EINE BEHANDELTE PERSON (Männer — Frauen) bei Lungentuberkulose und anderen Krankheiten.

1909		Für 1 behandelte Person ℳ	Für 1 Verpflegungstag ℳ	Behandlungsdauer Tage
Lungentuberkulose	Männer	404,22	5,77	70
	Frauen	344,97	4,29	80
Andere Krankheiten	Männer	231,35	5,07	46
	Frauen	183,20	3,91	47

146 DIE INVALIDITÄTSURSACHEN NACH DEM GESCHLECHTE DER INVALIDENRENTENEMPFÄNGER.

1896—1899	Männer	v. H.	Frauen	v. H.
Entkräftung, Blutarmut, Altersschwäche	30 385	15,0	20 018	22,1
Krankheiten der Lunge, ausschließlich Tuberkulose	33 810	16,7	8 097	8,9
Tuberkulose der Lungen	30 353	15,0	8 573	9,5
Gelenkrheumatismus, Gicht	12 425	6,2	7 732	8,5
Krankheiten des Herzens und der großen Blutgefäße	12 090	6,0	7 781	8,6
Krankheiten der Bewegungsorgane	10 074	5,0	4 664	5,2
Krankheiten der Augen	7 708	3,8	4 464	4,9
Krankheiten der Atmungswege	7 410	3,7	2 033	2,2
Krankheiten des Magens	5 954	3,0	2 838	3,1
Krebs usw.	5 006	2,5	2 400	2,7
Gehirnschlagfluß usw.	4 953	2,5	1 577	1,7
Krankheiten einzelner Nerven und Nervenbezirke	3 842	1,9	2 256	2,5
Geisteskrankheiten	3 639	1,8	1 870	2,1
Krankheiten der Haut und des Unterhautzellgewebes	3 412	1,7	1 969	2,2
Folgen mechanischer Verletzungen	4 133	2,0	1 148	1,3
Krankheiten des Rückenmarks	4 326	2,1	878	1,0
Unterleibsbrüche	3 975	2,0	855	0,9
Muskelrheumatismus	3 450	1,7	1 269	1,4
Krankheiten der Harn- u. Geschlechtsorgane	1 299	0,6	3 199	3,5
Sonstige Krankheiten der Blutgefäße, Lymphgefäße und Lymphdrüsen	2 317	1,1	1 576	1,7
Krankheiten der Nieren	2 374	1,2	921	1,0
Krankheiten des Darms, der Leber oder Milz	1 996	1,0	917	1,0
Tuberkulose anderer Organe	1 953	1,0	898	1,0
Epilepsie und verwandte Formen	1 805	0,9	1 142	1,3
Sonstige Allgemeinleiden	1 383	0,7	767	0,9
Krankheiten des Brustfells	1 026	0,5	242	0,3
Krankheiten der Ohren	649	0,3	402	0,4
Krankheiten der sonstigen Verdauungsorgane	232	0,1	71	0,1

147 u. 148 HÄUFIGKEIT DER LUNGENTUBERKULOSE UNTER DEN INVALIDITÄTSURSACHEN NACH GESCHLECHT, ALTER UND BERUF DER INVALIDENRENTENEMPFÄNGER 1896-1899.

Alter	Tuberkulose auf 1000 Invaliditätsfälle					
	Männer			Frauen		
	Landwirtschaft	Industrie	Sonstige Berufe	Landwirtschaft	Industrie	Sonstige Berufe
20—24	371	624	568	284	597	355
25—29	330	576	507	231	472	289
30—34	277	505	414	161	373	206
35—39	210	430	348	144	285	145
40—44	185	352	281	86	203	114
45—49	132	272	215	78	140	81
50—54	96	162	135	46	82	48
55—59	55	100	84	36	59	33
60—64	32	54	44	17	28	19
65—69	18	27	24	10	14	11

149 bis 152 ERFOLGE DER HEILBEHANDLUNG VON LUNGENTUBERKULOSE UND ANDEREN KRANKHEITEN BEI MÄNNERN UND FRAUEN 1900-1909.

Lungentuberkulose	1900	1901	1902	1903	1904	1905	1906	1907	1908	1909
Es wurden behandelt:										
Männer	8 442	10 812	12 187	14 937	16 957	19 085	21 959	22 258	26 437	29 277
Frauen	2 652	3 844	4 302	5 211	6 520	7 536	9 063	9 816	12 288	12 955

Von 100 Behandelten erlangten — behielten — Erwerbsfähigkeit	Männer									
	1900	1901	1902	1903	1904	1905	1906	1907	1908	1909
am Ende des Behandlungsjahrs	66	70	72	73	73	76	77	77	77	79
1. Jahres nach der Behandlung . .	48	53	57	59	61	63	65	65	66	—
2. » » » » . .	40	45	48	51	53	54	55	55	—	—
3. » » » » . .	35	38	44	46	48	48	49	—	—	—
4. » » » » . .	30	32	40	43	44	44	—	—	—	—

Von 100 Behandelten erlangten — behielten — Erwerbsfähigkeit	Frauen									
	1900	1901	1902	1903	1904	1905	1906	1907	1908	1909
am Ende des Behandlungsjahrs	67	72	76	77	76	78	81	80	81	80
1. Jahres nach der Behandlung . .	52	60	62	64	66	67	70	69	72	—
2. » » » » . .	46	51	54	57	59	60	63	62	—	—
3. » » » » . .	40	45	50	53	56	55	58	—	—	—
4. » » » » . .	35	39	47	50	51	52	—	—	—	—

Andere Krankheiten	1900	1901	1902	1903	1904	1905	1906	1907	1908	1909
Es wurden behandelt:										
Männer	8 755	9 176	9 837	11 868	12 182	13 098	14 354	15 702	17 172	19 942
Frauen	5 276	6 009	6 196	7 761	8 426	9 224	10 212	11 035	12 240	14 058

Von 100 Behandelten erlangten — behielten — Erwerbsfähigkeit	Männer									
	1900	1901	1902	1903	1904	1905	1906	1907	1908	1909
am Ende des Behandlungsjahrs	62	65	64	69	69	74	75	78	77	79
1. Jahres nach der Behandlung	48	53	52	55	59	63	65	67	67	—
2. » » » »	42	47	46	52	53	58	58	61	—	—
3. » » » »	39	43	44	48	51	54	54	—	—	—
4. » » » »	35	38	41	46	48	51	—	—	—	—

Von 100 Behandelten erlangten — behielten — Erwerbsfähigkeit	Frauen									
	1900	1901	1902	1903	1904	1905	1906	1907	1908	1909
am Ende des Behandlungsjahrs	66	67	70	72	74	77	77	79	78	81
1. Jahres nach der Behandlung	51	56	58	61	64	67	68	70	70	—
2. » » » »	45	51	52	57	59	62	62	65	—	—
3. » » » »	43	47	49	54	56	58	59	—	—	—
4. » » » »	39	43	47	52	54	56	—	—	—	—

Die Zahl der Behandlungsfälle hat zugenommen; die Erfolge, namentlich auch die Dauererfolge, find häufiger geworden.

153 DIE WEGEN LUNGENTUBERKULOSE BEHANDELTEN PERSONEN NACH DEM KRANKHEITSGRADE. (Turban-Gerhardtſche — Kaiſerliches Geſundheitsamt — Stadieneinteilung.)

Im Jahre 1909 abgeſchloſſene Heilbehandlungsfälle:

	Männer und Frauen insgeſamt				Männer				Frauen			
Stadium*	0	I	II	III	0	I	II	III	0	I	II	III
In Heilbehandlung genommen	—	17 841	12 560	4 744	—	12 015	9 161	3 590	—	5 826	3 399	1 154
Ergebnis am Schluſſe der Behandlung:												
Gebeſſert	897	18 628	8 215	1 389	539	12 600	6 302	1 126	358	6 028	1 913	263
Nicht gebeſſert	27	1 229	1 978	2 782	24	872	1 286	2 017	3	357	692	765

* Stadium 0: Merkmale der Stadien I bis III nach der Behandlung nicht nachweisbar.
» I: Leichte, teilweiſe Erkrankung eines Lungenlappens.
» II: Leichte Erkrankung eines ganzen oder ſchwere Erkrankung eines halben Lungenlappens.
» III: Erkrankung über Stadium II mit Höhlenbildung in den Lungen.

154 bis 156 VERMÖGENSANLAGEN insgeſamt, für Heilanſtalten, Geneſungs- und Erholungsſtätten und ſonſtige hygieniſche Einrichtungen, ſowie für geſunde Arbeiterwohnungen.

Bis zum Jahre 1909	ℳ
Vermögensanlagen insgeſamt	1 574 111 380
Für gemeinnützige Zwecke	829 324 554
Heilanſtalten, Erholungs- und Geneſungsheime uſw.	445 934 433
Arbeiterwohnungen	280 517 984
Landwirtſchaftlichen Kredit	102 872 137
Für ſonſtige Zwecke	744 786 826

C. BÜCHER

157 DIE DEUTSCHEN ARBEITERVERSICHERUNGSGESETZE (Texte der Geſetze).

158 bis 185 AMTLICHE NACHRICHTEN DES REICHS-VERSICHERUNGSAMTS 1885 bis 1911 mit Geſamtregiſter 1885 bis 1905 (Behrend & Co., Berlin 1885 bis 1911).

	Hierzu die Beihefte:
186	STATISTIK DER ENTSCHÄDIGUNGSPFLICHTIGEN UNFÄLLE DER LAND- UND FORSTWIRTSCHAFT des Deutſchen Reichs für das Jahr 1891 (1893, Nr. 19 der Amtlichen Nachrichten).
187	UNFALLSTATISTIK FÜR LAND- UND FORSTWIRTSCHAFT 1901 (1904).
188	STATISTIK DER URSACHEN DER ERWERBSUNFÄHIGKEIT 1891 bis 1899 (Invalidität) nach dem Invaliditäts- und Altersverſicherungsgeſetz (1898 und 1904).
189	UNFALLSTATISTIK für das Jahr 1897 (1899 und 1900).
190bis 191	GEWERBE-UNFALLSTATISTIK für 1907 nebſt »Atlas der Unfallhäufigkeit« (1910).
192	STATISTIK DER UNFALLVERSICHERUNG 1885 bis 1898 (1900).
193	STATISTIK DER INVALIDENVERSICHERUNG für die Jahre 1891 bis 1899 (1901).
194	DAS AUSSCHEIDEN DER INVALIDENRENTENEMPFÄNGER AUS DEM RENTENGENUSS 1891 bis 1899 (1901 und 1906).
195 bis 196	STATISTIK DER HEILBEHANDLUNG bei den Verſicherungsanſtalten und zugelaſſenen Kaſſeneinrichtungen der Invalidenverſicherung für die Jahre 1897 bis 1909 (1902 bis 1910).
197 bis 198	JAHRESBERICHTE DER GEWERBLICHEN BERUFSGENOSSENSCHAFTEN ÜBER UNFALLVERHÜTUNG für 1907 und 1909 (1908, 1910).
199	SAMMLUNG ÄRZTLICHER OBERGUTACHTEN. Aus den Amtlichen Nachrichten des Reichs-Verſicherungsamts 1897 bis 1908 (1902 und 1909).
200	MONATSBLÄTTER FÜR ARBEITERVERSICHERUNG, herausgegeben von Mitgliedern des Reichs-Verſicherungsamts 1907 bis 1910 (Berlin, Behrend & Co., 1907 bis 1911).
201 bis 203	HANDBUCH DER UNFALLVERSICHERUNG. Die Reichs-Unfallverſicherungsgeſetze, dargeſtellt von Mitgliedern des Reichs-Verſicherungsamts nach den Akten dieſer Behörde. Dritte, nach den Geſetzen vom 30. Juni 1900 neubearbeitete Auflage (Leipzig, Breitkopf & Härtel, 1909, 1910). 3 Bände.
204	GESCHICHTE UND WIRKUNGSKREIS DES REICHS-VERSICHERUNGSAMTS. Sonderabdruck aus Nr. 203. (Leipzig, Druck und Verlag von Breitkopf & Härtel, 1911.)
205	DAS REICHS-VERSICHERUNGSAMT UND DIE DEUTSCHE ARBEITERVERSICHERUNG. Feſtſchrift des Reichs-Verſicherungsamts zum Jubiläum der Unfall- und der Invalidenverſicherung 1910 (Berlin, Behrend & Co., 1910).
206	DEM ANDENKEN BÖDIKERS. Rede bei der Enthüllung des Bödiker-Denkmals im Reichs-Verſicherungsamt am 30. September 1910. Von Dr. Kaufmann (Berlin, Behrend & Co., 1910). — Bödiker-Denkmünze von Prof. Hoſaeus, Berlin.
207	FÜNFUNDZWANZIG JAHRE UNFALL- UND INVALIDENVERSICHERUNG. Rede bei der Jubelfeier der Unfall- und der Invalidenverſicherung am 1. Oktober 1910. Von Dr. Kaufmann. (»Das Jubiläum der Unfall- und der Invalidenverſicherung, Bericht über die Feier, herausgegeben vom Feſtausſchuß«, S. 59 ff., Berlin, Behrend & Co., 1910.)
208 bis 209	JAHRBUCH DER ARBEITERVERSICHERUNG 1911. Nach amtlichen Quellen zuſammengeſtellt und herausgegeben von E. Götze und P. Schindler. 23. Jahrgang. Berlin. Verlag der Liebelſchen Buchhandlung. Teil I: Unfallverſicherung. Teil II: Invalidenverſicherung, Krankenverſicherung und Ortsübliche Tagelöhne uſw.

210 bis 233	STATISTIK DER KRANKENVERSICHERUNG 1885 bis 1888 und 1890 bis 1909. Bearbeitet im Kaiserlichen Statistischen Amte (Berlin, Puttkammer & Mühlbrecht, 1887 bis 1910).
234	EINRICHTUNG UND WIRKUNG DER DEUTSCHEN ARBEITERVERSICHERUNG. Bearbeitet von Prof. Dr. Laß und Dr. Zahn. 2. Aufl. (Berlin, Behrend & Co., 1902).
235	DIE DEUTSCHE ARBEITERVERSICHERUNG ALS SOZIALE EINRICHTUNG (Prof. Dr. Laß, Dr. Klein, Prof. Hartmann, Bielefeldt, Prof. Dr. Zahn). Im Auftrage des Reichs-Versicherungsamts dargestellt für die Weltausstellung in St. Louis 1904 (Berlin, Behrend & Co., 1904).
236	DAS DEUTSCHE REICHS-VERSICHERUNGSAMT UND DIE INTERNATIONALEN ARBEITERVERSICHERUNGSKONGRESSE. Ein Beitrag des Reichs-Versicherungsamts zu dem VIII. Internationalen Arbeiterversicherungskongreß in Rom 1908 (Berlin, Behrend & Co., 1908).
237	DER BEGRIFF DER ERWERBSUNFÄHIGKEIT AUF DEM GEBIETE DES VERSICHERUNGSWESENS. Im Auftrage des Reichs-Versicherungsamts für den VIII. Internationalen Arbeiterversicherungskongreß in Rom 1908 bearbeitet von H. Siefart. 3. Aufl. (Berlin, Behrend & Co., 1908).
238bis 245	VERWALTUNGSBERICHTE DER GEWERBLICHEN BERUFSGENOSSENSCHAFTEN für 1907 bis 1909 (8 Bände).
246bis 248	SATZUNGEN DER GEWERBLICHEN BERUFSGENOSSENSCHAFTEN (3 Bände).
249bis 252	UNFALLVERHÜTUNGSVORSCHRIFTEN DER GEWERBLICHEN BERUFSGENOSSENSCHAFTEN (4 Bände).
253bis 256	VERWALTUNGSBERICHTE DER LANDWIRTSCHAFTLICHEN BERUFSGENOSSENSCHAFTEN 1907 bis 1909 (4 Bände).
257	SATZUNGEN DER LANDWIRTSCHAFTLICHEN BERUFSGENOSSENSCHAFTEN.
258bis 260	UNFALLVERHÜTUNGSVORSCHRIFTEN DER LANDWIRTSCHAFTLICHEN BERUFSGENOSSENSCHAFTEN (3 Bände).
261	GEFAHRENTARIFE DER GEWERBLICHEN UND DER LANDWIRTSCHAFTLICHEN BERUFSGENOSSENSCHAFTEN.
262	INVALIDENVERSICHERUNG UND ARBEITERWOHLFAHRT. Eine Festschrift aus Anlaß des 25jährigen Jubiläums der deutschen Reichsversicherung (Berlin, Wasmuth, 1910).
263 bis 273	VERWALTUNGSBERICHTE DER VERSICHERUNGSANSTALTEN UND ZUGELASSENEN KASSENEINRICHTUNGEN DER INVALIDENVERSICHERUNG für 1907 bis 1909 (11 Bände).
274	SATZUNGEN DER LANDES-VERSICHERUNGSANSTALTEN.
275	KATALOG DER SONDERAUSSTELLUNG: Die Deutsche Arbeiterversicherung, dargestellt von Versicherungsträgern der Kranken-, Unfall- und Invalidenversicherung, unter Leitung und Mitwirkung des Reichs-Versicherungsamts (Berlin, Behrend & Co., 1911).
276	DIE DEUTSCHE ARBEITERVERSICHERUNG. Merkblatt aus Anlaß der Internationalen Hygiene-Ausstellung Dresden 1911 und der Internationalen Industrie- und Gewerbe-Ausstellung Turin 1911. Herausgegeben von dem Arbeitsausschusse der Sonderausstellung »Die Deutsche Arbeiterversicherung« (deutsche, französische, englische und italienische Ausgabe).
277	BILD DES REICHS-VERSICHERUNGSAMTS IN BERLIN, Königin-Augusta-Straße 25-27.

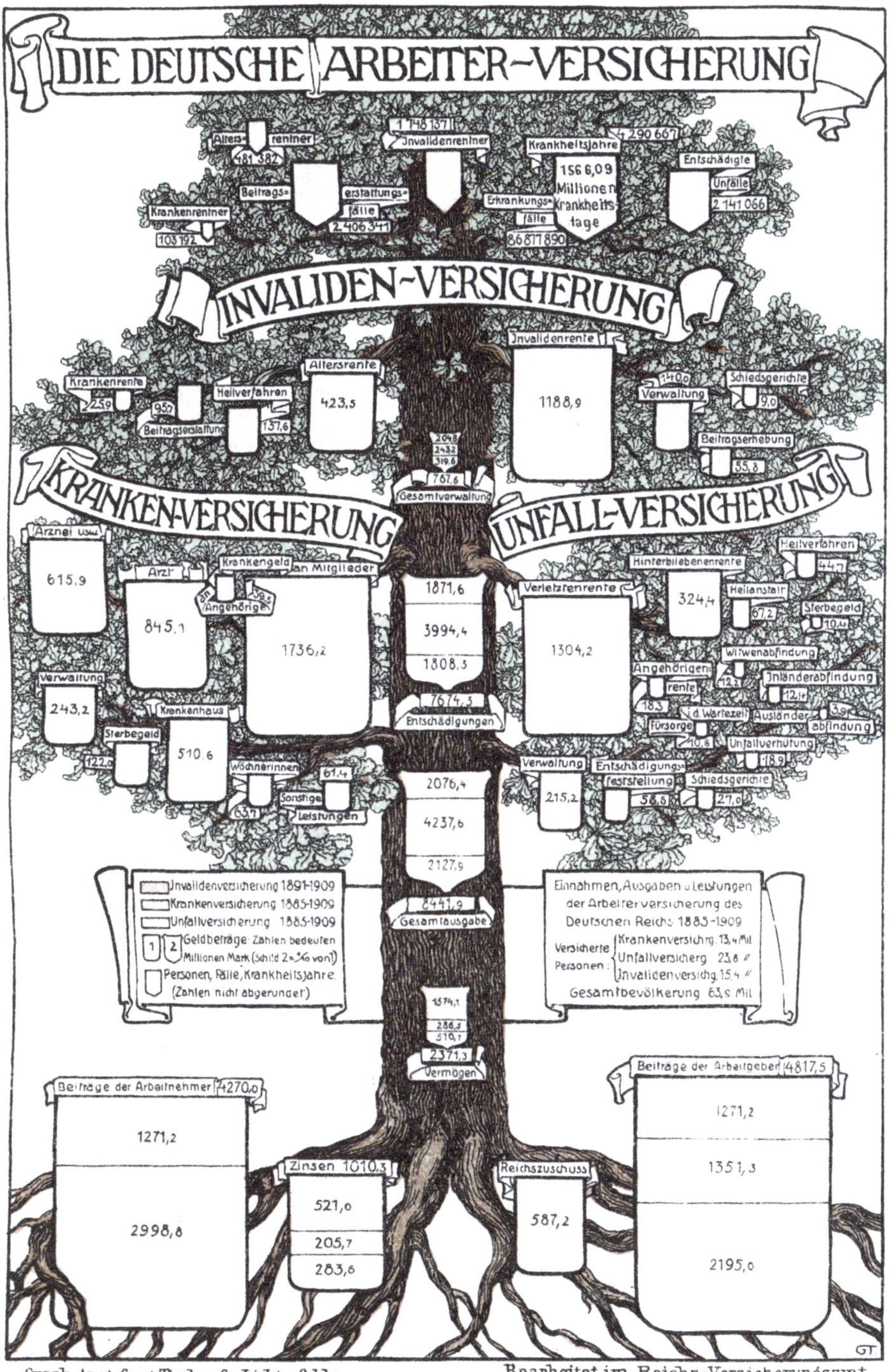

Graph. Anst. Gust. Tischer, Gr.-Lichterfelde Bearbeitet im Reichs-Versicherungsamt

Die Darstellung schildert Einnahmen, Ausgaben und Leistungen der Arbeiter versicherung unter dem Bilde einer Eiche, welche Schilde verschiedener Größe trägt

Vier Wurzeln nähren den Baum: Die Beiträge der Versicherten, die Beiträge der Arbeitgeber, der Reichszuschuß, die Zinsen und sonstigen Einnahmen.

Die Entschädigungsfälle sind in der Krone der Eiche auf besonderen Schilden dargestellt.

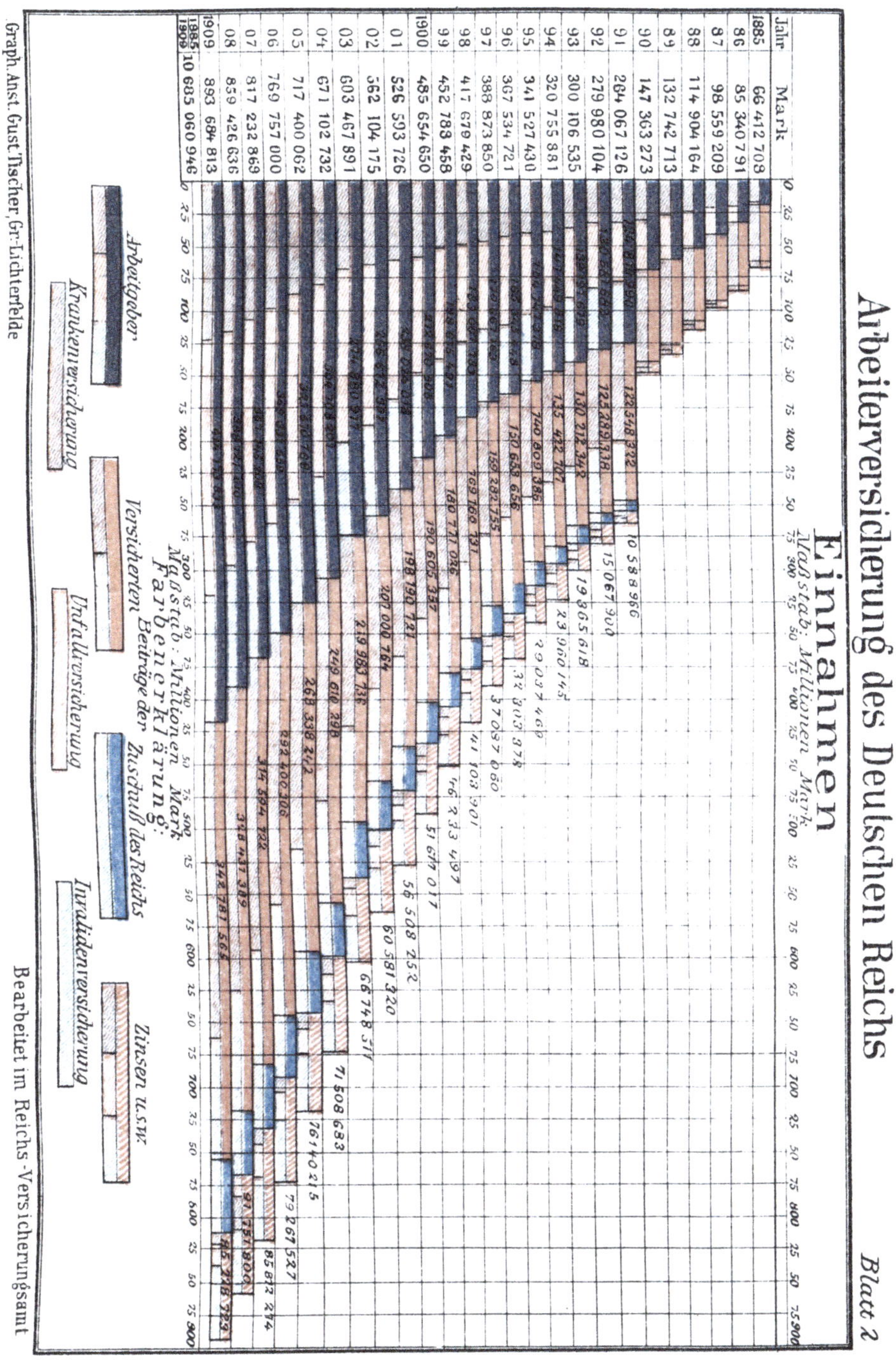

Einnahmen. Die Haupteinnahmequellen sind die Beiträge der Arbeitgeber und der Versicherten, die sich 1909 wie 5 : 4 verhalten. Der Reichszuschuß beträgt etwa 6 v. H. der Gesamteinnahmen.

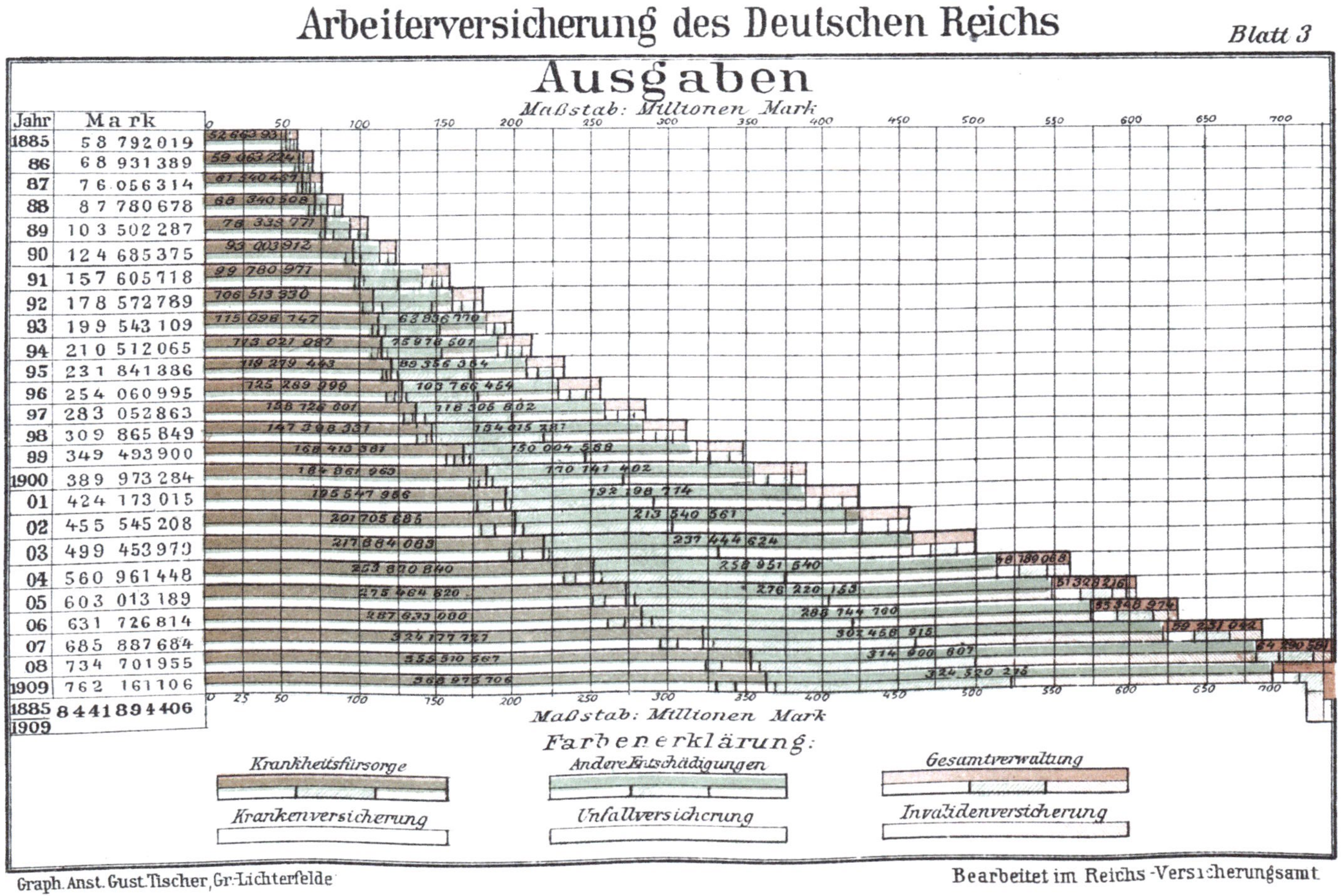

Jahr	Mark
1885	58 792 019
86	68 931 389
87	76 056 314
88	87 780 678
89	103 502 287
90	124 685 375
91	157 605 718
92	178 572 789
93	199 543 109
94	210 512 065
95	231 841 886
96	254 060 995
97	283 052 863
98	309 865 849
99	349 493 900
1900	389 973 284
01	424 173 015
02	455 545 208
03	499 453 979
04	560 961 448
05	603 013 189
06	631 726 814
07	685 887 684
08	734 701 955
1909	762 161 106
1885 1909	**8 441 894 406**

Ausgaben. Die Ausgaben sind im stetigen Wachsen begriffen. Die Tafeln zeigen die Gliederung in Krankheitsfürsorge, andere Entschädigungen und Gesamtverwaltung; letztere 1909 rund 9 v. H. der Gesamtausgabe.

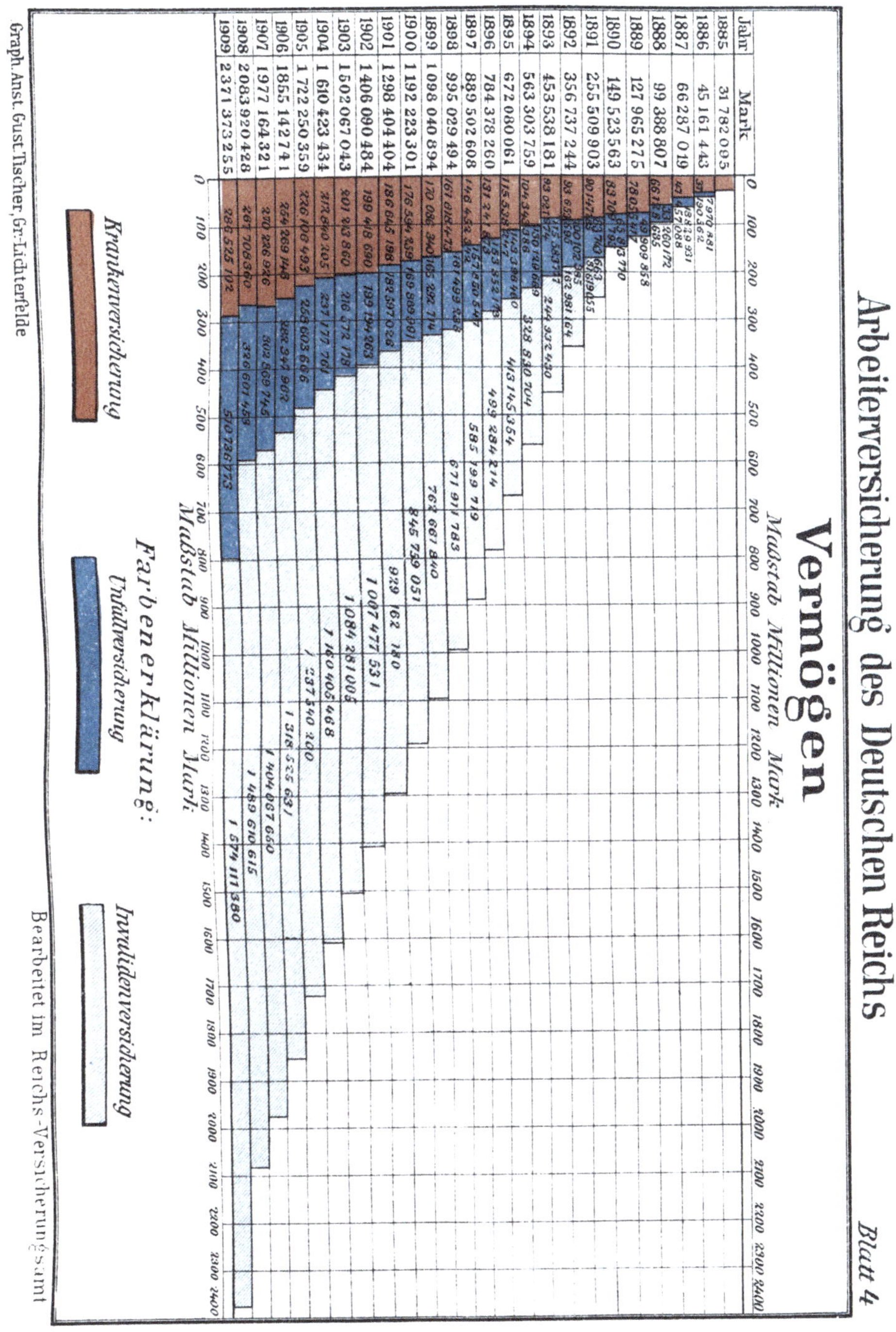

Vermögen. Das Vermögen der Invalidenversicherung stellt im wesentlichen das Deckungskapital dar. Bei der Kranken- und Unfallversicherung bildet das Vermögen nur die Reserven, die hauptsächlich in Wertpapieren und Hypotheken angelegt sind. Über die Vermögensanlage bei der Invalidenversicherung vergl. Tafel 32.

Organisation, Einnahmen, Ausgaben, Vermögen
1909

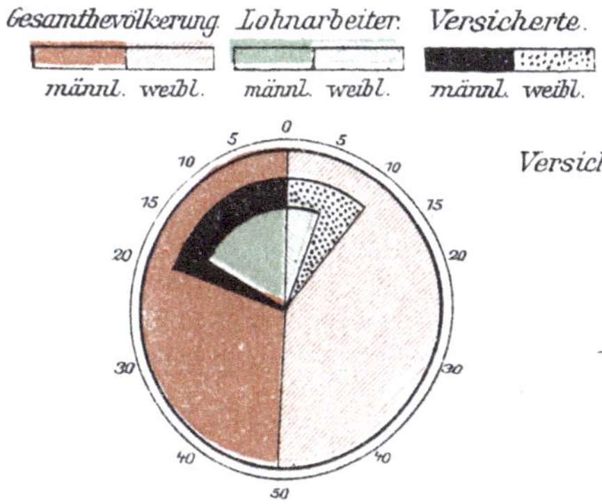

Organisation.

Krankenkassen		23 063
Versicherte Personen	männlich	9 946 585
	weiblich	3 457 713
Bevölkerung	männlich	31 526 000
	weiblich	32 353 000
Lohnarbeiter	männlich	10 412 000
	weiblich	5 838 000

Millionen Mark.

		1909	1885/1909
Einnahmen.		385,7	4 555,8
Beiträge der	Arbeitgeber	121,0	1 351,3
	Arbeiter	248,6	2 998,8
	Zinsen	16,1	205,7
Gesamtausgaben		362,9	4 237,6
Vermögen		286,5	286,5

Anteil der Einzelausgaben an der Gesamtausgabe.

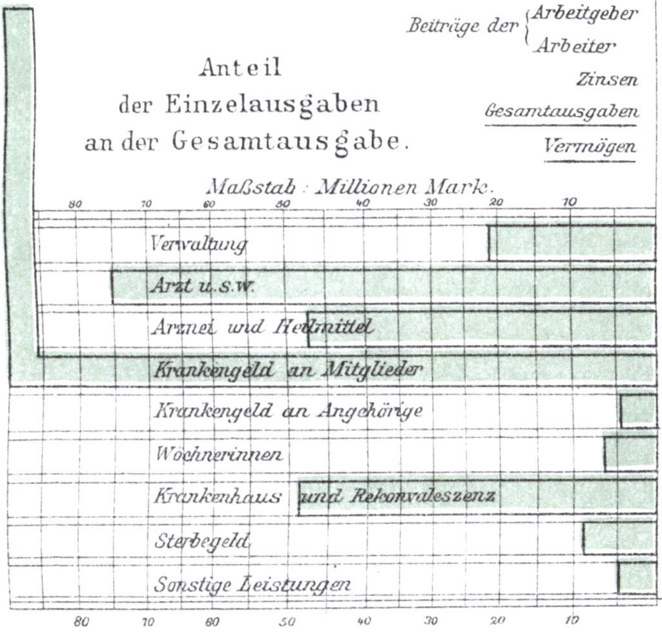

	1909	1885/1909
Verwaltung	20,7	243,3
Arzt u. s. w.	75,4	845,1
Arznei und Heilmittel	47,8	615,9
Krankengeld an Mitglieder	145,8	1 736,2
Krankengeld an Angehörige	4,7	39,5
Wöchnerinnen	6,1	63,7
Krankenhaus und Rekonvaleszenz	49,1	510,6
Sterbegeld	8,3	122,0
Sonstige Leistungen	5,0	61,3

Bis Ende 1909 im ganzen entschädigte mit Erwerbsunfähigkeit verbundene
Erkrankungsfälle 86 877 890
Krankheitstage 1566 093 501

Graph. Anst. Gust. Tischer, Gr.-Lichterfelde — Bearbeitet im Reichs-Versicherungsamt

Die Kreisdarstellung schildert die Ausdehnung der Versicherung auf männliche und weibliche Personen der Gesamtbevölkerung. Das Bild des Anteils der Einzelausgaben an den Gesamtausgaben zeigt das Überwiegen des Krankengeldes sowie die Ausgaben für Arzt usw., Arznei und Heilmittel, Krankenhaus und Rekonvaleszens.

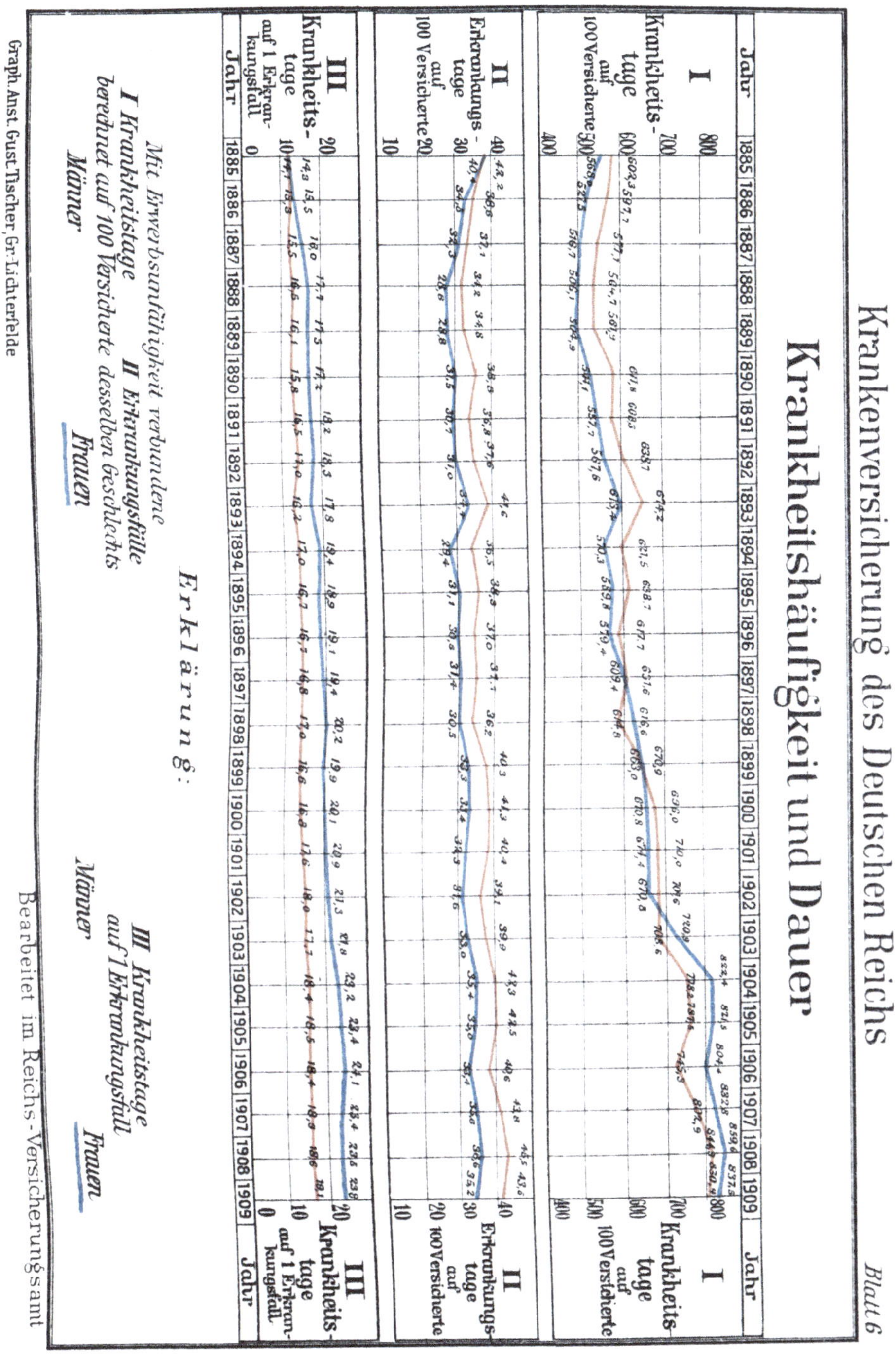

Die Tafel zeigt für die Gesamtheit der Krankenkassen das Schwanken der Krankheitstage und der Erkrankungsfälle berechnet auf 100 Versicherte und der Krankheitstage berechnet auf einen Erkrankungsfall in den einzelnen Jahren.

Krankenversicherung des Deutschen Reichs Bl. 7

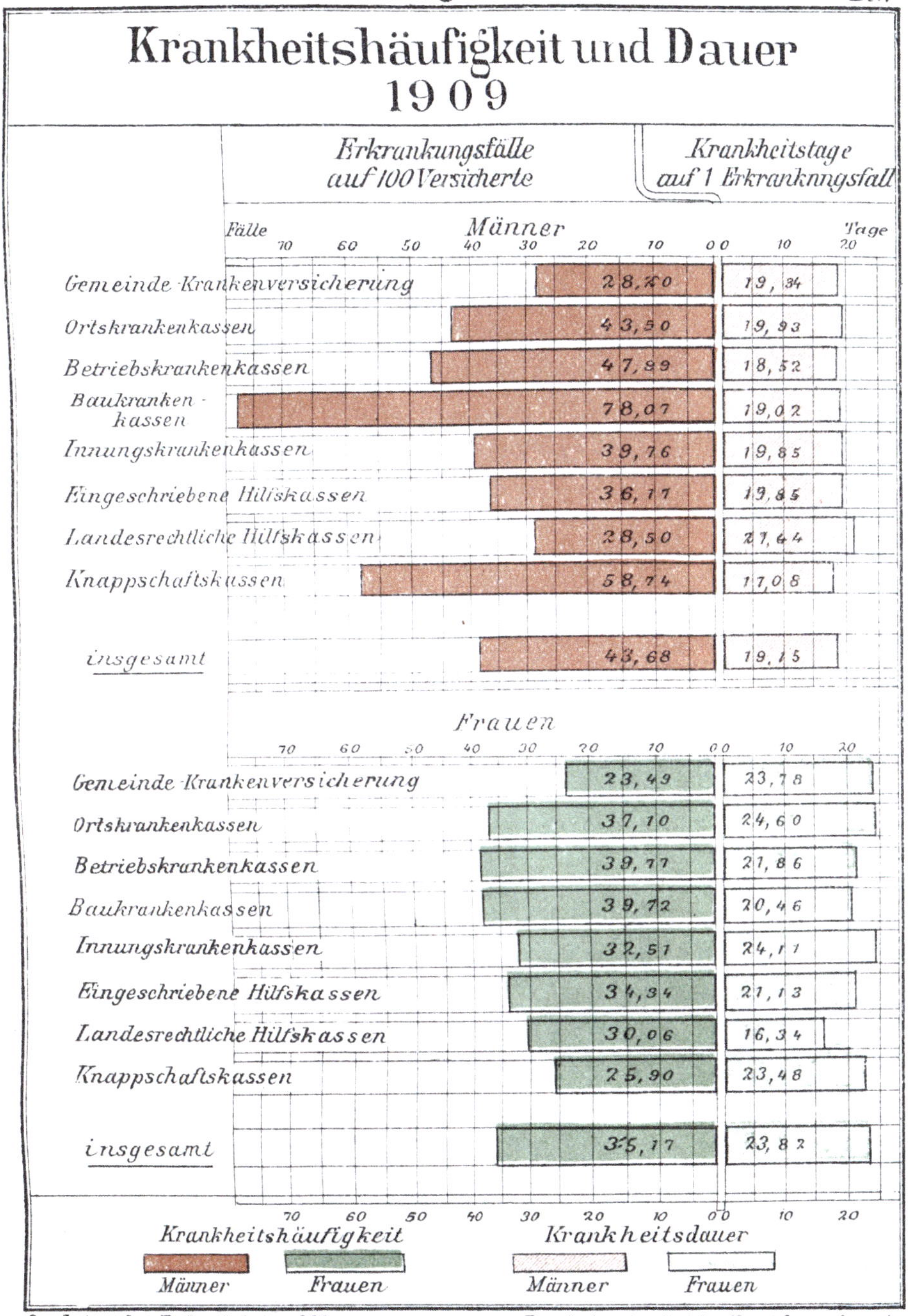

Graph. Anst. Gust. Fischer, Gr.-Lichterfelde

Bearbeitet im Reichs-Versicherungsamt

Die Krankheitshäufigkeit ist bei den Männern in der Regel größer als bei den Frauen, während die Krankheitsdauer meistens bei den Frauen überwiegt. Die Krankheitshäufigkeit ist am größten bei den Baukranken- und den Knappschaftskassen.

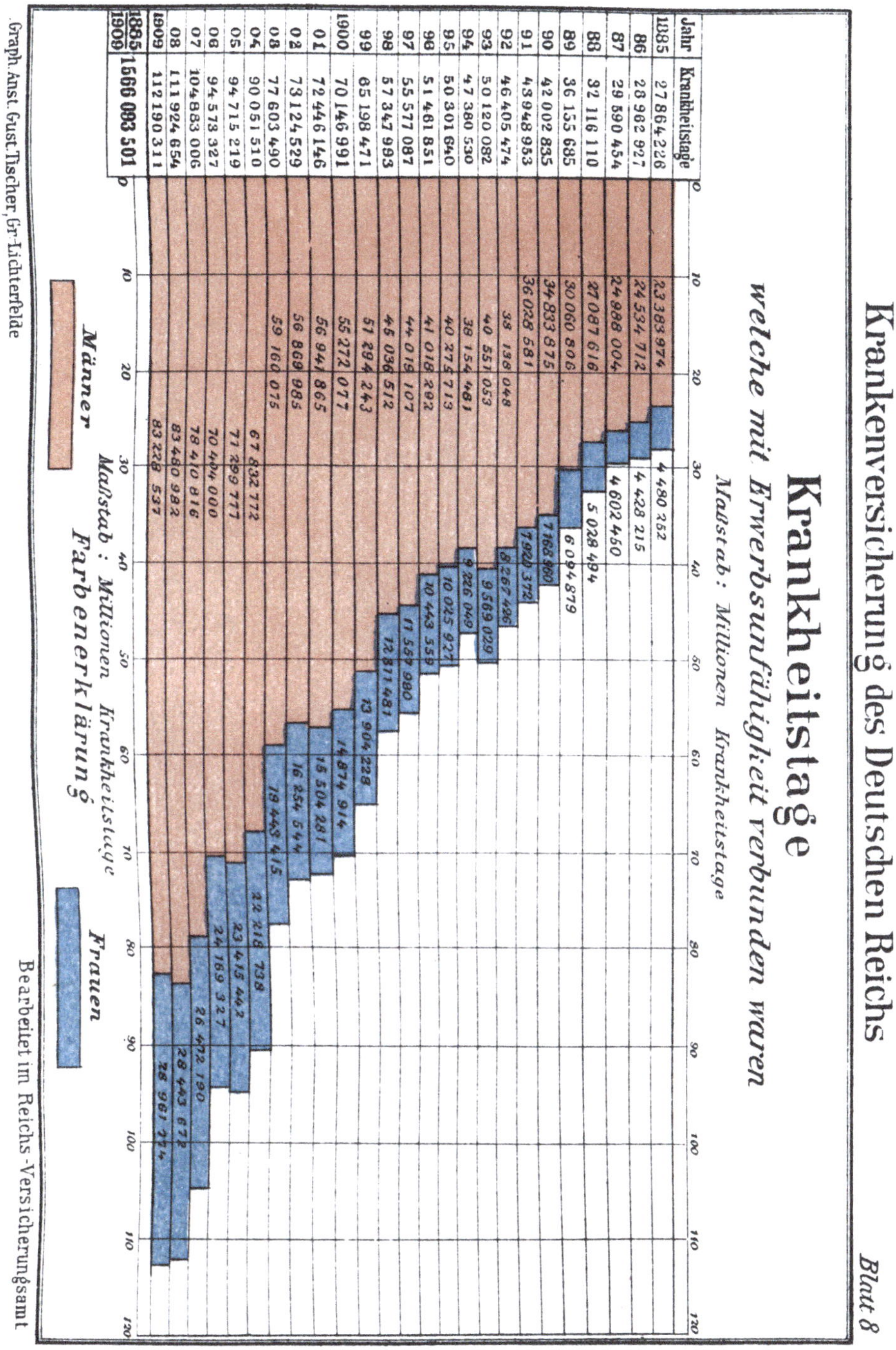

Die Tafel zeigt die Bewegung in den Zahlen der Krankheitstage für die einzelnen Jahre getrennt nach Männer und Frauen.

Krankenversicherung des Deutschen Reichs

Blatt 9

Entschädigungen

Jahr	Mark
1885	54 139 311
1886	59 994 389
1887	62 141 762
1888	68 549 118
1889	78 101 397
1890	92 351 472
1891	98 620 560
1892	104 833 384
1893	112 635 321
1894	109 682 320
1895	115 513 015
1896	120 080 715
1897	131 947 959
1898	140 740 159
1899	160 477 082
1900	174 922 541
1901	183 174 157
1902	186 699 030
1903	202 262 491
1904	237 107 610
1905	257 317 245
1906	267 177 417
1907	302 654 790
1908	331 049 879
1909	342 200 320
1885–1909	3 994 373 444

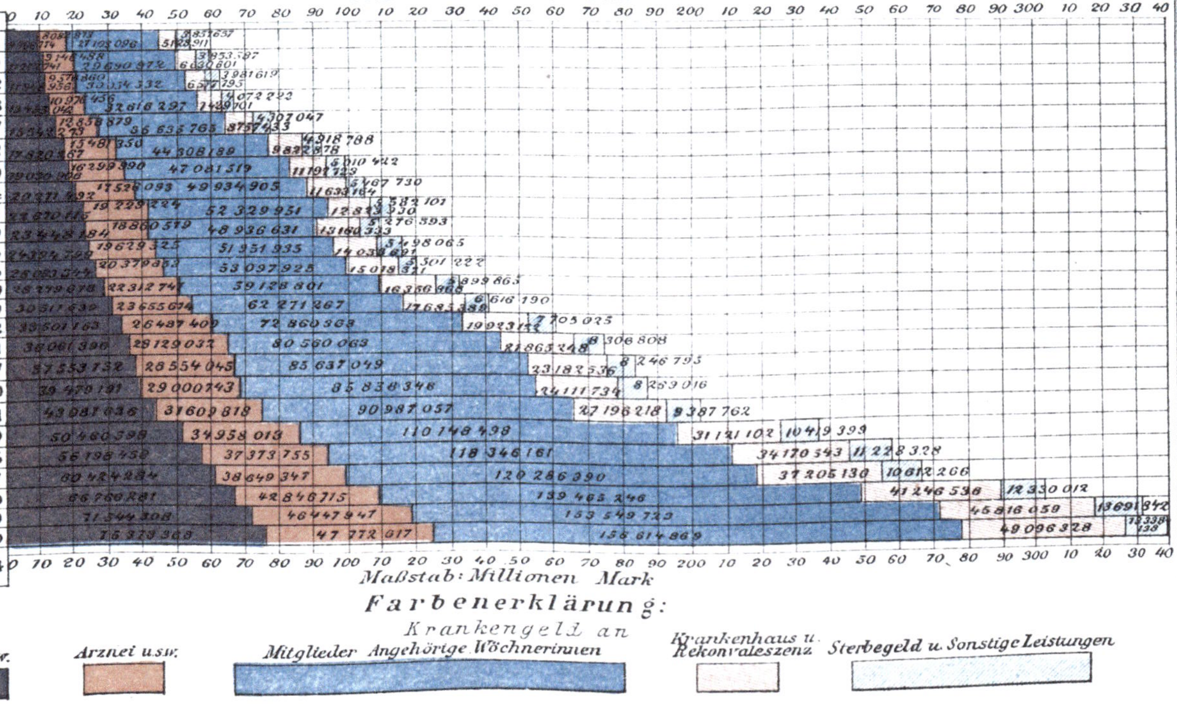

Graph. Anst. Gust. Tischer, Gr.-Lichterfelde

Bearbeitet im Reichs-Versicherungsamt

Die Tafel zeigt die von allen Kassen für die verschiedenen Entschädigungsarten gezahlten Beträge in den einzelnen Jahren.

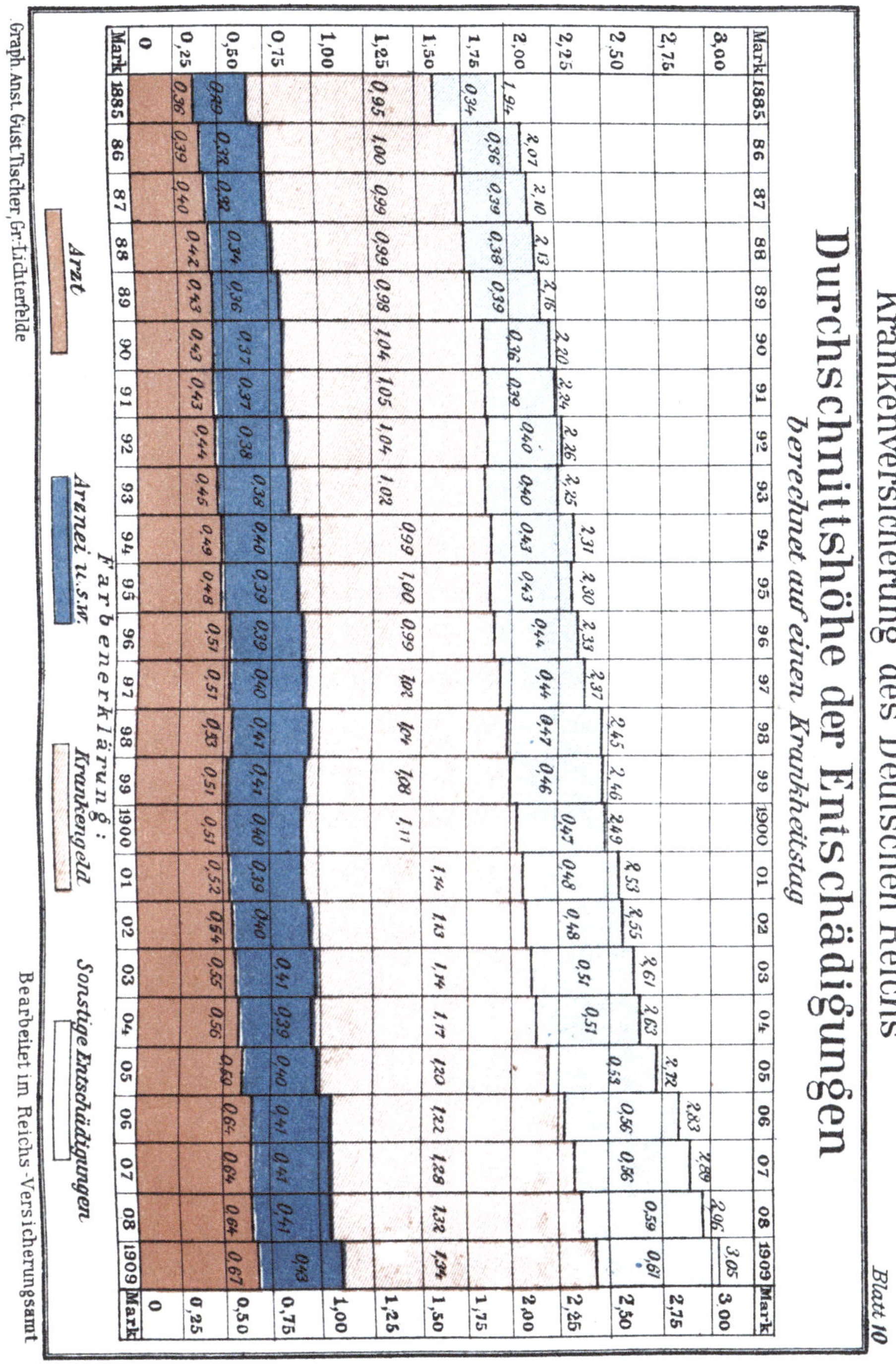

Die Durchschnittshöhe der Entschädigungen berechnet auf einen Krankheitstag nimmt — auch in den einzelnen Entschädigungsarten — für die Gesamtheit der Kassen im allgemeinen zu.

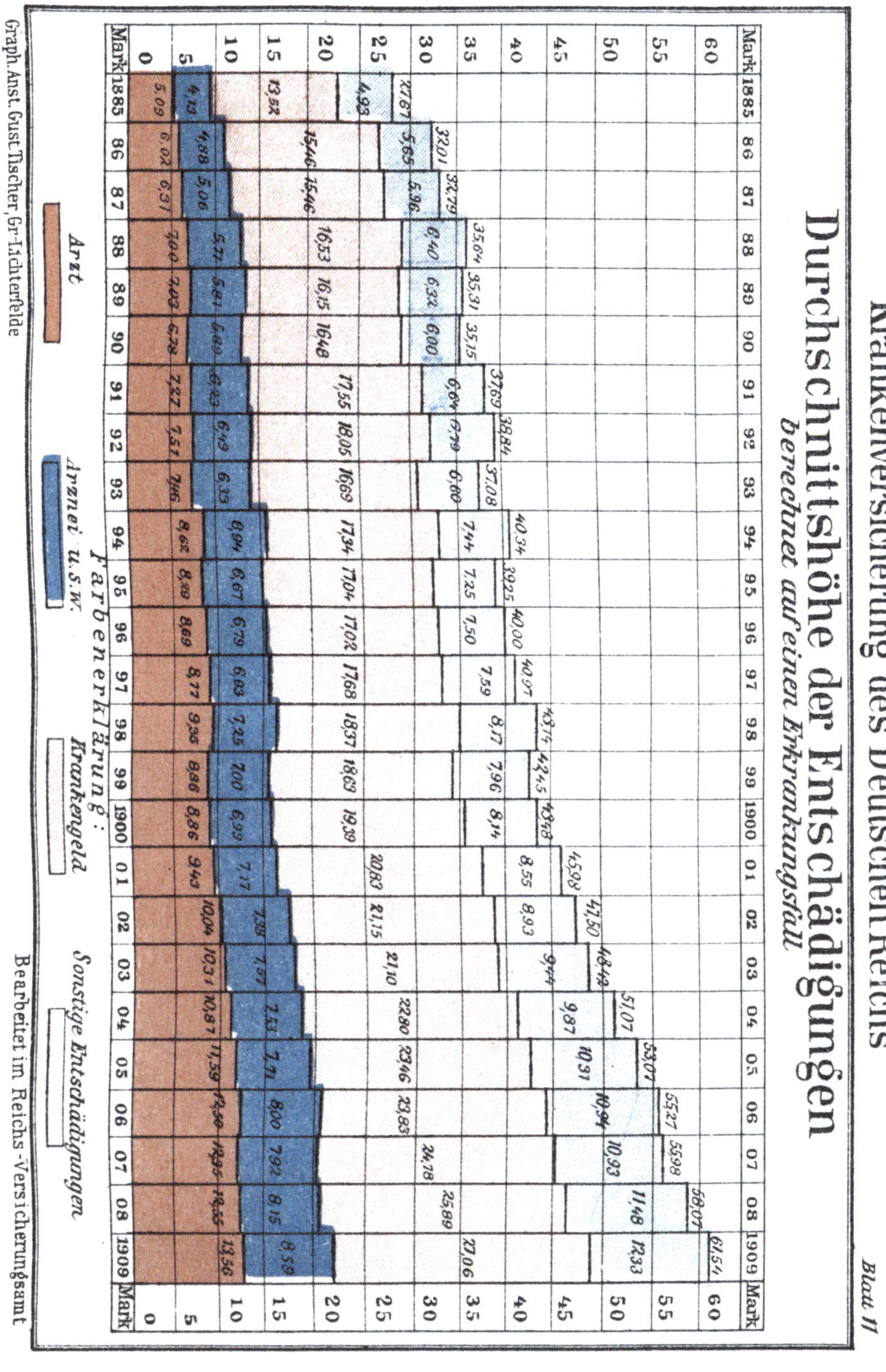

Die Durchnittshöhe der Entschädigung berechnet auf einen Erkrankungsfall nimmt — auch in den einzelnen Entschädigungsarten — für die Gesamtheit der Kassen im allgemeinen zu.

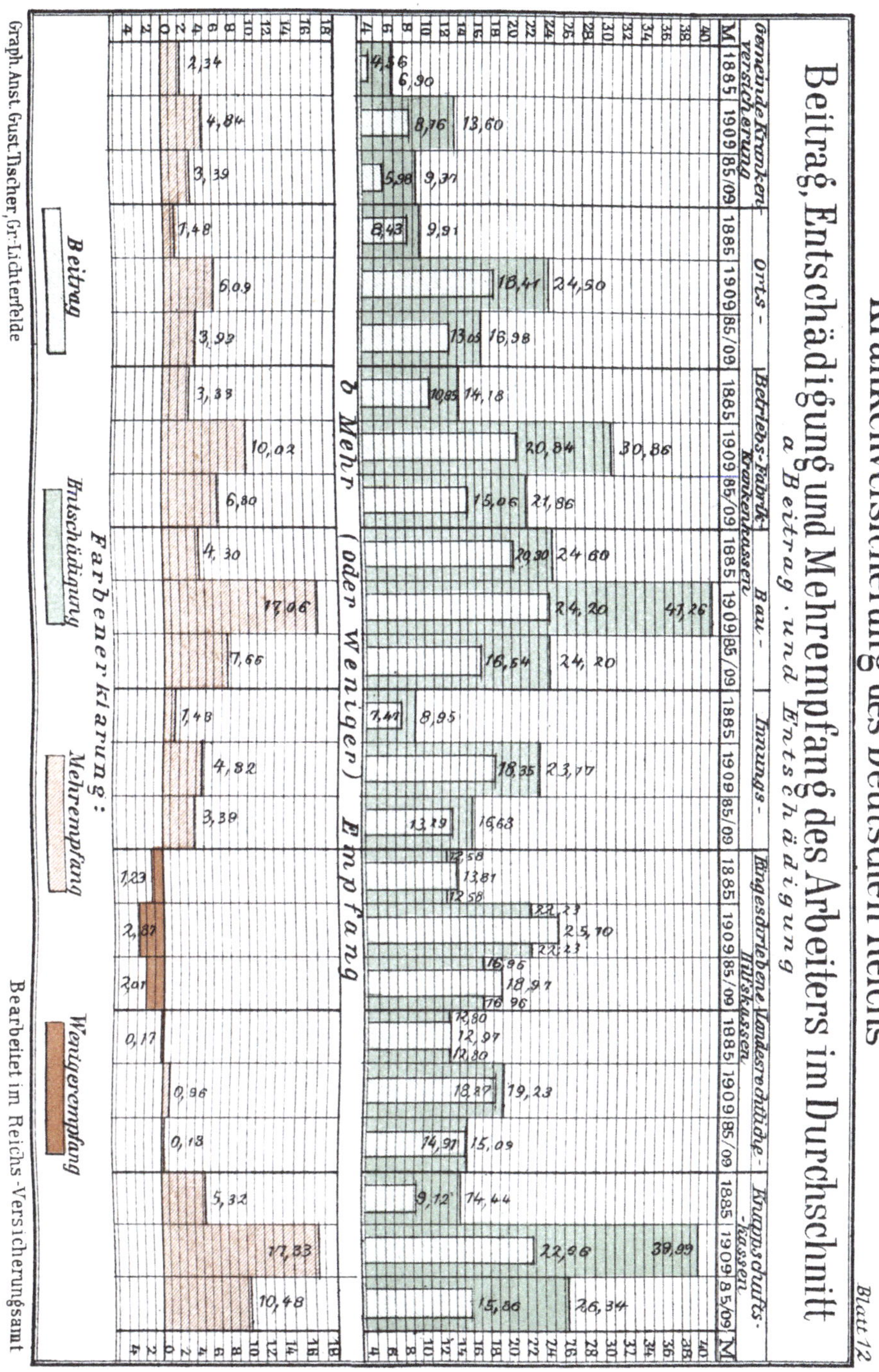

Die Tafel zeigt den durchschnittlichen Mehrempfang des Arbeiters an Entschädigungen im Verhältnis zu seinen Beiträgen bei den einzelnen Kassenarten. Der Minderempfang bei den Hilfskassen erklärt sich daraus, daß der Arbeitgeber zu diesen Kassen keine Beiträge zahlt.

Unfallversicherung des Deutschen Reichs

Bl. 13

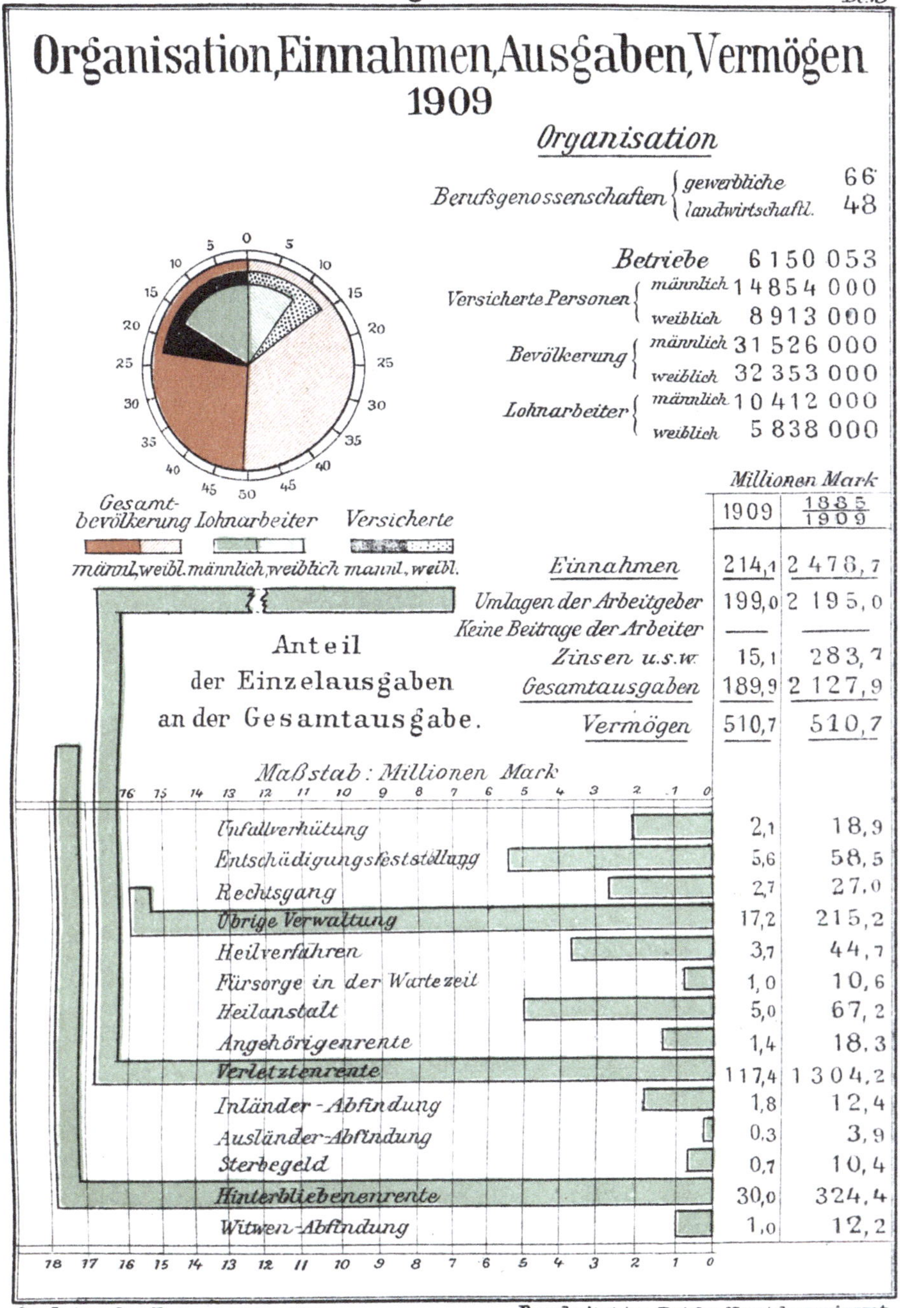

Graph. Anst. Gust. Tischer, Gr.-Lichterfelde

Bearbeitet im Reichs-Versicherungsamt

Die Kreisdarstellung schildert die Ausdehnung der Versicherung auf männliche und weibliche Personen der Gesamtbevölkerung. Bei den Einzelausgaben überwiegen die Verletzten- und Hinterbliebenenrenten.

Unfallversicherung des Deutschen Reichs

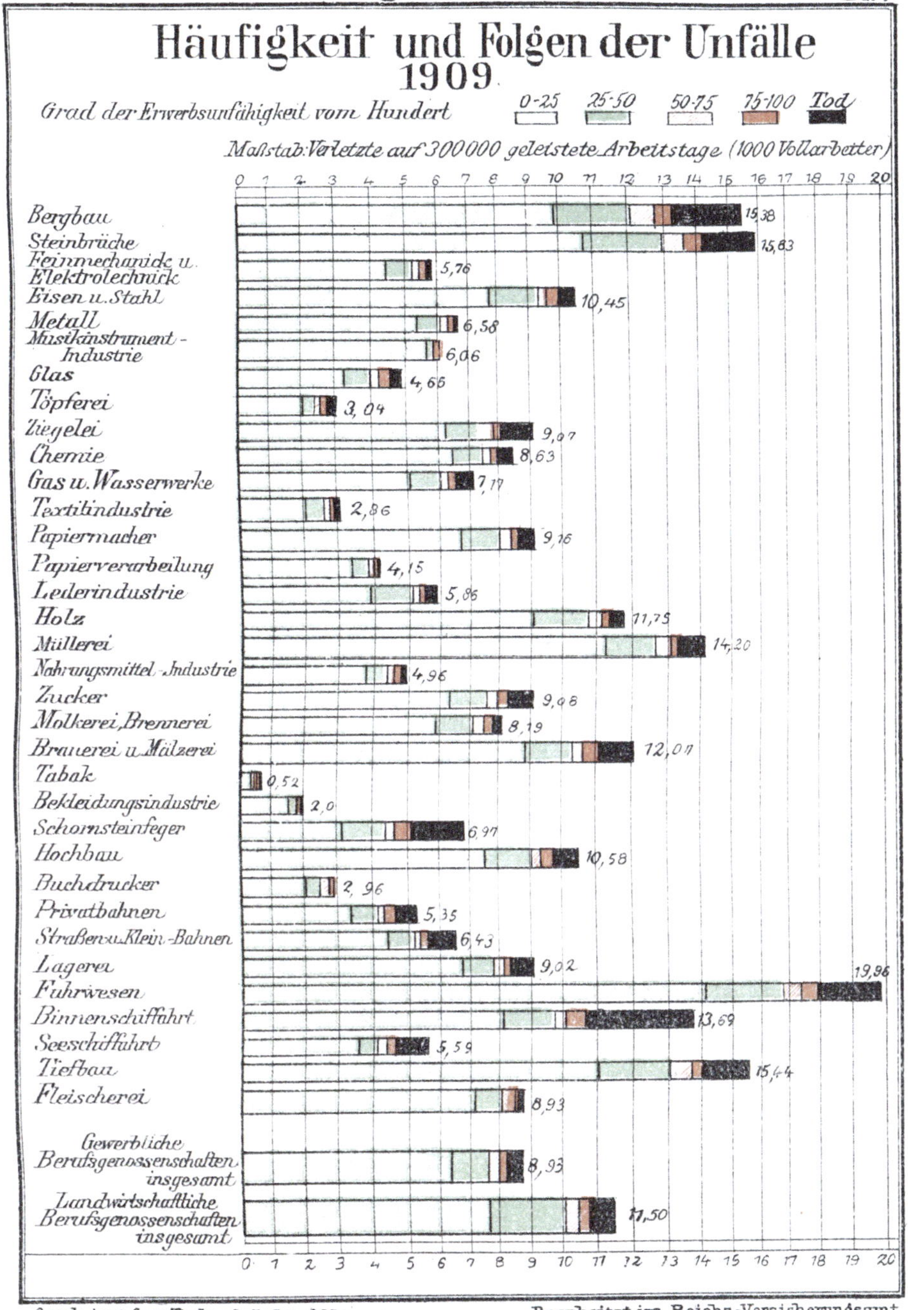

Graph. Anst. Gust. Tischer, Gr.-Lichterfelde — Bearbeitet im Reichs-Versicherungsamt

Die Unfallhäufigkeit ist — auch soweit schwere Unfälle in Frage kommen — hoch beim Fuhrwesen, Steinbruch, Tiefbau, Bergbau. Die Todesfälle sind im Verhältnis besonders häufig bei der Binnenschiffahrt.

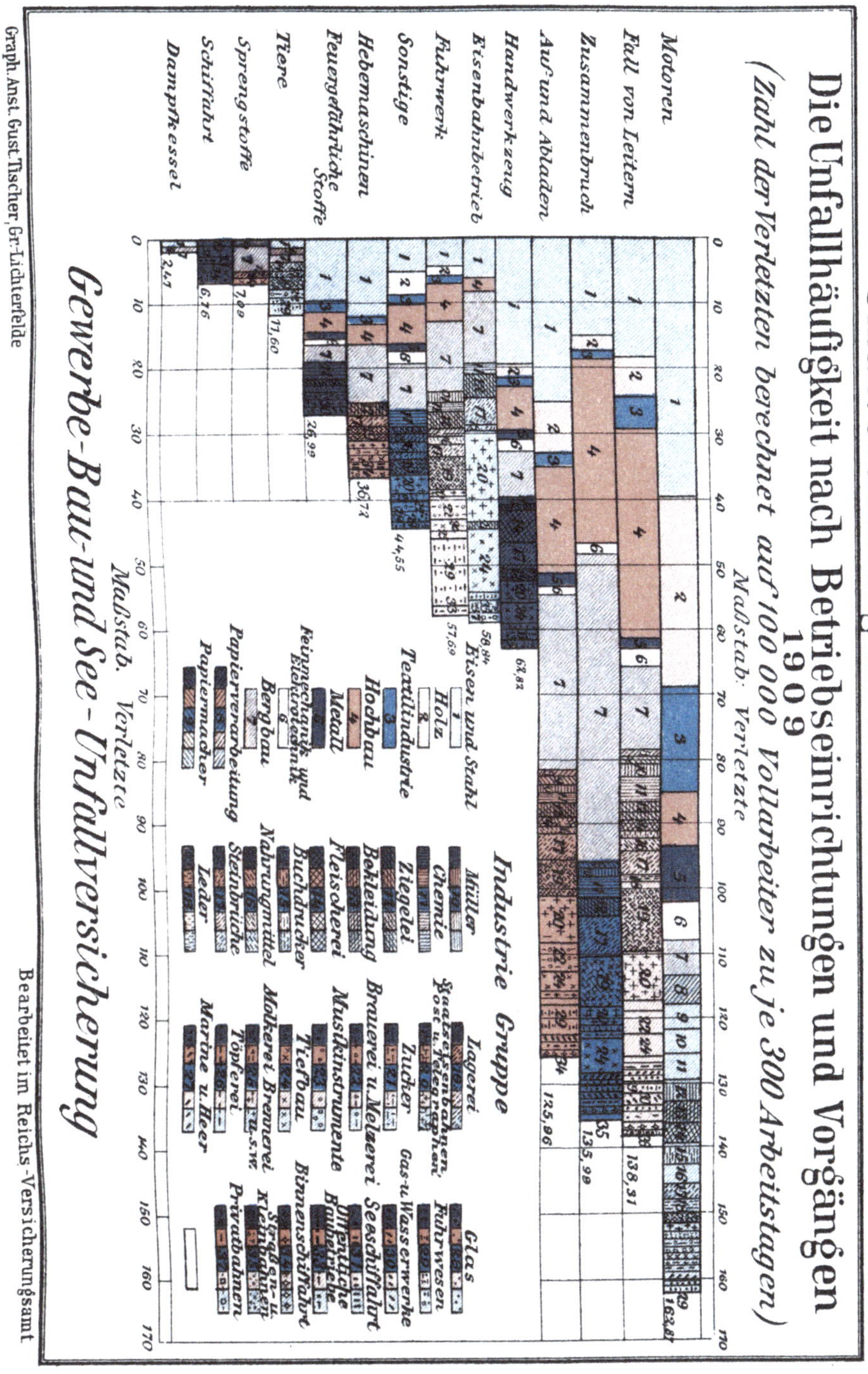

Die Unfallhäufigkeit in den einzelnen Betriebseinrichtungen (-vorgängen) ist getrennt nach Berufsgenossenschaften und Gruppen derselben.

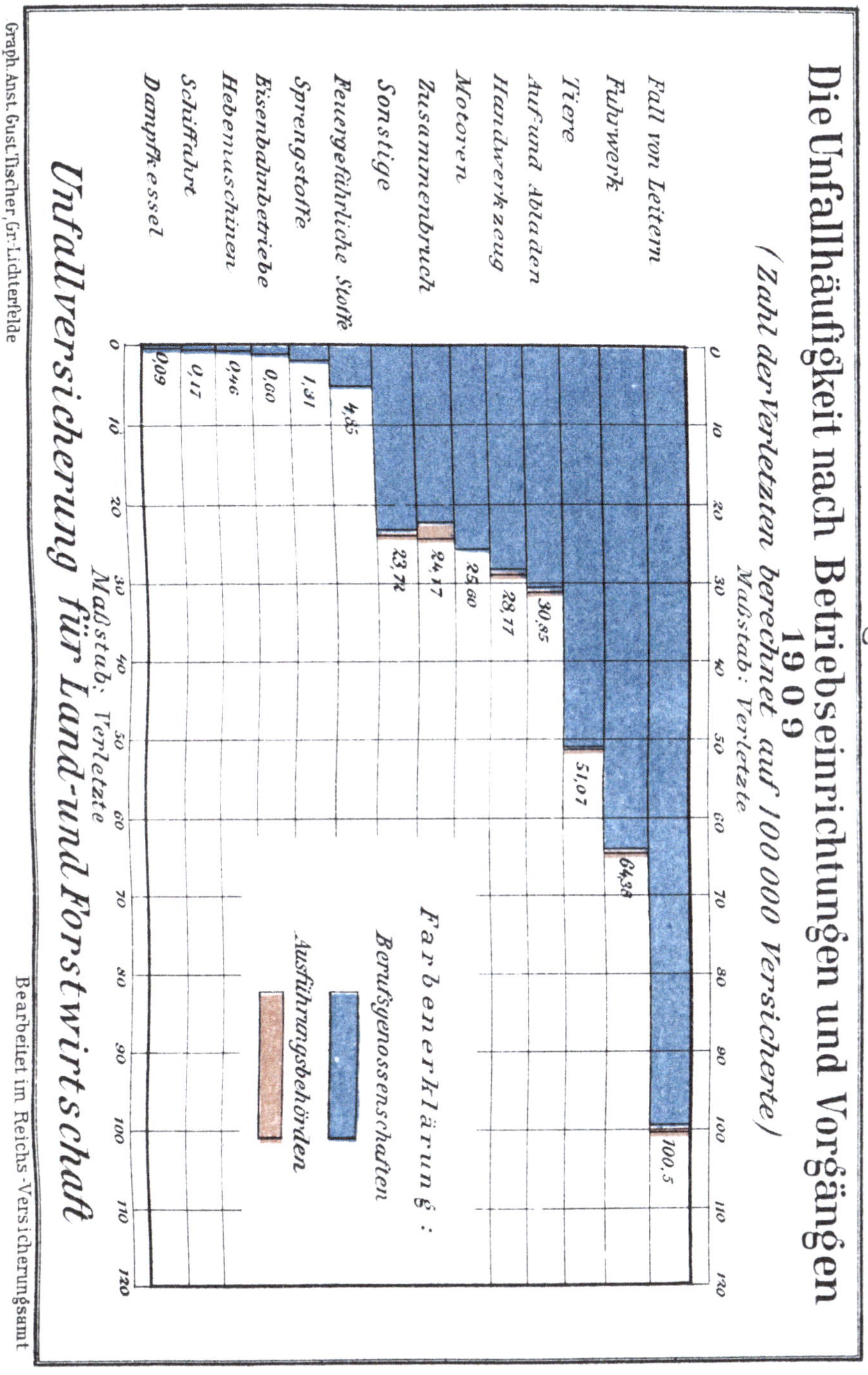

Die Unfallhäufigkeit in den einzelnen Betriebseinrichtungen (-vorgängen) ist getrennt nach Berufsgenossenschaften und Ausführungsbehörden.

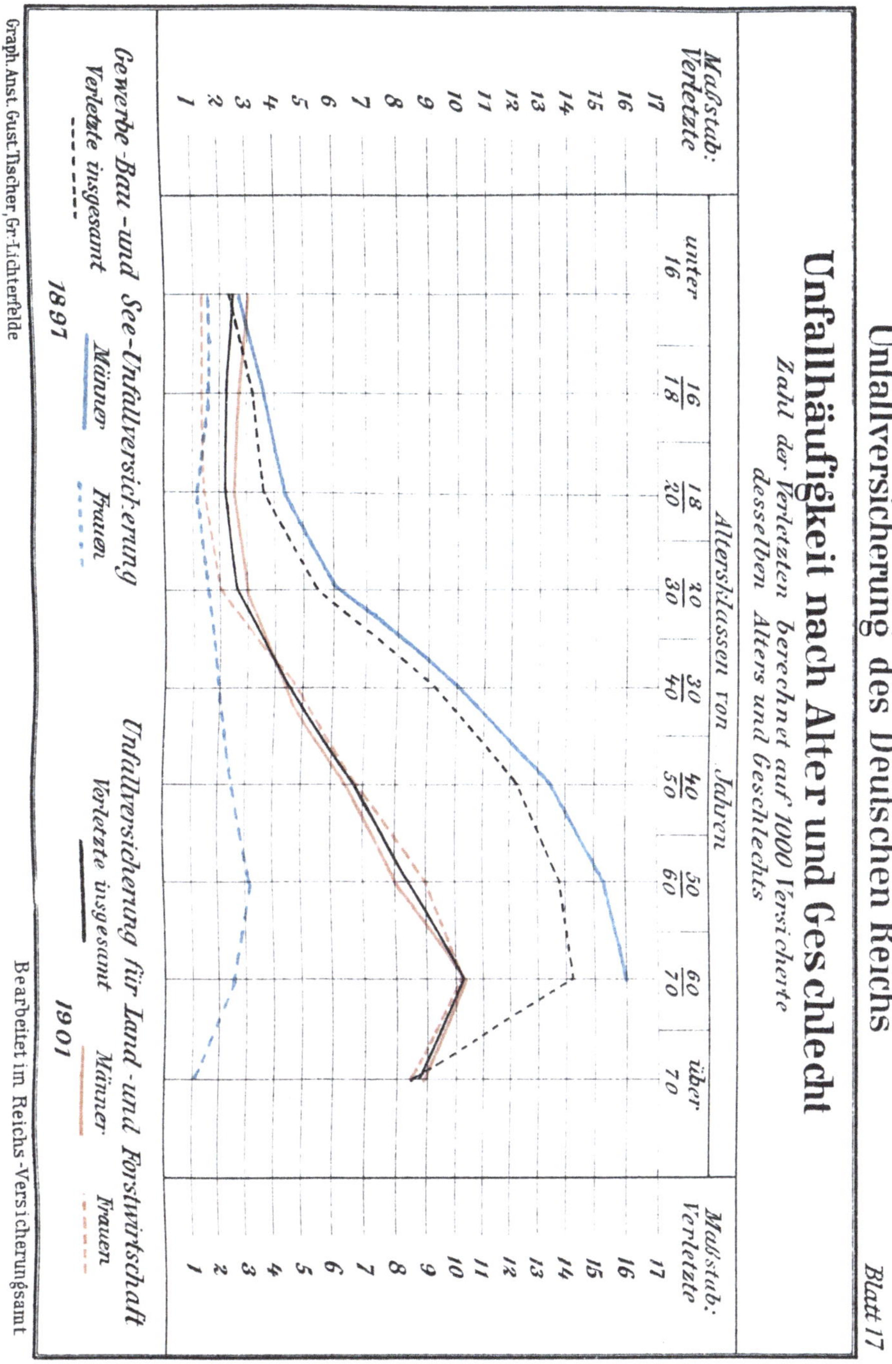

Die Unfallhäufigkeit im Gewerbe wächst bei den Männern mit dem höheren Alter bis zum 70. Jahre; bei den Frauen, die eine geringere Unfallhäufigkeit haben, wird der Höhepunkt mit 50 bis 60 Jahren erreicht. In der Landwirtschaft ist die Unfallhäufigkeit und deren Entwicklung bei den Geschlechtern nicht so sehr verschieden.

Unfallversicherung des Deutschen Reichs Blatt 18

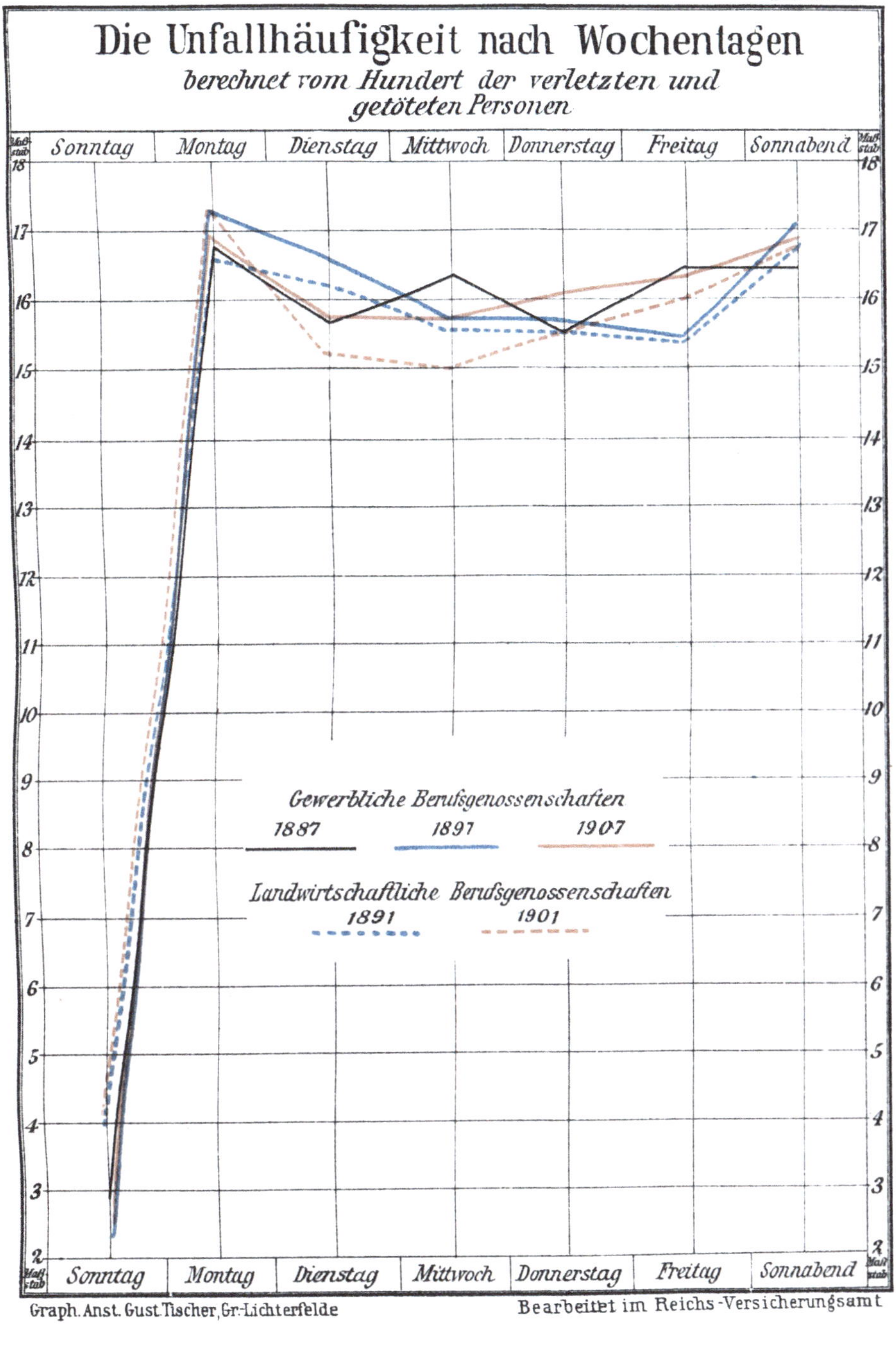

Graph. Anst. Gust. Tischer, Gr.-Lichterfelde — Bearbeitet im Reichs-Versicherungsamt

Die Tafel zeigt die Unfallhäufigkeit an den verschiedenen Wochentagen, von denen der Montag nach der Berechnung vom Hundert am stärksten belastet ist.

Unfallversicherung des Deutschen Reichs

Blatt 19

Unfallverhütungskosten

Maßstab: Tausend Mark

Jahr	Mark
1885	3 230
86	69 953
87	366 670
88	325 711
89	299 104
1990	332 311
91	409 413
92	409 159
93	454 722
94	441 961
95	462 005
96	530 044
97	527 131
98	589 000
99	597 461
1900	656 983
01	760 018
02	897 146
03	1031 285
04	1135 126
05	1373 637
06	1573 767
07	1638 667
08	1861 355
1909	2129 757
1885/1909	18875 616

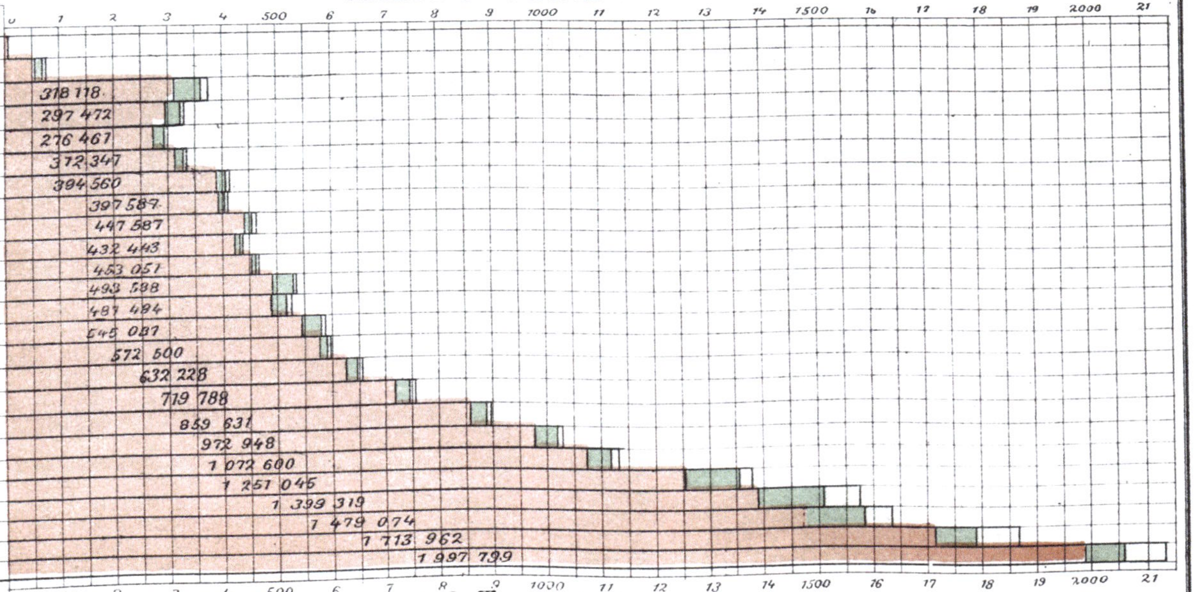

Maßstab: Tausend Mark

Farbenerklärung:

Überwachung der Betriebe — *Kosten bei Erlaß von Unfallverhütungsvorschriften* — *Prämien für Rettung Verunglückter*

Graph. Anst. Gust. Tischer, Gr.-Lichterfelde

Bearbeitet im Reichs-Versicherungsamt

Wie die Tafel zeigt, sind die Unfallverhütungskosten in den letzten Jahren erheblich gestiegen. Die für die Sicherheitsvorrichtungen selbst von den Unternehmern aufgewendeten Kosten sind in den Beträgen nicht mit enthalten.

Unfallversicherung des Deutschen Reichs

Blatt 20

Unfallentschädigungen

Jahr	Mark
1885	20 010
86	1 915 366
87	5 932 930
88	9 691 905
89	14 489 280
90	20 351 416
91	26 471 096
92	32 395 397
93	38 278 551
94	44 501 279
95	50 442 137
96	57 653 677
97	64 590 613
98	71 733 028
99	79 284 261
1900	87 351 560
01	99 301 132
02	108 133 104
03	117 912 877
04	127 308 966
05	136 147 717
06	143 161 276
07	151 090 537
08	157 884 722
09	162 266 103
1885/1909	1808 308 940

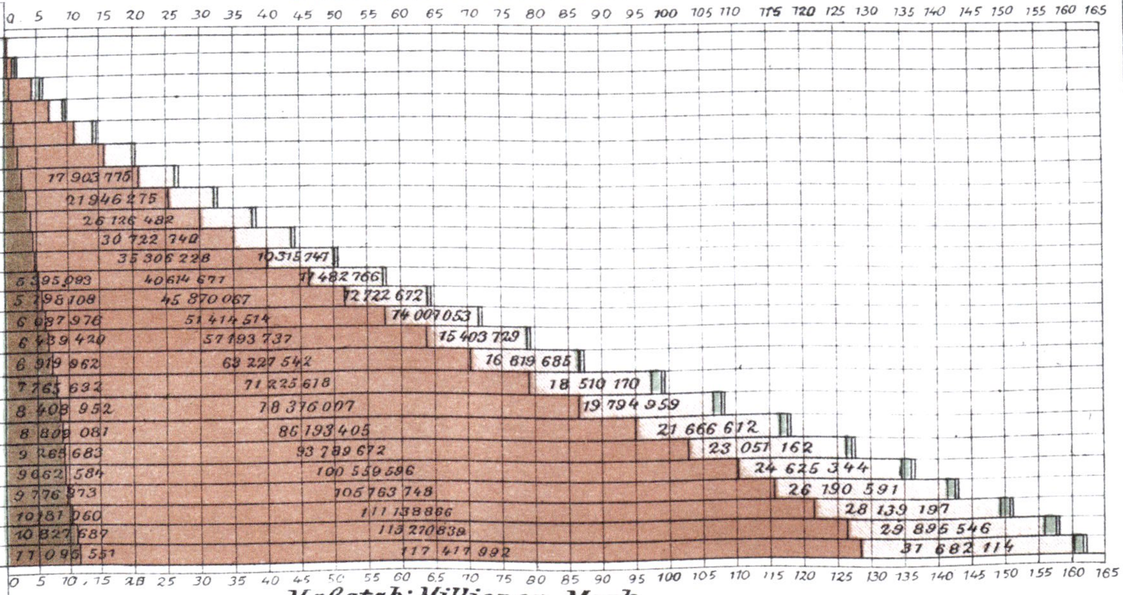

Maßstab: Millionen Mark

Farbenerklärung:

Kosten des Heilverfahrens — *Renten an Verletzte* — *Zahlungen für Todesfälle* — *Abfindung inländischer Verletzter* — *Ausländerabfindung*

Graph. Anst. Gust. Tischer, Gr.-Lichterfelde

Bearbeitet im Reichs-Versicherungsamt

Die Tafel zeigt die von allen Trägern der Unfallversicherung in den einzelnen Jahren für die verschiedenen Entschädigungsarten gezahlten Beträge.

Unfallversicherung des Deutschen Reichs

Blatt 21

Krankenfürsorge

Jahr	Mark
1885	19
1886	281 102
1887	726 644
1888	1 068 362
1889	1 474 845
1890	2 071 294
1891	2 629 042
1892	3 312 123
1893	3 821 523
1894	4 364 860
1895	4 646 328
1896	5 395 093
1897	5 798 108
1898	6 087 976
1899	6 439 420
1900	6 919 962
1901	7 765 632
1902	8 408 952
1903	8 809 081
1904	9 265 683
1905	9 662 584
1906	9 776 873
1907	10 181 060
1908	10 827 687
1909	11 095 551
1885 1909	140 829 804

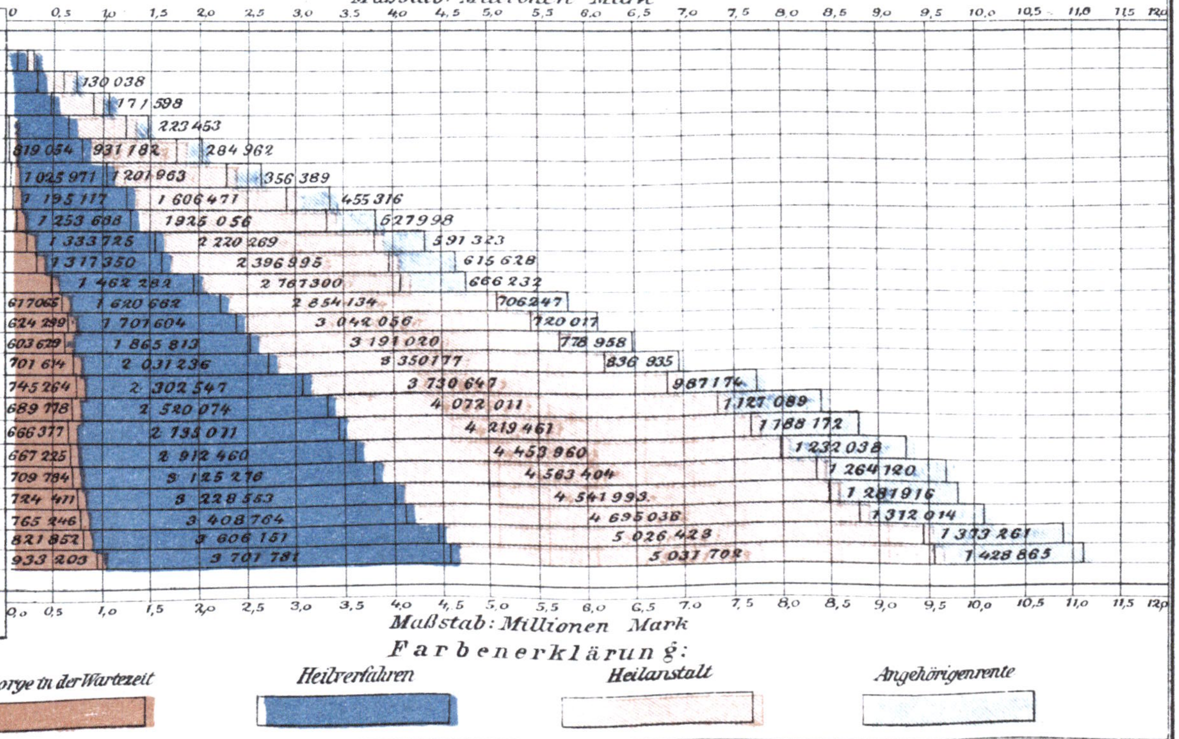

Graph. Anst. Gust. Tischer, Gr.-Lichterfelde

Bearbeitet im Reichs-Versicherungsamt

Die Tafel zeigt die von allen Trägern der Unfallversicherung in den einzelnen Jahren für die verschiedenen Arten der Krankenfürsorge gezahlten Beträge.

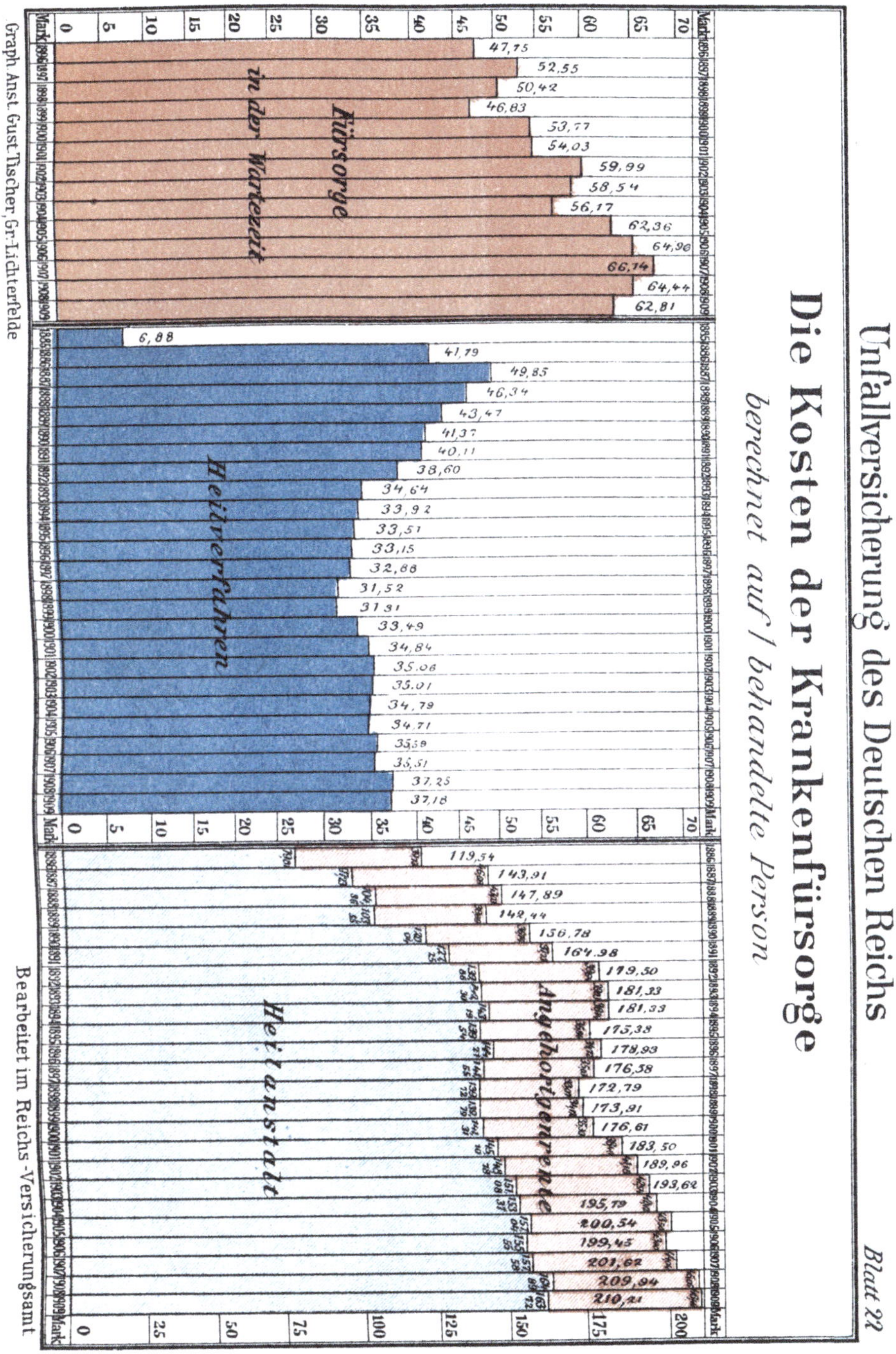

Die Wartezeit umfaßt in der Regel die ersten 13 Wochen nach dem Unfall, für die gesetzlich die Krankenversicherung eintritt. Unter Heilverfahren sind freie ärztliche Behandlung, Arznei usw. für die Zeit nach der Wartezeit zu verstehen. Statt freier ärztlicher Behandlung und der Rente kann Behandlung in einer Heilanstalt gewährt werden. Angehörige Verheirateter erhalten für diese Zeit Angehörigenrente in der Höhe wie beim Todesfall

Organisation, Einnahmen, Ausgaben, Vermögen 1909

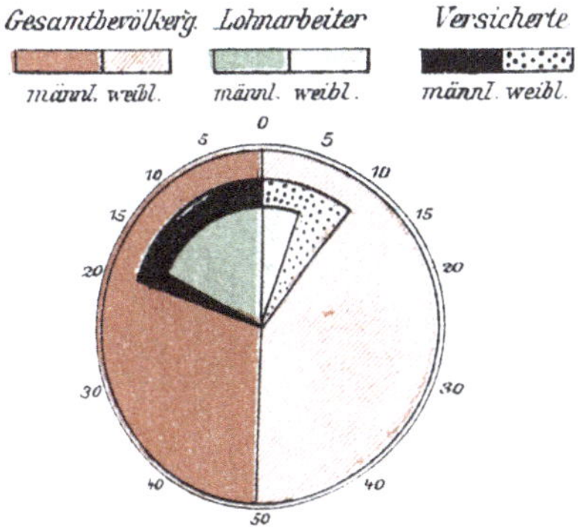

Organisation

Versicherungsanstalten		31
Besondere Kasseneinrichtungen		10
Versicherte Personen	männlich	10 707 100
	weiblich	4 737 200
Bevölkerung	männlich	31 526 000
	weiblich	32 353 000
Lohnarbeiter	männlich	10 412 000
	weiblich	5 838 000

Millionen Mark

		1909	1891–1909
Einnahmen		293,9	3650,5
Beiträge der	Arbeitgeber	94,2	1271,2
	Arbeiter	94,2	1271,2
Zuschuß des Reichs		51,5	587,2
Zinsen u. s. w.		54,0	520,9
Gesamtausgaben		209,4	2076,4
Vermögen		1574,1	1574,1

Anteil der Einzelausgaben an der Gesamtausgabe.

Maßstab: Millionen Mark

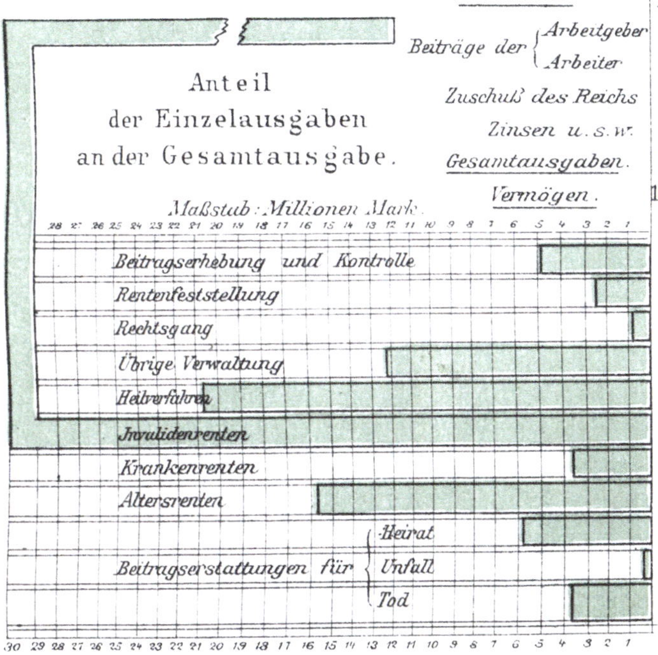

		1909	1891–1909
Beitragserhebung und Kontrolle		4,9	55,8
Rentenfeststellung		2,3	17,1
Rechtsgang		0,8	9,0
Übrige Verwaltung		12,3	122,9
Heilverfahren		20,7	137,6
Invalidenrenten		139,9	1188,9
Krankenrenten		3,5	25,9
Altersrenten		15,6	423,5
Beitragserstattungen für	Heirat	5,8	66,9
	Unfall	0,1	0,4
	Tod	3,5	28,4

Ende 1909 im ganzen bewilligte Invalidenrenten	1 748 137
Krankenrenten	103 192
Altersrenten	481 382
Beitragserstattungen	2 406 341

Graph. Anst. Gust. Tischer, Gr.-Lichterfelde — Bearbeitet im Reichs-Versicherungsamt

Die Kreisdarstellung schildert die Ausdehnung der Versicherung auf männliche und weibliche Personen der Gesamtbevölkerung. Bei den Einzelausgaben überwiegen bei weitem die Invalidenrenten, denen gegenüber die Altersrenten gänzlich zurücktreten.

Invalidenversicherung des Deutschen Reichs

Bl. 24

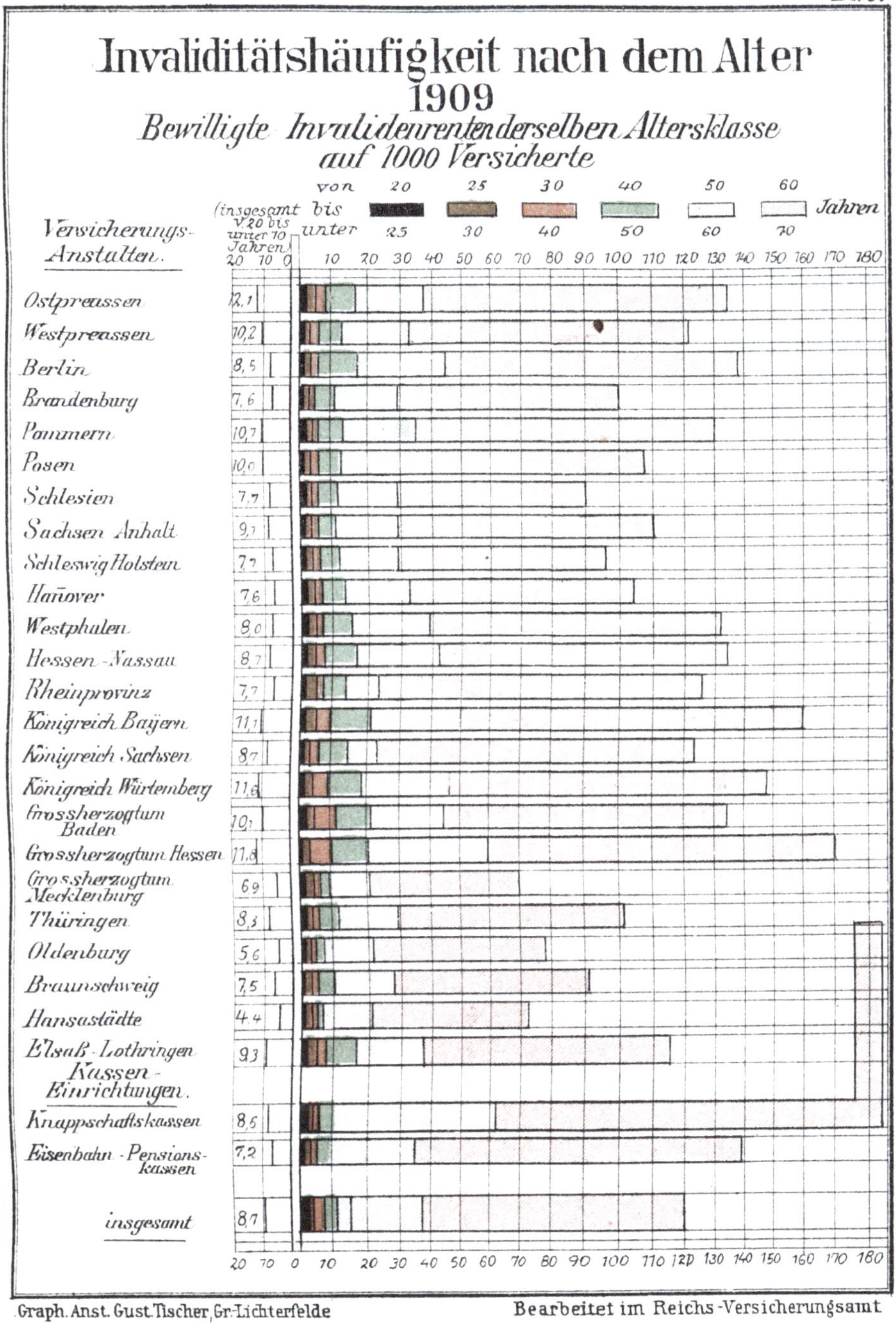

Graph. Anst. Gust. Tischer, Gr.-Lichterfelde

Bearbeitet im Reichs-Versicherungsamt

Die Invaliditätshäufigkeit ist am stärksten im Bezirk der Provinz Ostpreußen dann folgt das Großherzogtum Hessen und das Königreich Württemberg. Die Invaliditätshäufigkeit ist in den höheren Altersklassen am größten.

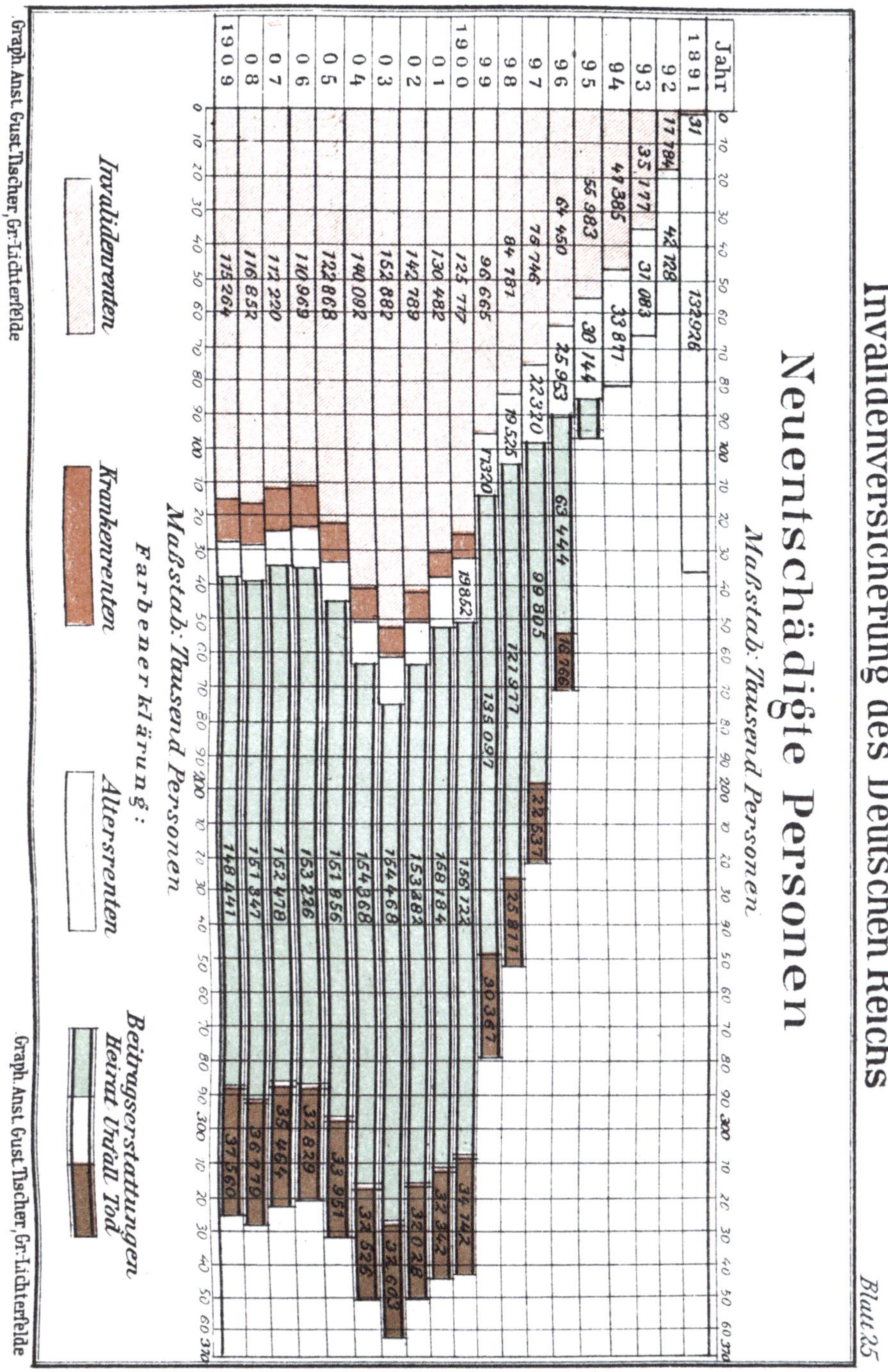

Die in den ersten Jahren weit überwiegenden Altersrenten kommen mit der Zeit gegen die Invalidenrenten kaum noch in Betracht. Im Falle des Ausscheidens aus der Versicherung wird bei Heirat weiblicher Versicherten immer, bei Unfall oder Tod aller Versicherten in gewissen Fällen die Hälfte der im einzelnen für sie gezahlten Beiträge zurückgezahlt.

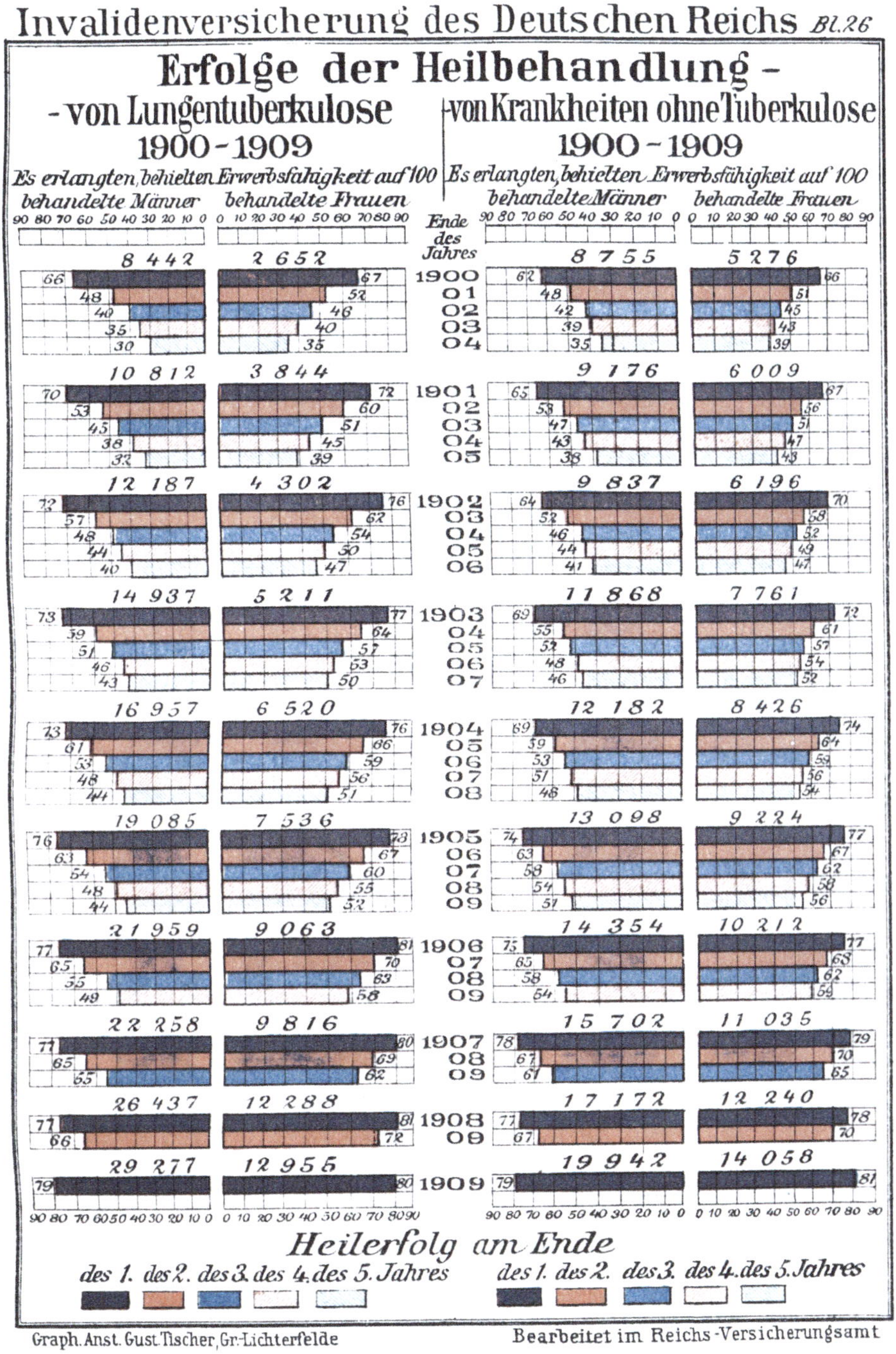

Die Zahl der Behandlungsfälle nimmt zu. Die Dauererfolge mehren sich.

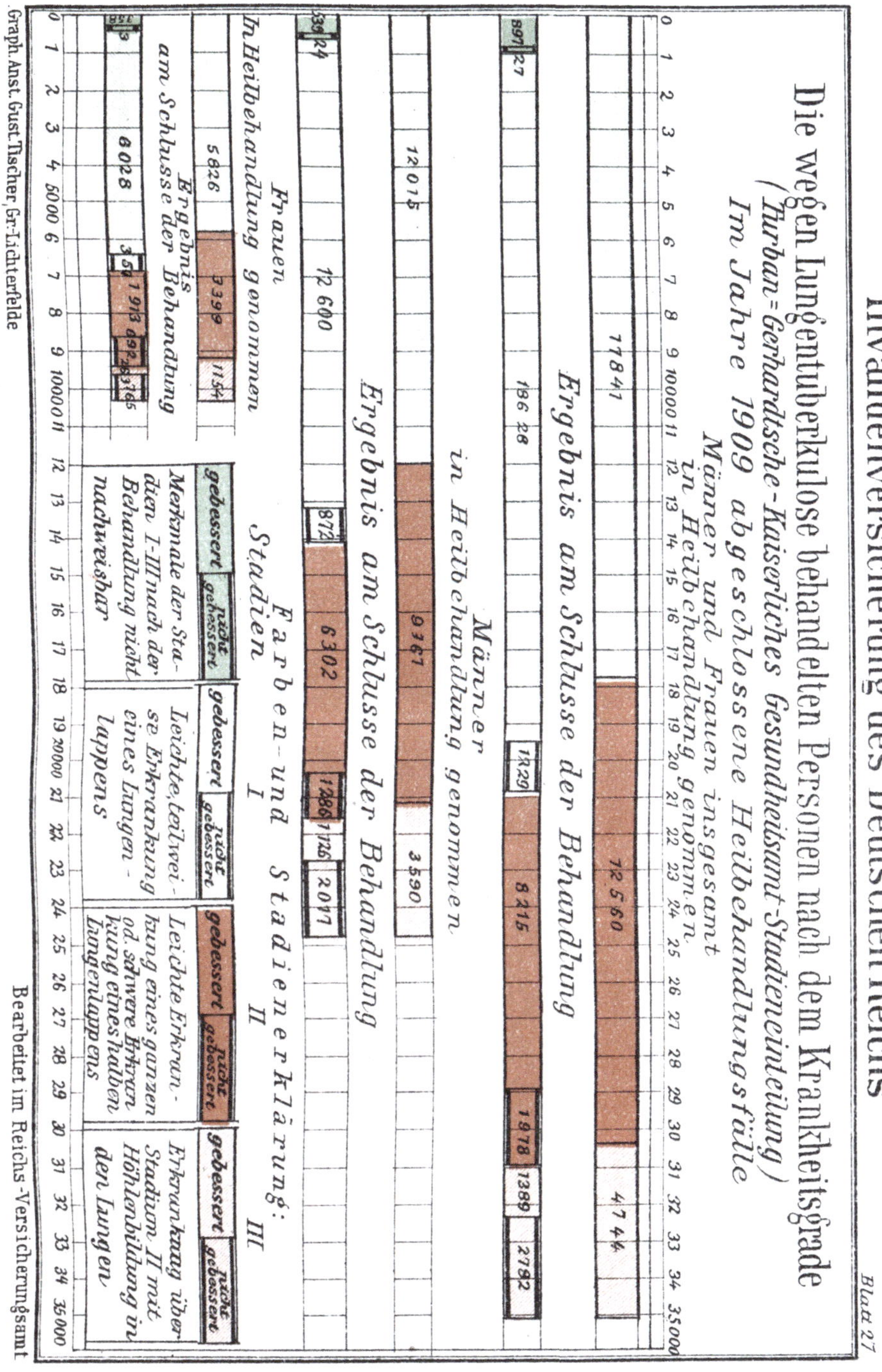

Die nach ihren Urhebern benannte international vereinbarte Stadieneinteilung ist in den deutschen Heilstätten seit dem 1. Januar 1909 eingeführt. Sie ermöglicht einen Vergleich des gesamten Krankenmaterials und des Heilerfolgs.

Invalidenversicherung des Deutschen Reichs

Blatt 28

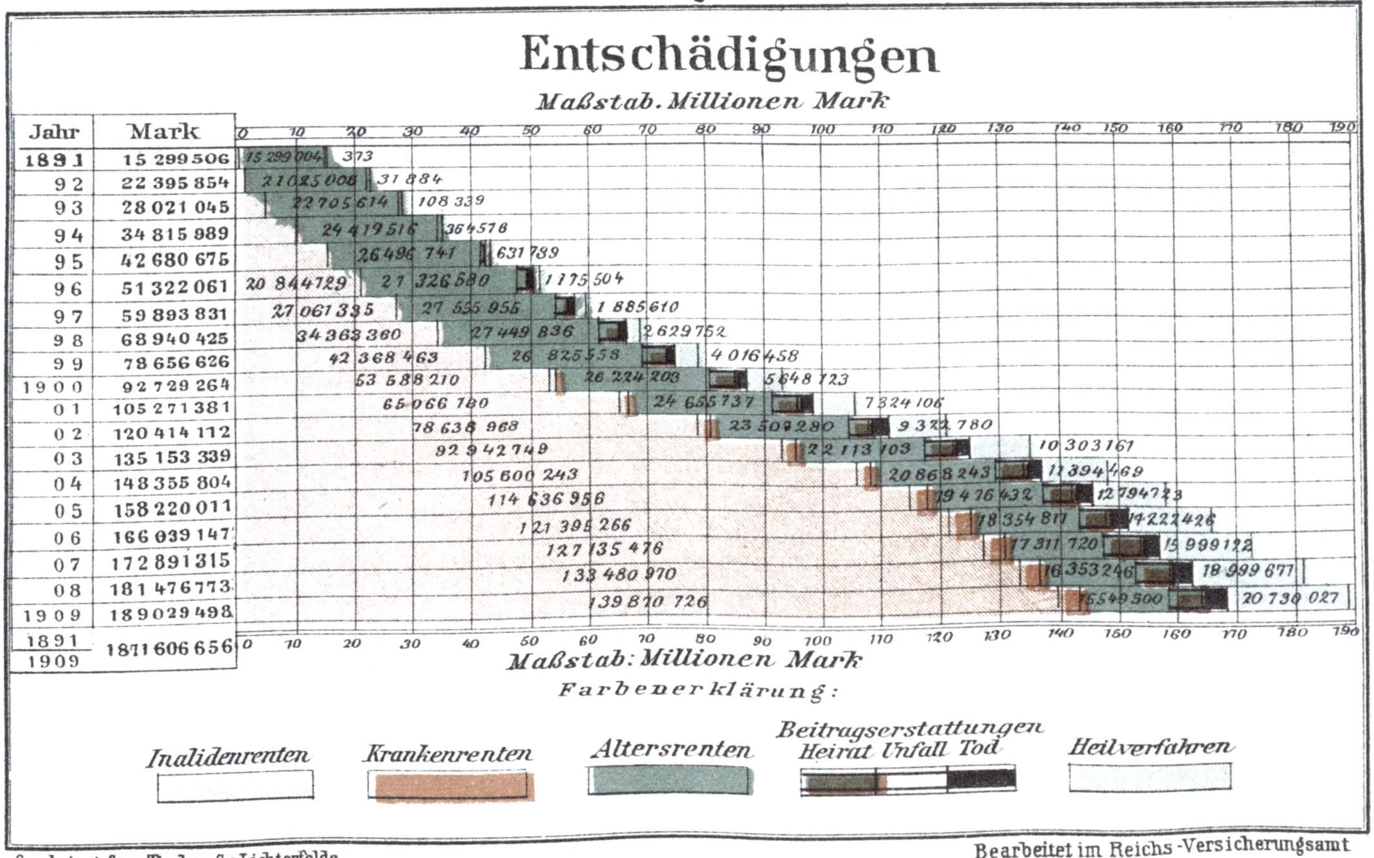

Graph. Anst. Gust. Tischer, Gr.-Lichterfelde

Bearbeitet im Reichs-Versicherungsamt

Die Tafel zeigt die von den Trägern der Invalidenversicherung für die verschiedenen Entschädigungsarten gezahlten Beträge in den einzelnen Jahren.

Invalidenversicherung des Deutschen Reichs

Blatt 29

Heilbehandlung der Invalidenversicherungsanstalten 1891-1909

Jahr	Mark
1891	902
92	31 836
93	107 179
94	362 774
95	626 759
96	1 164 009
97	2 011 149
98	2 769 330
99	4 056 975
1900	6 210 721
01	7 912 219
02	9 056 240
03	11 501 205
04	12 735 080
05	14 448 005
06	16 660 445
07	17 954 706
08	21 625 883
1909	24 275 577
1891/1909	153 510 394

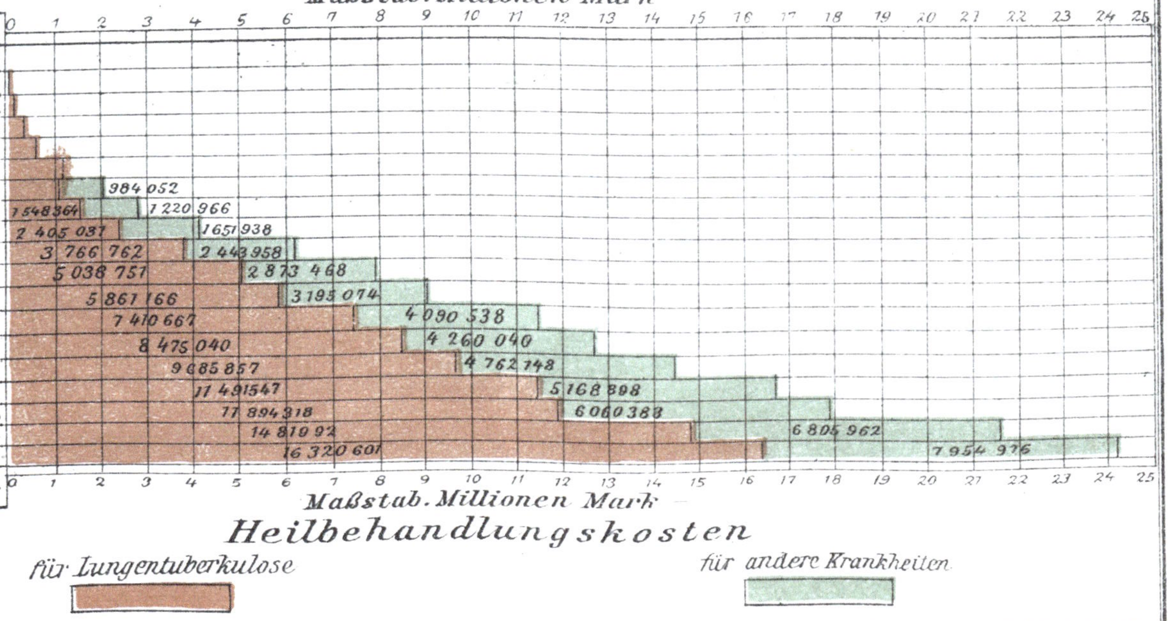

Graph. Anst. Gust Tischer, Gr.-Lichterfelde

Bearbeitet im Reichs-Versicherungsamt

Für die Jahre 1892 bis 1896 sind die für die Heilbehandlung verausgabten Beträge nicht getrennt nachgewiesen. Von den in den späteren Jahren aufgewendeten Summen entfällt der größte Teil auf die Bekämpfung der Lungentuberkulose.

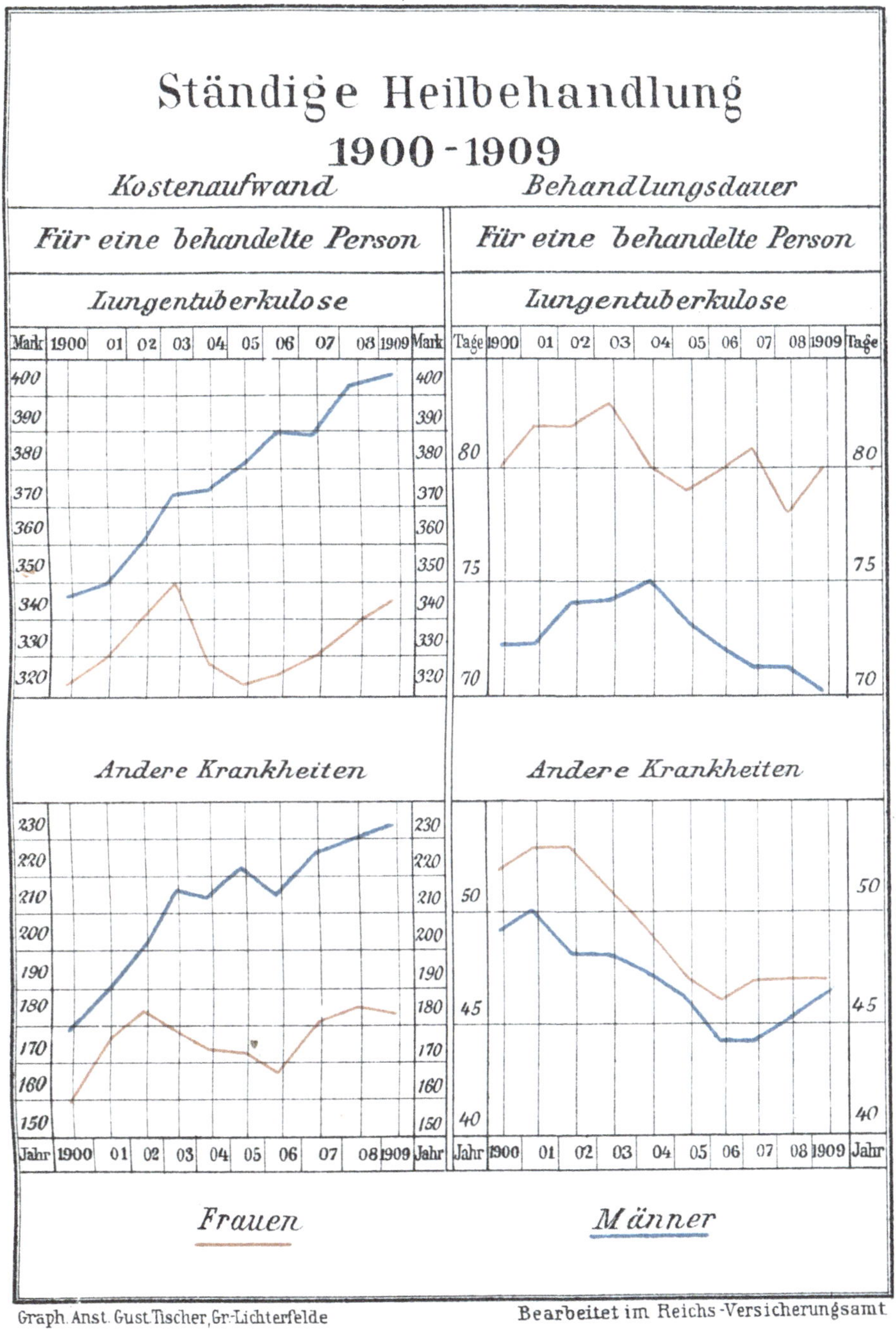

Graph. Anst. Gust. Tischer, Gr.-Lichterfelde Bearbeitet im Reichs-Versicherungsamt

Die Diagramme zeigen den Kostenaufwand und die Behandlungsdauer für eine behandelte Person für Lungentuberkulose und andere Krankheiten getrennt für Männer und Frauen.

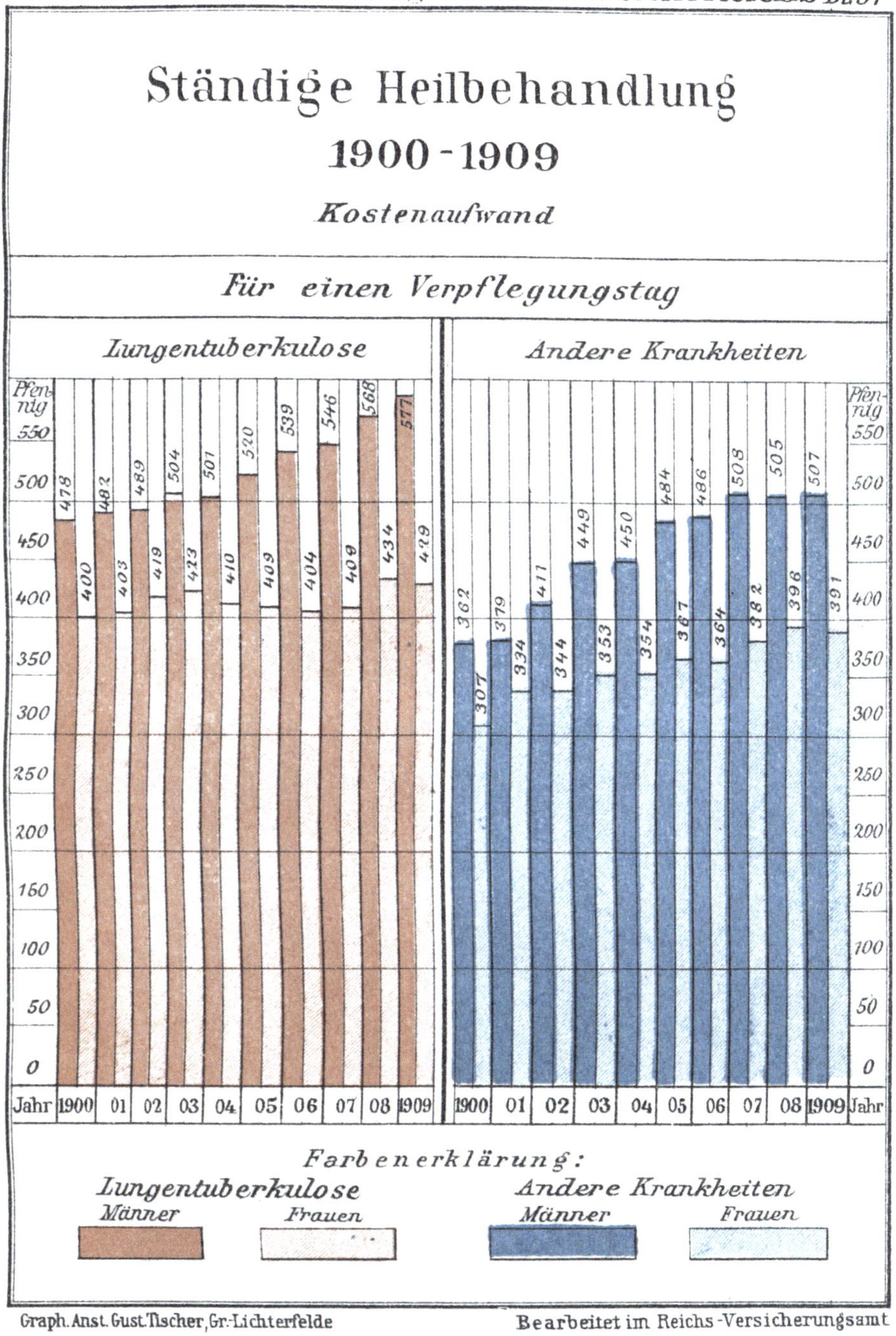

Graph. Anst. Gust. Tischer, Gr.-Lichterfelde

Bearbeitet im Reichs-Versicherungsamt

Die Tafel zeigt den Kostenaufwand der ständigen Heilbehandlung für einen Verpflegungstag bei Lungentuberkulose und anderen Krankheiten getrennt nach Männern und Frauen. Für Lungentuberkulose ist der Durchschnittssatz für einen Verpflegungstag höher als bei anderen Krankheiten.

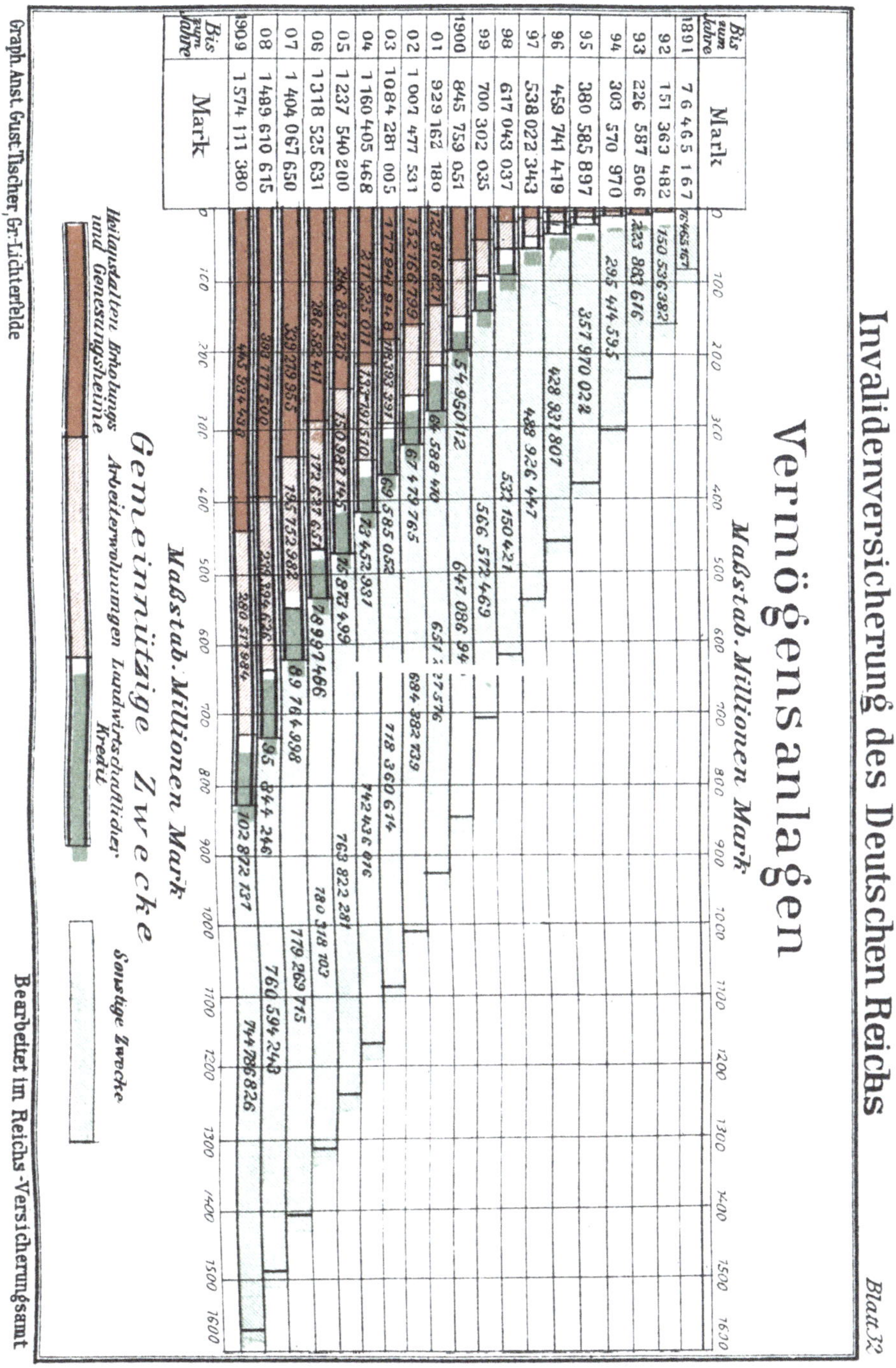

Die Tafel zeigt, daß für gemeinnützige Zwecke von Versicherungsträgern der Invalidenversicherung von Jahr zu Jahr mehr hergegeben wird, so daß diese Beträge im Jahre 1909 bereits 52,6 v. H. der Gesamtvermögensanlage ausmachen.

2. KGL. BAYER. LANDESVERSICHERUNGS-AMT, MÜNCHEN

BÜCHER

1 bis 5 MITTEILUNGEN des Kgl. Bayer. Landesversicherungsamtes. Jahrgang 1889 bis 1910. 5 Bände.

6 SATZUNGEN UND UNFALLVERHÜTUNGSVORSCHRIFTEN der Bayer. Baugewerks- und der Bayer. Holzindustrie-Berufsgenossenschaft. 1 Band.

7 SATZUNGEN der 8 land- und forstwirtschaftlichen Berufsgenossenschaften. 1 Band.

8 UNFALLVERHÜTUNGSVORSCHRIFTEN der 8 land- und forstwirtschaftlichen Berufsgenossenschaften. 1 Band.

9 VERWALTUNGSBERICHTE der Bayer. Baugewerks-Berufsgenossenschaft für die Jahre 1905 bis 1909. 1 Band.

10 VERWALTUNGSBERICHTE der Bayer. Holzindustrie-Berufsgenossenschaft für die Jahre 1905 bis 1909. 1 Band.

11 bis 15 VERWALTUNGSBERICHTE der 8 land- und forstwirtschaftlichen Berufsgenossenschaften für die Jahre 1905 bis 1909. 5 Bände.

16 SATZUNGEN der 8 bayerischen Versicherungsanstalten. 1 Band.

17 bis 21 VERWALTUNGSBERICHTE der 8 bayerischen Versicherungsanstalten für die Jahre 1905 bis 1909. 5 Bände.

KRANKENVERSICHERUNG

A. ORTSKRANKENKASSEN

Bearbeiter: FRÄSSDORF, Vorſitzender des Vorſtandes des Zentralverbandes von Ortskrankenkaſſen im Deutſchen Reiche und Vorſitzender des Vorſtandes der Allgemeinen Ortskrankenkaſſe Dresden, nichtſtändiges Mitglied des Reichs-Verſicherungsamts.

Die Ortskrankenkaſſen ſind die von dem Krankenverſicherungsgeſetz an erſter Stelle vorgeſehenen, hauptſächlichen Träger der Krankenverſicherung. Hiervon zeugt die Tatſache, daß im Jahre 1909 von allen im Deutſchen Reiche gegen Krankheit verſicherten 12519785 Perſonen auf die Ortskrankenkaſſen 6504585 oder 52 v. H. entfallen und von 305710294 Mark Krankheitskoſten, welche von ſämtlichen beſtehenden 23279 Kaſſen aufgewendet wurden, allein 157852501 Mark von 4775 Ortskrankenkaſſen verausgabt worden ſind. Die Bedeutung der Ortskrankenkaſſen beruht aber nicht allein auf der höheren Mitgliederzahl und den dadurch bedingten höheren Leiſtungsbeträgen gegenüber den übrigen Kaſſenarten. Die außerordentliche Entwickelung der Ortskrankenkaſſen iſt auch auf das ausgeprägte Mitbeſtimmungsrecht der Verſicherten zurückzuführen. In keiner Kaſſenart gelangt das Recht der Selbſtverwaltung in dem gleichen Umfange zur Geltung wie bei den Ortskrankenkaſſen. Unbeeinflußt durch das eigene Beſchäftigungsverhältnis ſind ihre Verſicherten in der Lage, die Beitragsleiſtung ihren materiellen Verhältniſſen und die Kaſſenleiſtungen ihren Bedürfniſſen anzupaſſen. Gemeinſam mit den Arbeitgebern ordnen ſie ihre ſozialen Aufgaben in friedlicher Arbeit. Die Erweiterungsfähigkeit der den Ortskrankenkaſſen geſetzlich vorgeſchriebenen Mindeſtleiſtungen bewirkt die Möglichkeit, durch Krankheiten hervorgerufene Notlagen der werktätigen Bevölkerung mit angemeſſenen Unterſtützungen auszugleichen.

Kein Gebiet aber iſt ſo geeignet, ſoziale Gegenſätze zu überbrücken, wie die gemeinſame Tätigkeit der Verſicherten und der Arbeitgeber in den Verwaltungen der Ortskrankenkaſſen. Beide Teile gewinnen Kenntnis von den gegenſeitigen, verſchiedenartig wirkenden wirtſchaftlichen Verhältniſſen und ſind – ungeachtet politiſcher Anſchauungen – ohne Ausnahme bemüht geweſen, ihre Kräfte nach beſtem Ermeſſen in den Dienſt der Allgemeinheit zu ſtellen.

Die Ortskrankenkaſſen ſind ohne Zweifel an erſter Stelle zu nennen als erfolgreiche Organe der Krankenverſicherung, welche vermöge des größeren Zuſammenſchluſſes der Verſicherten auf dem Gebiete des Fürſorgeweſens zur nachhaltigen Tätigkeit und weiteren Entwicklung befähigt ſind. Sie ſcheiden ſich in beſondere (für einzelne Berufszweige oder Betriebsarten errichtete) und in allgemeine Ortskrankenkaſſen mit gleichen Rechten und Pflichten. Die allgemeinen Ortskrankenkaſſen ſind zum wenigſten als ſolche errichtet worden, vielmehr durch das Beſtreben entſtanden, mehrere an einem Orte beſtehende beſondere Ortskrankenkaſſen zu vereinigen. Mit Recht erblicken die Verſicherten in dem Zuſammenſchluſſe der Krankenverſicherung infolge der dadurch entſtehenden größeren Verbände wertvolle Sicherheit für die größere Leiſtungsfähigkeit und für den Ausbau des Unterſtützungsweſens.

Die an der Sonderausſtellung der deutſchen Arbeiterverſicherung auf der Internationalen Hygiene-Ausſtellung beteiligten Ortskrankenkaſſen gehören zu den größten ihrer Art, und zwar vertreten die Ortskrankenkaſſen zu Leipzig, Dresden und Düſſeldorf den Typus der allgemeinen Ortskrankenkaſſen, während die Ortskrankenkaſſe für die Betriebe der Kaufleute, Apotheker und Handelsleute zu Berlin ein Beiſpiel der beſonderen Berufskrankenkaſſen iſt.

3. DER ZENTRALVERBAND VON ORTSKRANKENKASSEN IM DEUTSCHEN REICHE

verdankt ſeine Entſtehung einem auf der Verſammlung der Freien Vereinigung Sächſiſcher Ortskrankenkaſſen vom 4. Juni 1894 in Leipzig geſtellten Antrag auf Beratung und Beſchlußfaſſung über die Erweiterung der Sächſiſchen Freien Vereinigung auf Deutſchland zu folgenden Zwecken:

1. Vorſchläge zur Abänderung des Kranken-, des Invaliden- und des Unfallverſicherungsgeſetzes;
2. Beratung von Geſetzesvorlagen zur ſozialen Geſetzgebung und eventuelle Abſendung von Petitionen;
3. Schriftlicher Meinungsaustauſch bei wichtigen Vorkommniſſen und behördlichen Entſcheidungen;
4. Einheitliche Regelung der Verhältniſſe zu den Kaſſenärzten und Apothekern ſowie Einführung möglichſt gleichlautender Verträge mit dieſen;
5. Regelung des Überweiſungsverfahrens von Patienten an auswärtige Kaſſen ſowie Feſtſtellung der auszuübenden Kontrolle;
6. Pflege der Wirtſchaftsſtatiſtik;
7. Austauſch der Jahres- und ſonſtigen Berichte;
8. Errichtung von gemeinſamen Stationen für erholungsbedürftige Rekonvaleſzenten ſowie von Sanatorien für Lungenkranke; und
9. Errichtung einer Penſionsanſtalt für die bei den Einrichtungen der ſozialen Geſetzgebung angeſtellten Perſonen.

In einer konſtituierenden Verſammlung in Frankfurt a. M. am 25. November 1894 wurde die Bildung des Zentralverbandes beſchloſſen und eine Satzung aufgeſtellt, die in der 10. Jahresverſammlung zu Breslau 1903 die zur Zeit geltende Faſſung erhalten hat. In dieſer letzteren Verſammlung wurde auch für die künftigen Verſammlungen eine Geſchäftsordnung aufgeſtellt, welche zur Zeit noch in Wirkſamkeit iſt. Die Jahresverſammlungen fanden nach und nach ſtatt: in Leipzig, Dresden, Köln a. Rh., Bremen, Hannover, Nürnberg, Stuttgart, Magdeburg, Breslau, München, Dresden, Düſſeldorf, Mannheim, Braunſchweig, Bremen und Regensburg. Die diesjährige wird anläßlich der Internationalen Hygiene-Ausſtellung in Dresden (Tivoli) ſtattfinden (vom 10. bis 12. Juli). Wie wichtig der Zuſammenſchluß der Ortskrankenkaſſen zum Zentralverband iſt, geht daraus hervor, daß die konſtituierende Verſammlung in Frankfurt nur von 23, die letzte in Regensburg dagegen von 464 Perſonen beſucht war und daß die Regierungen derjenigen Bundesſtaaten, in denen die Verſammlungen ſtattfanden, ſich regelmäßig vertreten ließen.

Die Geſchäfte des Zentralverbandes wurden bis zur Verſammlung in Breslau im Jahre 1903 von der Ortskrankenkaſſe Leipzig, ſeit jener Zeit werden ſie von der Ortskrankenkaſſe Dresden geführt. Der Verband zählt zur Zeit 329 Kaſſen und Verbände mit 4²/₃ Millionen Mitgliedern.

	A. BÜCHER
1	DER BERICHT DER GESCHÄFTSFÜHRENDEN KASSE über die Tätigkeit im Geſchäftsjahr 1909–1910.
2	DAS PROTOKOLL ÜBER DIE VERHANDLUNGEN der XVII. Jahresverſammlung am 10. bis 12. Juli 1910 in Regensburg.

4. ORTSKRANKENKASSE ZU DRESDEN

Die Kaſſe iſt aus den bei Einführung des Krankenverſicherungsgeſetzes am 1. Dezember 1884 errichteten 7 Ortskrankenkaſſen hervorgegangen und umfaßt alle Berufsarten im Stadtgebiete Dresden. Die Verſchmelzung zur allgemeinen Ortskrankenkaſſe erfolgte bereits am 28. November 1886. Die Mitgliederzahl ſtieg von 19499 am Schluſſe des Jahres 1885 auf 120815 am Schluſſe des Jahres 1910 und vereinigte im erſtgenannten Jahre 8,2 v. H., im letztgenannten Jahre aber 22,57 v. H. oder faſt den vierten Teil der geſamten Bevölkerung Dresdens in ſich.

Bei einer Beitragserhebung von 3,5 v. H. des Durchſchnittslohns gewährt die Kaſſe ihren Mitgliedern im Falle einer Krankheit 1. freie ärztliche Behandlung und Arznei bis zur Dauer eines Jahres; 2. im Falle der Erwerbsunfähigkeit vom dritten Tage nach dem Tage der Erkrankung für jeden Wochentag und den auf einen ſolchen fallenden Feiertag 50 v. H. des Durchſchnittslohns als Krankengeld bis zur Dauer von 26 Wochen; 3. Brillen, Bruchbänder und ähnliche Vorrichtungen oder Heilmittel, welche zur Herſtellung und Erhaltung der Erwerbsfähigkeit erforderlich ſind; 4. an Stelle der unter 1 und 2 genannten Leiſtungen freie Anſtaltspflege und gleichzeitig Familienunterſtützung in Höhe der Hälfte des auf das Mitglied entfallenden Krankengeldes; 5. die gleiche Unterſtützung wie im Krankheitsfall an Wöchnerinnen in der Dauer von 6 Wochen; 6. im Todesfalle Sterbegeld in Höhe des 20fachen Durchſchnittslohns; 7. Rekonvaleſzentenfürſorge in den eigenen Geneſungsheimen; 8. Medizinalweine und Milch als Stärkungsmittel. Ferner für die Angehörigen der Kaſſenmitglieder freie ärztliche Behandlung bis zur Dauer von 13 Wochen und ein Sterbegeld.

A. MODELLE UND BILDER

1 MODELL DES FRAUENGENESUNGSHEIMS »ALTWETTINSHÖHE« in Zitzſchewig, 1 : 100.

2 GESAMTANSICHT DES MÄNNERGENESUNGSHEIMS »ALTWETTINSHÖHE« in Zitzſchewig.

3 GESAMTANSICHT DES FRAUENGENESUNGSHEIMS »ALTWETTINSHÖHE« in Zitzſchewig.

4 SPEISESAAL DES FRAUENGENESUNGSHEIMS.

5 AUFENTHALTSRAUM FÜR DIE PFLEGLINGE DES FRAUENGENESUNGSHEIMS.

6 SCHLAFZIMMER IM FRAUENGENESUNGSHEIM.

7 KÜCHE IM FRAUENGENESUNGSHEIM.

B. STATISTISCH-GRAPHISCHE TAFELN

8 EINNAHMEN der Ortskrankenkaſſe zu Dresden.

9 AUSGABEN der Ortskrankenkaſſe zu Dresden.

10 FAKULTATIVE LEISTUNGEN der Ortskrankenkaſſe zu Dresden.

EINE BERUFSERKRANKUNGSSTATISTIK DER ORTSKRANKENKASSE ZU DRESDEN AUF DIE JAHRE 1905-1909 IN 4 TAFELN, und zwar:

11 ERWERBSUNFÄHIGKEITSFÄLLE DER MÄNNLICHEN VERSICHERUNGSPFLICHTIGEN MITGLIEDER in den Jahren 1905-1909 auf je 100 Mitglieder im Jahresdurchſchnitt, NACH BERUFEN UND KRANKHEITSARTEN.

12 UNTERSTÜTZUNGSTAGE DER MÄNNLICHEN VERSICHERUNGSPFLICHTIGEN MITGLIEDER in den Jahren 1905-1909 auf je 100 Mitglieder im Jahresdurchschnitt, NACH BERUFEN, unter Angabe der Gesamtzahl der in den 5 Jahren beobachteten Mitglieder, Erwerbsunfähigkeitsfälle und Unterstützungstage.

13 ERWERBSUNFÄHIGKEITSFÄLLE DER WEIBLICHEN VERSICHERUNGSPFLICHTIGEN MITGLIEDER in den Jahren 1905-1909 auf je 100 Mitglieder im Jahresdurchschnitt, NACH BERUFEN UND KRANKHEITSARTEN.

14 UNTERSTÜTZUNGSTAGE DER WEIBLICHEN VERSICHERUNGSPFLICHTIGEN MITGLIEDER in den Jahren 1905-1909 auf je 100 Mitglieder im Jahresdurchschnitt, NACH BERUFEN, unter Angabe der Gesamtzahl der in den 5 Jahren beobachteten Mitglieder, Erwerbsunfähigkeitsfälle und Unterstützungstage.

15 ERGEBNISSE DES MÄNNERGENESUNGSHEIMS »ALTWETTINSHÖHE« in Zitzschewig in den Jahren 1894-1909.

16 ERGEBNISSE DES FRAUENGENESUNGSHEIMS »ALTWETTINSHÖHE« in Zitzschewig in den Jahren 1899-1909.

17 DURCHSCHNITTLICHE UNTERSTÜTZUNGSAUSGABE a) bei sämtlichen Kassen des Reichs — ausgenommen die Knappschaftskrankenkassen —, b) bei der Ortskrankenkasse zu Dresden auf den Kopf der Mitglieder von 1885 bis 1909.

18 DASSELBE für einen Erkrankungsfall von 1885 bis 1909.

19 DASSELBE für einen Krankheitstag von 1885 bis 1909.

20 INANSPRUCHNAHME ÄRZTLICHER BEHANDLUNG (Erkrankungsfälle überhaupt) und Erwerbsunfähigkeitsfälle auf je 100 Mitglieder, auch getrennt nach den Geschlechtern, in den Jahren 1885-1909.

21 HAUPTERGEBNISSE der Ortskrankenkasse zu Dresden von 1885 bis 1910.

C. BÜCHER

22 DIE ORTSKRANKENKASSE ZU DRESDEN und ihre GENESUNGSHEIME auf der Internationalen Hygiene-Ausstellung 1911.

23 GESCHÄFTSBERICHTE.

5. ORTSKRANKENKASSE FÜR LEIPZIG UND UMGEGEND IN LEIPZIG

Gegründet 1884, zuerst 19 Kassen mit 20833 Mitgliedern, seit 1. Januar 1887 eine gemeinsame Ortskrankenkasse mit zur Zeit 182898 Mitgliedern. Umsatz 1910 6 Millionen Mark.

Die Kasse erhebt Wochenbeiträge in der Höhe von 4 v. H. des durchschnittlichen Tagelohns, welche die Versicherten zu zwei Dritteln und ihre Arbeitgeber zu einem Drittel tragen. Die Kasse gewährt den Mitgliedern: für 34 Wochen freie ärztliche Behandlung, Arznei und bei Erwerbsunfähigkeit ein Krankengeld in der Höhe von 55 v. H. des durchschnittlichen Tagelohns, oder an Stelle dieser Leistungen freie Kur und Verpflegung in einem Krankenhaus, einer Klinik, einem Rekonvaleszentenheim und außerdem während der Dauer der Verpflegung in einer solchen Anstalt den Angehörigen zwei Drittel vom Krankengelde; Unverheirateten ein Viertel vom Krankengelde.

Schwangere erhalten eine bare Unterstützung in Höhe des Krankengeldes auf die Dauer von 2 Wochen, Wöchnerinnen eine solche auf die Dauer von 6 Wochen.

Im Todesfalle wird ein Sterbegeld im zwanzigfachen Betrage des Tagelohns gezahlt, 12 bis 100 Mark je nach der Beitragsklasse.

Den im Haushalte der Mitglieder wohnenden Familienangehörigen ohne eigenen Erwerb steht zu: für 13 Wochen freie ärztliche Behandlung und Medikamente, für deren Ehefrau ein Sterbegeld von 40 Mark und für Kinder ein solches von 20 Mark.

A. BILDER

1 bis 2	GENESUNGSHEIM KURORT AUGUSTUSBAD bei Dresden.
3	GENESUNGSHEIM RITTERGUT FÖRSTEL im sächsischen Erzgebirge.
4	GENESUNGSHEIM GUT AM GLEESBERG im sächsischen Erzgebirge.
5	NERVENHEILSTÄTTE in Naunhof bei Leipzig.
6	TURNSAAL DES ZANDER-INSTITUTS.
7	LICHTBAD DES ZANDER-INSTITUTS.
8	RÖNTGENPHOTOGRAPHIEN DES ZANDER-INSTITUTS.
9	WALDERHOLUNGSSTÄTTE FÜR LUNGENKRANKE IN LEIPZIG-STÖTTERITZ.

B. STATISTISCH-GRAPHISCHE TAFELN

10	GRAPHISCHE DARSTELLUNG ÜBER DIE EINNAHMEN UND AUSGABEN für das Jahr 1910.
11	ÜBERSICHT ÜBER DIE BEITRÄGE UND UNTERSTÜTZUNGEN für das Jahr 1910.
12	GRAPHISCHE DARSTELLUNG ÜBER DIE DAUER DER KRANKHEITEN der Mitglieder auf das Jahr 1910 nach Wochen.

C. BÜCHER

13	GESCHÄFTSBERICHT DER KASSE auf die Jahre 1884-1910.
14	BROSCHÜREN über die Entwickelung und Tätigkeit der Kasse zur Verteilung: 15000 Exemplare.

6. ORTSKRANKENKASSE FÜR DEN GEWERBEBETRIEB DER KAUFLEUTE, HANDELSLEUTE UND APOTHEKER ZU BERLIN

Die Kasse ist am 1. Dezember 1884 bei Einführung des Krankenversicherungsgesetzes eröffnet worden und umfaßte zunächst alle in kaufmännischen Betrieben des Stadtgebiets Berlin beschäftigten Personen mit Ausnahme der Handlungsgehilfen und -lehrlinge. Diese wurden erst nach Auflösung der Ortskrankenkasse für Handlungsgehilfen und -lehrlinge mit dem 1. Januar 1898 der Kasse zugeteilt. Die Mitgliederzahl stieg von 8551 am Schlusse des Jahres 1885 auf 124670 am 31. Dezember 1910.

Die Kasse gewährt ihren Mitgliedern bei einer Beitragserhebung von 3,75 v. H. im Falle einer Krankheit

1. freie ärztliche Behandlung und Arznei einschließlich künstlicher Gliedmaßen, Plattfußeinlagen, Korsetts, Geradehalter, soweit diese zur Heilung des Kranken oder zur Wiederherstellung der Arbeitsfähigkeit erforderlich sind, bis zur Dauer von 26 Wochen,

2. im Falle der Erwerbsunfähigkeit vom dritten Tage nach dem Tage der Erkrankung für jeden Krankheitstag ein Krankengeld in Höhe von 50 v. H. des durchſchnittlichen Tagelohns, bis zur Dauer von 26 Wochen,
3. Brillen, Bruchbänder und ähnliche Heilmittel,
4. an Stelle der unter 1 und 2 genannten Leiſtungen freie Kur und Verpflegung in Krankenhäuſern oder Sanatorien und gleichzeitig Familienunterſtützung in Höhe der Hälfte des auf das Mitglied entfallenden Krankengeldes oder des ganzen Krankengeldes nach einjähriger ununterbrochener Mitgliedſchaft,
5. die gleiche Unterſtützung wie im Krankheitsfall an Schwangere, welche mindeſtens 6 Monate der Kaſſe angehören, wegen einer durch die Schwangerſchaft verurſachten Erwerbsunfähigkeit auf die Dauer von 6 Wochen,
6. die gleiche Unterſtützung wie im Krankheitsfall an Wöchnerinnen auf die Dauer von 6 Wochen nach der Niederkunft,
7. Fürſorge für Lungenkranke in der eigenen Heilſtätte Müllrose bei Frankfurt (Oder).

Die Kaſſe verteilt unentgeltlich an die Mitglieder gemeinverſtändlich geſchriebene Druckſchriften zur Bekämpfung der Tuberkuloſe, der Geſchlechtskrankheiten, des Krebſes, des Alkoholmißbrauchs, ferner die Quenſelſchen Belehrungskarten und allgemeine Geſundheitsregeln, verfaßt vom Geh. Med. Rat Dr. Roth.

A. BILDER

1 GESAMTANSICHT der der Ortskrankenkaſſe gehörenden Lungenheilſtätte Müllroſe bei Frankfurt (Oder) mit 58 Betten für Männer und 42 Betten für Frauen.

2 SPEISESAAL DER MÄNNERABTEILUNG.

3 SPEISESAAL DER FRAUENABTEILUNG.

4 BADERAUM.

5 KÜCHE.

6 EINZELSCHLAFZIMMER IM FRAUENFLÜGEL.

7 SCHLAFZIMMER IM FRAUENFLÜGEL.

8 WASCHRAUM IM FRAUENFLÜGEL.

9 DOPPELLIEGEHALLE DES FRAUENFLÜGELS.

10 ARZTVILLA.

B. STATISTISCH-GRAPHISCHE TAFELN

11 EINNAHMEN 1885-1910.

12 AUSGABEN 1885-1910.

13 BESTAND DER MITGLIEDER nach Lohnklaſſen und Altersgruppen ſowie Erwerbsunfähigkeitsfälle nach Altersgruppen 1910.

14 MITGLIEDERZAHL, Erwerbsunfähigkeitsfälle, Zahl der mit Erwerbsunfähigkeit verbundenen Krankheitstage 1885-1910.

15 MITGLIEDERBEWEGUNG nach Monaten 1906-1910.

C. BÜCHER

16 DIE WOHNUNGSENQUETEN der Ortskrankenkaſſe mit Abbildungen.

17 BROSCHÜREN über die Entwickelung und Tätigkeit der Kaſſe.

7. GEMEINSAME ORTSKRANKENKASSE ZU DÜSSELDORF.

Bei Einführung des Krankenversicherungsgesetzes im Jahre 1884 wurden in Düsseldorf 6 Ortskrankenkassen errichtet, und zwar je eine für Handwerker, Metallarbeiter, Fabrikarbeiter, Schuhmacher, Kaufleute, sowie für Tabak- und Zigarrenarbeiter. Die Ortskrankenkasse für Tabak- und Zigarrenarbeiter wurde bereits im Jahre 1887 aufgelöst und der Handwerkerkrankenkasse zugeteilt. 1904 erfolgte die Verschmelzung der Ortskrankenkasse für Metallarbeiter mit der Ortskrankenkasse für Fabrikarbeiter zu einer Kasse. Die Auflösung der Ortskrankenkasse für Handwerker erfolgte im Jahre 1908, und es wurde dann die Gemeinsame Ortskrankenkasse gegründet. Die Ortskrankenkasse für Schuhmacher wurde geschlossen, jedoch gründete die Innung eine Innungskrankenkasse. Die Ortskrankenkasse für Kaufleute erweiterte ihre Satzung dergestalt, daß sie nunmehr den Titel »Ortskrankenkasse für kaufmännisches und Bureau- usw. Personal« annahm.

Bei der Eingemeindung der Vororte Düsseldorfs im Jahre 1909 lösten sich die Ortskrankenkassen Eller, Gerresheim und Himmelgeist-Wersten ebenfalls auf; die Mitglieder wurden, soweit nicht die Ortskrankenkasse für kaufmännisches und Bureau- usw. Personal zuständig war, der Gemeinsamen Ortskrankenkasse zugewiesen.

Die Mitgliederzahl betrug am Schlusse des Jahres 1885 7951, 1910 37346.

Die Kasse gewährt ihren Mitgliedern bei einer Beitragsleistung von 3,1 v. H. des durchschnittlichen Tagelohns

1. im Falle der Erkrankung freie ärztliche Behandlung und Arzneien bei 26 wöchiger Mitgliedschaft bis zur Dauer eines Jahres,
2. im Falle der Erwerbsunfähigkeit vom dritten Tage nach dem Tage der Erkrankung ab für jeden Wochentag, auch für jeden auf einen Wochentag fallenden Feiertag 60 v.H. des durchschnittlichen Tagelohns als Krankengeld bei 26 wöchiger Mitgliedschaft bis zur Dauer von 52 Wochen,
3. Brillen, Bruchbänder und ähnliche Heilmittel, welche zur Herstellung oder Erhaltung der Erwerbsfähigkeit erforderlich sind,
4. sofern vom Arzte beantragt, Krankenhaus- oder Anstaltspflege, in diesen Fällen Familienunterstützung in Höhe von 60 v. H. des dem Mitgliede zustehenden Krankengeldes,
5. Wöchnerinnenunterstützung für die Dauer von 6 Wochen oder Gewährung der freien Wochenpflege in einem Wöchnerinnenheim,
6. Sterbegeld für Mitglieder in Höhe des 30 fachen Betrags des durchschnittlichen Tagelohns, ferner Sterbegelder für Ehefrauen und Kinder,
7. Rekonvaleszentenfürsorge für Mitglieder und Angehörige im Genesungsheime Hösel,
8. freie ärztliche Behandlung der Angehörigen gegen einen wöchentlichen Beitragszuschuß von 15 Pfg.

In dem Bestreben, die Mitglieder der Kasse durch weitestgehende hygienische Sorge für Zähne und Mund vor Krankheiten zu schützen und in Krankheitsfällen widerstandsfähiger zu machen, wurde am 1. Juli 1910 das zahnärztliche Institut gegründet. Die Inanspruchnahme betrug im ersten halben Jahre bereits 10771 Besuche. Grundsätzlich gelangen in dem Institute sämtliche Operationen und Arbeiten zur Ausführung wie in einer guten zahnärztlichen Privatpraxis. Nur beste Materialien werden verwendet. Der ganze Mund und nicht nur der eine oder andere kranke Zahn wird behandelt. Alle chirurgischen Zahn-, Mund- und Kieferoperationen sowohl bei lokaler Schmerzbetäubung wie bei allgemeiner Narkose sind kostenfrei, desgleichen alle plastischen Füllungen, Wurzelbehandlungen, Wurzelfüllungen und Zahnreinigungen. Gold- und Porzellanfüllungen (System Hofrat Jenkins) kosten 1—4 Mark. Das Honorar für technische Arbeiten ist aus den Ausstellungsgegenständen ersichtlich.

Die kleine Ausstellung zahnärztlicher Arbeiten verfolgt den Zweck, zu veranschaulichen, auf welch ausgedehnter Grundlage und in welcher Form die zahn- und mundhygienischen Bestrebungen der Gemeinsamen Ortskrankenkasse Düsseldorf zur Geltung gebracht werden.

Die Ausstellung zeigt die Erhaltung der Zähne durch Zement-, Zahnschmelz-, Amalgam-, Gold- und Porzellanfüllungen. Es werden die einzelnen Phasen der Entstehung der Füllungen veranschaulicht. Ferner werden zahnärztlich-technische Arbeiten in Kautschuk, Zinn und Gold vorgeführt, und zwar nur Arbeiten, welche im Institute bereits zur Ausführung gebracht worden sind; jedoch werden auch andere Arbeiten wie Zahnstellungs- und Kieferregulierungen sowie alle Kieferprothesen bei sich bietender Gelegenheit angefertigt.

A. MODELLE UND BILDER

a. GENESUNGSHEIM HÖSEL (LANDKREIS DÜSSELDORF)

1 Modell,
2 Gesamtansicht,
3 Speisesaal,
4 Lesezimmer,
5 Spielzimmer,
6 Badeanstalt,
7 Küche,
8 Schlafzimmer.

b. ZAHNÄRZTLICHES INSTITUT

9 Wartezimmer,
10 Plombierzimmer,
11 Operationszimmer,
12 Technische Abteilung,
13 Röntgenzimmer,
14 Schaukasten mit zahnärztlichen und zahntechnischen Arbeiten.

B. STATISTISCH-GRAPHISCHE TAFELN

15 u. 16 Einnahmen und Ausgaben der Ortskrankenkasse.

B. BETRIEBSKRANKENKASSEN

Bearbeiter: WANDEL, Justizrat, Direktor bei der Firma Fried. Krupp A. G., Vorsitzender des Vorstandes des Verbandes zur Wahrung der Interessen der Deutschen Betriebskrankenkassen.

Die Betriebskrankenkassen sind neben den Ortskrankenkassen die hauptsächlichsten Träger der Krankenversicherung. Im Jahre 1909 bestanden 7892 Betriebskrankenkassen mit 3159169 Versicherten. Die Betriebskrankenkassen haben vor den anderen Kassenarten mancherlei Vorteile voraus, die im wesentlichen aus der Begrenzung des Kreises der Versicherten auf einen Betrieb oder eine Unternehmung, die eine wirtschaftliche Einheit darstellen, entspringen. Namentlich haben sich die Betriebskrankenkassen als besonders leistungsfähig erwiesen. Die amtliche Statistik beweist, daß die Betriebskrankenkassen in ihren Leistungen die anderen Kassenarten weit übertreffen und dabei auch über höhere Rücklagen verfügen, trotzdem aber im Durchschnitt geringere Beiträge erheben. Den Betriebskrankenkassen sind sehr häufig noch von den Unternehmern geschaffene besondere Fürsorgeeinrichtungen, Stiftungen und ähnliches angegliedert, um die Krankheitsfürsorge über den Rahmen des Krankenversicherungsgesetzes hinaus eingehender und wirksamer zu gestalten. Der wesentliche Teil der Betriebskrankenkassen und der Knappschaftsvereine, die in vielfacher Hinsicht gleichartige Interessen mit den Betriebskrankenkassen haben, ist zusammengeschlossen in dem 1907 gegründeten Verband zur Wahrung der Interessen der deutschen Betriebskrankenkassen (Sitz Essen-Ruhr).

8. DER VERBAND ZUR WAHRUNG DER INTERESSEN DER DEUTSCHEN BETRIEBSKRANKENKASSEN (Sitz Essen)

hat seine Tätigkeit am 1. Januar 1908 begonnen. Seine vornehmste Aufgabe ist die Behandlung der allgemeinen Fragen der Krankenversicherung, namentlich in Hinsicht auf die Betriebskrankenkassen. Insbesondere will er die Wünsche und Auffassungen der Betriebskrankenkassen für die weitere Entwicklung der Krankenversicherung und der Reichsversicherung überhaupt gegenüber den Behörden und den gesetzgebenden Körperschaften vertreten; auf eine befriedigende Gestaltung der Beziehungen der Krankenkassen zu Ärzten, Apothekern und Krankenanstalten hinwirken; die Öffentlichkeit über seine Bestrebungen unterrichten; eine einheitliche Handhabung der gesetzlichen Bestimmungen fördern; Maßnahmen treffen, welche die Durchführung der Krankenversicherung erleichtern. Der Verband hat auch Muster zu Verträgen mit Ärzten und Apothekern und für die in der Kassenpraxis vorkommenden Anweisungen und ähnliches herausgegeben. In Fragen der Krankenversicherung wie der Reichsversicherung überhaupt (in Arzt-, Apotheker-, Krankenhausangelegenheiten, Rechtsfragen usw.) erteilt er Rat und Auskunft.

Dem Verbande, der sich auf 19 Unterverbände stützt, ist der wesentliche Teil der größeren und mittleren Betriebskrankenkassen und auch ein erheblicher Teil der kleineren Betriebskrankenkassen angeschlossen; er umfaßt zur Zeit etwa 2800 Betriebs- und Knappschaftskassen mit rund 2,1 Millionen Versicherten unter Ausschluß der versicherten Familienangehörigen.

BÜCHER

1 SCHRIFTCHEN, enthaltend Allgemeines über die Betriebskrankenkaſſen ſowie Mitteilungen über die Tätigkeit der Betriebskrankenkaſſenverbände (zur gefl. Mitnahme ausgelegt).

2 DREI JAHRGÄNGE DER VERBANDSZEITSCHRIFT »DIE BETRIEBSKRANKENKASSE«.

9. DER VERBAND RHEINISCH-WESTFÄLISCHER BETRIEBSKRANKENKASSEN (Sitz Eſſen)

iſt der größte Unterverband des Verbandes zur Wahrung der Intereſſen der deutſchen Betriebskrankenkaſſen. Er umfaßt 725 Kaſſen mit rund 760000 verſicherten Perſonen, abgeſehen von den verſicherten Familienangehörigen. Er bezweckt wie die anderen Unterverbände vor allem die Förderung der Verbandskaſſen in den praktiſchen Fragen: Unterſtützung bei Verhandlungen mit Ärzten, Apothekern, Krankenanſtalten uſw.; Begutachtung von Satzungen und Nachträgen hierzu; Unterſtützung bei Ausgeſtaltung der Krankheitsfürſorge und Einrichtungen der Kaſſen (Krankenkontrolle, Rezeptprüfungen und ähnliches); Förderung der einheitlichen Handhabung der geſetzlichen Beſtimmungen und Austauſch der Erfahrungen in der Verwaltungspraxis ſowie Auskunfterteilung; Verſammlung der Kaſſenführer zur Erörterung praktiſcher Fragen der Krankenverſicherung; Wahrnehmung der Intereſſen gegenüber den Armenverwaltungen, Berufsgenoſſenſchaften und Invalidenverſicherungsanſtalten; Anträge an die Behörden; Vorbereitung der Wahlen für die Schiedsgerichte und die Vertretung der Invalidenverſicherungsanſtalten; Äußerungen an den Hauptverband zu beabſichtigten geſetzlichen Maßnahmen und Anregungen zu entſprechenden Anträgen. Die dem Verband angeſchloſſenen örtlichen Vereinigungen von Betriebskrankenkaſſen laſſen ſich insbeſondere eine Förderung der Hygiene angelegen ſein durch Errichtung von Walderholungsſtätten; Organiſation der Krankenpflege, Hauspflege uſw.; Erwirkung von Heilſtätten- und Erholungsſtättenpflege für Verſicherte bei den Verſicherungsanſtalten oder bei ſonſtigen Körperſchaften; durch Förderung der Krankheitsverhütung und Krankheitsvorbeugung, z. B. durch: a) Mitwirkung bei der Bekämpfung des Alkoholismus, der Geſchlechtskrankheiten, der Tuberkuloſe, der Kinderſterblichkeit uſw. durch Verbreitung von einſchlägigen Schriften und Beteiligung an hierauf gerichteten Veranſtaltungen; b) Belehrung durch Vorträge über Fragen der Geſundheit; c) Förderung der Wohnungshygiene und der Wohnungsſtatiſtik; d) Verbeſſerung der öffentlichen Geſundheitspflege.

BÜCHER

GESCHÄFTSBERICHT über die Tätigkeit der Betriebskrankenkaſſenverbände.

10. BETRIEBSKRANKENKASSE FÜR DIE GUSSSTAHLFABRIK DER FIRMA FRIED. KRUPP A. G., ESSEN

Errichtet im Jahre 1884 an Stelle der ſeit 1836 beſtandenen Kruppſchen Kranken- und Sterbekaſſe. 1885 10695 Mitglieder, 1910 35839 Mitglieder. Die Kaſſe erhebt an Beiträgen 4,2 v. H. des Lohnes, ſoweit er 5 Mark für den Arbeitstag nicht überſteigt, wovon die Firma 1/3 und die Mitglieder 2/3 tragen. Sie gewährt: ärztliche Behandlung und Arznei, bei Erwerbsunfähigkeit vom dritten Tage nach dem Tage der Erkrankung ab Krankengeld in Höhe von 60 v. H. des Arbeitsverdienſtes, ſoweit er 5 Mark für den Arbeitstag nicht überſteigt, für jeden Kalendertag, mit Ausnahme des erſten Sonntags nach Beginn der Krankengeldzahlung, Kindergeld als Zuſatzkrankengeld im Betrage von 5 v. H. für jedes Kind unter 15 Jahren bis zu 15 v. H. des für das Krankengeld maßgebenden Lohnes, Krankengeld bei Anſtaltspflege für Mitglieder, die Angehörige zu unterhalten haben, 40 v. H. und für Mitglieder, die ſolche Angehörige nicht haben, 25 v. H. des für das Krankengeld maßgebenden Lohnes. Die Unterſtützungsfriſt endet frühestens mit der 26. und ſpäteſtens mit der 52. Woche; nach der 39. Woche wird jedoch kein Krankengeld gezahlt. Ferner wird gewährt: Erholungshauspflege für Rekonvaleſzenten, Zuſchüſſe zu den Koſten von Bade-, Brunnen- und Luftkuren, freie ärztliche Behandlung für Familienangehörige der Kaſſenmitglieder. Mitgliederſterbegeld wird in Höhe des 30fachen Betrags des für das Krankengeld maßgebenden Lohnes gezahlt, mindeſtens jedoch 40 Mark, Sterbegeld für Ehefrauen 2/3 des Mitgliederſterbegeldes, Kinderſterbegeld für Kinder unter 1 Jahr 10 Mark, über 1 Jahr bis 5 Jahre 20 Mark, über 5 Jahre bis 10 Jahre 30 Mark, über 10 Jahre bis 15 Jahre 35 Mark.

Hierzu kommen als ergänzende Leiſtungen bei Bedürftigkeit aus beſonderen Stiftungen: für verheiratete Erholungshauspfleglinge Zuſchüſſe zum Angehörigenkrankengeld bis zur vollen Höhe des Krankengeldes bei Hauspflege, Barunterſtützungen bei längerer Krankheitsdauer, unentgeltliche Kranken- und Mittagskoſt, Barunterſtützungen bei Krankheit von Familienangehörigen, Zuſchüſſe zu den Krankenhauskoſten für Familienangehörige, Zuſchüſſe zu den Erholungshauskoſten für Familienangehörige, Stellung von Pflegerinnen bei Erkrankungen, Wochenbetten und bei Erholungshauspflege von Frauen.

A. MODELLE UND BILDER

1 Modell, Plan und Photographien der ERHOLUNGSHÄUSER für Kaſſenmitglieder und deren Familienangehörige.

2 KRUPPSCHES KRANKENHAUS.

3 ZAHNKLINIK.

4 HEILBADEANSTALT.

5 VERBANDSTUBEN der Fabrik.

6 KRANKENTRANSPORTWAGEN.

B. STATISTISCH-GRAPHISCHE TAFELN

7 PLASTISCHE DARSTELLUNG der Leiſtungen der Krankenkaſſe pro Kopf des Mitgliedes 1885 bis 1910 durch Zehnpfennigſtücke.

8 GEGENÜBERSTELLUNG DER REGELLEISTUNGEN nach dem Krankenverſicherungsgeſetz und der Leiſtungen der Kruppſchen Krankenkaſſe.

C. BÜCHER

9 BROSCHÜRE über die Entwicklung und Leiſtungen der Kaſſe.

11. BETRIEBSKRANKENKASSE DER FIRMA FRIED. KRUPP A. G. GRUSONWERK MAGDEBURG-BUCKAU

Die Kaſſe wurde im Jahre 1873 gegründet. Sie erhebt Wochenbeiträge in Höhe von $3^1/_2$ v. H. des durchſchnittlichen Tagelohns, welche die Verſicherten zu $^2/_3$ und die Firma zu $^1/_3$ tragen. Die Mitglieder ſind in 5 Lohnklaſſen eingeteilt, entſprechend der Klaſſeneinteilung der Invalidenverſicherung.

Die Kaſſe gewährt freie ärztliche Behandlung, Arznei, Brillen, Bruchbänder und ähnliche Heilmittel und übernimmt in Gemeinſchaft mit der Invalidenverſicherung $^3/_4$ der Koſten für notwendig werdende künſtliche Gebiſſe.

Bei Erwerbsunfähigkeit zahlt die Kaſſe vom erſten Tage nach dem Eintritte der Erkrankung an ein Krankengeld in Höhe der Hälfte des durchſchnittlichen Tagelohns; erforderlichenfalls wird auch freie Kur und Verpflegung in einem Krankenhauſe gewährt, ohne daß den verheirateten Mitgliedern das ſatzungsgemäße Krankengeld geſchmälert wird; dagegen erhalten unverheiratete Mitglieder in ſolchen Fällen nur die Hälfte des Krankengeldes.

Die Kaſſe zahlt ferner einen Zuſchuß (bis zu 10 Mark) zu den Entbindungskoſten der Ehefrauen der Mitglieder, ſofern bei der Entbindung die Hinzuziehung eines Arztes erforderlich wird.

Bei Todesfällen der Mitglieder wird ein Beerdigungskoſtenbeitrag im vierzigfachen Betrage des durchſchnittlichen Tagelohns, und zwar in Höhe von 50 bis 180 Mark, gewährt, bei Todesfällen der Ehefrauen ein ſolcher von 80 Mark und bei Todesfällen der Kinder je nach dem Alter der letzteren ein Beitrag von 10 bis 40 Mark.

Im Falle des Todes eines Mitglieds infolge Betriebsunfalls verzichtet die Kaſſe zugunſten der Hinterbliebenen auf Erſtattung des Begräbnisgeldes durch die Berufsgenoſſenſchaft.

Die Kaſſe zählt zur Zeit 3700 Mitglieder und hat einen Vermögensbeſtand von 160000 Mark. Ihre jährlichen Geſamtleiſtungen betrugen im Durchſchnitte der letzten Jahre 164000 Mark.

Die Zahl der behandelnden Ärzte beträgt zur Zeit 60.

Mitglieder, die ſich nach überſtandener Krankheit in Rekonvaleſzenz befinden, können dem der Firma Fried. Krupp A. G. Gruſonwerk gehörenden Erholungshauſe Margarethenhof in Haſſerode a. H. zur Erholung überwieſen werden.

A. BILDER

1 TAFEL mit Grundriſſen und 4 Photographien des Erholungshauſes Margarethenhof in Wernigerode-Haſſerode a. H.

B. BÜCHER

2 DRUCKSCHRIFT, enthaltend eine kurze Beſchreibung des Erholungshauſes Margarethenhof.

12. BETRIEBSKRANKENKASSE DER CONTINENTAL-CAOUTCHOUC- UND GUTTA-PERCHA-COMPAGNIE HANNOVER.

Gegründet im Jahre 1884 mit 450 Mitgliedern, hat die Kaſſe zur Zeit einen Mitgliederbeſtand von 6200.

Gesamteinnahme 1910 211155,67 Mark, Gesamtausgabe 204695,01 Mark, Reservefonds 183733,25 Mark.

Die Beiträge betragen 3³/₄ v. H. des festgesetzten durchschnittlichen Tagelohns und werden zu ¹/₃ von der Firma und zu ²/₃ von den Mitgliedern aufgebracht.

Die Kasse gewährt den Mitgliedern: für 26 Wochen, in gewissen Fällen bis 39 Wochen, freie ärztliche, fach- und zahnärztliche Behandlung, Arznei und bei Erwerbsunfähigkeit ein Krankengeld in Höhe von 50 v. H. des durchschnittlichen Tagelohns oder an Stelle dieser Leistungen freie Kur oder Verpflegung in einem Krankenhaus oder Erholungsheim. Während der Dauer der Krankenhausverpflegung erhalten die Angehörigen die Hälfte des Krankengeldes; Unverheiratete ¹/₁₀ des durchschnittlichen Tagelohns. Die Wöchnerinnen erhalten auf die Dauer von 6 Wochen eine Unterstützung in Höhe des Krankengeldes und außerdem für die gleiche Dauer eine Stillprämie von wöchentlich 3 Mark durch die Firma. Für den Todesfall gewährt die Kasse ein Sterbegeld im zwanzigfachen Betrage des für die Bemessung des Krankengeldes maßgebenden durchschnittlichen Tagelohns. Eine paritätisch zusammengesetzte Kommission beschließt über besondere Unterstützungen an kranke Mitglieder oder deren Familien.

Die Kasse verfügt über 2 mit allen erforderlichen Apparaten ausgestattete ärztliche Sprechzimmer, 6 für männliche und weibliche Kranke getrennt liegende, helle und freundliche Warteräume sowie über 1 Zahnklinik, 1 Heilmittelausgabe und 1 Massageraum. An der Kasse sind tätig: 2 festangestellte praktische Ärzte, 1 Zahnarzt, 1 geprüfter Heilgehilfe und mehrere im Samariterdienst ausgebildete Männer und Frauen; außerdem steht sie mit 5 Fachärzten in Verbindung.

A. BILDER UND STATISTISCH-GRAPHISCHE DARSTELLUNGEN

1 EIN TABLEAU enthaltend: Photographie eines ärztlichen Sprechzimmers, eines Wartezimmers mit dem Massageraum, des Heilmittellagers, der Zahnklinik und des neben dieser liegenden Spülraumes. — Graphische Darstellung der Erkrankungsfälle nach Alter und Geschlecht, graphische Darstellung der Betriebsunfälle, graphische Darstellung der Häufigkeit und Dauer der Krankheitsarten nach 26 Gruppen geordnet. — Übersicht über die wichtigsten Ausgaben und über die durchschnittlichen Leistungen.

B. BÜCHER

2 GESCHÄFTSBERICHT der Kasse für das Jahr 1910.

3 BERICHT über die Wohlfahrtseinrichtungen der »Continental«.

13. KRANKENKASSE DER AKTIEN-GESELLSCHAFT »PHOENIX«, ABTEILUNG RUHRORT IN DUISBURG-RUHRORT

Gegründet 1862 mit 930 Mitgliedern. Zur Zeit 5361 Mitglieder. Umsatz 1910 289601,06 Mark. Die Kasse erhebt an Beiträgen 3,6 v. H. von dem wirklichen Arbeitsverdienste, soweit derselbe 5 Mark für den Arbeitstag nicht übersteigt; hiervon haben die Kassenmitglieder ²/₃ und der »Phoenix« ¹/₃ zu zahlen.

Die Kaſſe gewährt den Mitgliedern:

1. für 26 Wochen freie ärztliche Behandlung, Arznei, ſowie Brillen, Bruchbänder und ähnliche Heilmittel, welche zur Heilung des Erkrankten oder zur Herſtellung und Erhaltung der Erwerbsfähigkeit erforderlich ſind,
2. im Falle der bis zu 14 Tagen währenden Erwerbsunfähigkeit vom dritten Tage, im Falle der länger dauernden Erwerbsunfähigkeit vom erſten Tage nach dem Tage der Erkrankung ab für jeden Arbeitstag und, inſofern der betreffende Betrieb laufend Sonntags arbeitet, auch für die Sonn- und Feiertage ein Krankengeld in Höhe der Hälfte des wirklichen Arbeitsverdienſtes des Verſicherten, ſoweit er 5 Mark für den Arbeitstag nicht überſteigt, oder an Stelle dieſer Leiſtungen freie Kur und Verpflegung in einem Krankenhaus, einer Klinik uſw. und außerdem während der Dauer der Verpflegung in einer ſolchen Anſtalt den Angehörigen die Hälfte vom Krankengelde; Unverheirateten neben freier Kur und Verpflegung den nach Abzug der Koſten für die Krankenhausverpflegung verbleibenden Reſt des Krankengeldes, mindeſtens aber 10 v. H. desſelben.

Die Kaſſe gewährt ferner den Familienangehörigen der Mitglieder, und dieſe ſind:

a) die Ehefrau oder die an ihrer Stelle den Haushalt führende Tochter, Mutter oder Schweſter des Mitglieds oder ſeiner Ehefrau,
b) die Kinder, auch Stiefkinder, die das 15. Lebensjahr noch nicht vollendet haben und ſich im Haushalte des Mitglieds befinden, jedoch nicht angenommene Kinder,
c) ältere, jedoch gänzlich erwerbsunfähige, im Haushalte des Mitglieds befindliche Kinder, auch Stiefkinder (nicht angenommene Kinder), ſofern dieſe Perſonen nicht ſelbſt einer auf Grund geſetzlicher Vorſchriften errichteten Krankenkaſſe als Mitglieder angehören oder aus auswärtigem Dienſte krank heimgekehrt ſind,
d) Eltern und Schwiegereltern, die ſich im Hauſe des Mitglieds befinden und deren Unterhalt nachweisbar ganz oder größtenteils vom Arbeitsverdienſte des Mitglieds beſtritten wird, ſofern dieſe Perſonen nicht ſelbſt einer auf Grund geſetzlicher Vorſchrift errichteten Krankenkaſſe als Mitglieder angehören oder aus auswärtigem Dienſte krank heimgekehrt ſind,
   1. freie ärztliche Behandlung auf die Dauer von 13 Wochen,
   2. ärztliche Hilfe bei denjenigen Entbindungen der Ehefrauen der Kaſſenmitglieder, bei denen ein Arzt hat zugezogen werden müſſen, und zwar trägt die Kaſſe 4/5 der Koſten, zahlt jedoch höchſtens 15 Mark.
   3. 2/3 der Koſten für Arzneien und Stärkungsmittel, ſowie Brillen, Bruchbänder und ähnliche Heilmittel.

Für den Todesfall eines Mitglieds gewährt die Kaſſe ein Sterbegeld im zwanzigfachen Betrage des für die Bemeſſung des Krankengeldes maßgebenden wirklichen Arbeitsverdienſtes, mindeſtens aber in Höhe von 50 Mark.

Für den durch einen Unfall erfolgten Tod eines Kaſſenmitglieds zahlt die Kaſſe die Hälfte des ſonſt fälligen Sterbegeldes. In ſolchen Fällen zahlen ja die Berufsgenoſſenſchaften noch Sterbegelder.

Beim Tode der Ehefrau eines Mitglieds gewährt die Kaſſe 2/3 des eventuell dem Manne zukommenden Sterbegeldes, höchſtens 66 Mark.

Beim Tode eines zur Familie gehörenden Erwachſenen wird ein Sterbegeld von 18 Mark und beim Tode eines Kindes unter 14 Jahren ein ſolches von 9 Mark gezahlt.

A. BILDER

1 TAFEL, enthaltend 1 Grundriß und 4 Innenaufnahmen der Unfall- und Krankenunterſuchungs-Station. Die Station enthält 2 geräumige Wartezimmer, 2 Sprechzimmer, 1 für Chirurgie und 1 für innere Krankheiten; ferner 1 Unterſuchungszimmer, 1 Sterilisierraum, 1 Vorratsraum, 1 Arbeitsraum, 1 Dunkelraum, 3 Kloſetts ſowie 1 Wohn- und 1 Schlafzimmer für den Aſſiſtenzarzt.

14. KRANKENKASSE DER MASCHINENFABRIK AUGSBURG-NÜRNBERG A. G.

KRANKENKASSE FÜR WERK AUGSBURG

Gegründet 1846. Mitgliederſtand am 1. April 1911 4006 (männliche). Beiträge 3³/₄ v. H. des feſtgeſetzten durchſchnittlichen Tagelohns in 7 Mitgliederklaſſen, wovon die Mitglieder ²/₃ und die Firma ¹/₃ tragen. Leiſtungen auf die Dauer von 26 Wochen, nach ¹/₂jähriger Mitgliedſchaft auf die Dauer eines Jahres: freie ärztliche Behandlung, Arznei und Heilmittel; freie ärztliche Behandlung der nicht ſelbſt verſicherungspflichtigen Familienangehörigen; im Falle der Erwerbsunfähigkeit vom 1. Tage nach dem Tage der Erkrankung ab für jeden Wochentag und, vom 4. Sonntag innerhalb der Krankheitsdauer beginnend, auch für jeden Sonntag ein Krankengeld in Höhe von 50 v. H. des durchſchnittlichen Tagelohns. Bei Verpflegung in einem Krankenhaus oder einer Heilanſtalt erhalten Verheiratete für ihre Angehörigen ³/₄, Unverheiratete ¹/₄ des Krankengeldes. Sterbegelder je nach der Klaſſe: Mitglieder 26 bis 130 Mark, Ehefrauen 36 bis 65 Mark, Kinder unter 14 Jahre 10 bis 20 Mark.

A. BILDER

1 BADEANSTALT, Werk Augsburg.

2 ARBEITERWASCHEINRICHTUNG, Werk Nürnberg.

3 BRAUSEBADEANSTALT, Werk Nürnberg.

4 KRANKENTRANSPORTAUTOMOBIL, Werk Guſtavsburg.

5 ÄRZTLICHES SPRECHZIMMER, Werk Augsburg.

6 SANITÄTSABTEILUNG DER FABRIKFEUERWEHR, Werk Guſtavsburg.

B. STATISTISCH-GRAPHISCHE TAFELN

7 VERMÖGENSSTAND: (Einnahmen und Ausgaben, Reſervefond)

8 ÜBERSICHT ÜBER DIE LEISTUNGEN

9 DARSTELLUNG DER MEHRLEISTUNGEN

} 1901 bis 1910.

15. VERBAND THÜRINGER BETRIEBSKRANKENKASSEN IN GERA

Der Verband iſt gegründet worden am 20. November 1907. Demſelben gehören zur Zeit 83 Betriebskrankenkaſſen mit etwa 44000 Verſicherten an. Zweck des Verbandes iſt die Wahrung und Förderung der gemeinſamen

Interessen der deutschen Betriebskrankenkassen, insbesondere will der Verband die einheitliche Handhabung der gesetzlichen Bestimmungen fördern, auf eine befriedigende Gestaltung der Beziehungen zu Ärzten, Apothekern und Krankenhäusern hinwirken, die Wünsche der Kassen in bezug auf den weiteren Ausbau der Krankenversicherung zur Kenntnis der Behörden und der Volksvertretung bringen und die Öffentlichkeit über seine Bestrebungen unterrichten.

EINE STATISTISCH-GRAPHISCHE TAFEL

darstellend eine Übersicht über die Zahl der dem Verband angehörenden Kassen und über die hauptsächlichsten Geschäftsergebnisse insgesamt und auf den Kopf der Mitglieder, bearbeitet auf Grund der Jahresnachweisungen für 1910. Diese Übersicht soll den Verbandskassen dienen, um Vergleiche zu ziehen zwischen ihren eigenen Ergebnissen und denjenigen, welche den Durchschnitt bei den Kassen bilden, die hinsichtlich des Betriebssitzes und Mitgliederzahl ähnlich gestaltet sind.

16. TEXTIL-BETRIEBS-KRANKENKASSE GERA, REUSS

Gegründet am 1. Dezember 1883 von den vereinigten Firmen der Textilindustrie zu Gera, Reuß. Die Kasse erhebt Wochenbeiträge in der Höhe von $3^1/_2$ v. H. des durchschnittlichen Tagelohns und gewährt ihren Mitgliedern außer den im § 6 des Krankenversicherungsgesetzes vorgesehenen Unterstützungen folgende freiwillige Leistungen: bei Erwerbsunfähigkeit ein um 10 v. H. höheres Krankengeld (55 v. H. vom durchschnittlichen Tagelohn); nach vierwöchiger Erwerbsunfähigkeit Nachzahlung der drei Karenztage; die Hälfte der Kosten für Schwimmbassin- und Wannenbäder, Gesamtkosten für Fluß-, Licht-, Luft- und Sonnenbäder.

Für die im Haushalte der Mitglieder wohnenden Familienangehörigen ohne eigenen Erwerb auf die Dauer von 13 Wochen freie ärztliche Behandlung und im Falle einer Unterbringung in einem Krankenhaus oder einer Heilanstalt einen Beitrag zu den Verpflegungskosten, für Ehefrauen 1,25 Mark für den Tag, für Kinder 0,75 Mark für den Tag. Ferner wird dem Familienoberhaupt eine Unterstützung gewährt: im Falle des Todes seiner Ehefrau der dritte Teil und eines seiner Kinder der vierte Teil des Betrags vom festgesetzten Mitgliedersterbegeld.

EINE STATISTISCH-GRAPHISCHE TAFEL über Mitgliederzahl, Erkrankungen, Beitragseinnahmen, Ausgaben für Krankengelder, Ärztehonorare, Medikamente, Heilmittel, Bäder usw. von der Zeit ihres Bestehens an.

17. BETRIEBSKRANKENKASSE DES »PHOENIX«, AKTIEN-GESELLSCHAFT FÜR BERGBAU UND HÜTTENBETRIEB, ABTEILUNG HÖRDER VEREIN IN HÖRDE

Die Kasse wurde im Jahre 1842 von der damaligen Firma Piepenstock & Co. unter dem Namen »Kranken- und Hülfskasse für die Meister und Arbeiter der Hermannshütte« gegründet. Bei Auflösung der genannten Firma unter gleichzeitiger Gründung der Aktiengesellschaft »Hörder Bergwerks- und Hütten-Verein« wurde der Name der Kasse laut Satzung vom 4. August 1853 umgeändert in »Kranken- und Unterstützungskasse für die Meister und Arbeiter des Hörder Bergwerks- und Hütten-Vereins«. Auf Grund des Reichsgesetzes vom 15. Juni 1883, betreffend die Krankenversicherung der Arbeiter, erfolgte am 1. Januar 1885 die Auflösung der Kasse. In Ausführung der gesetzlichen Bestimmung wurden eine Krankenkasse und außerdem eine Pensionskasse für die Hüttenwerke des Hörder Bergwerks- und Hütten-Vereins geschaffen. Infolge Vereinigung der Aktiengesellschaft »Hörder Bergwerks- und Hütten-Verein« mit dem »Phoenix«, Aktiengesellschaft für Bergbau- und Hüttenbetrieb, erhielt die Kasse am 1. Dezember 1907 den Namen »Krankenkasse des Phoenix, Abteilung Hörder Verein«. Jetziger Mitgliederbestand 6756 Personen. Umsatz 1910 rund 267 000 Mark. Die Beiträge zur Kasse betragen 3 v. H. des Arbeitsverdienstes, soweit dieser 5 Mark für den Arbeitstag nicht übersteigt. 2 v. H. zahlen die Mitglieder und 1 v. H. trägt die Abteilung Hörder Verein. Die Kasse gewährt den Mitgliedern für 26 Wochen freie ärztliche Behandlung, Arznei, Heilmittel u. dgl. und bei Erwerbsunfähigkeit vom dritten Tage nach dem Tage der Erkrankung ab ein tägliches Krankengeld in Höhe der Hälfte des Arbeitsverdienstes, soweit dieser 5 Mark für den Arbeitstag nicht übersteigt. Das Krankengeld ist zahlbar für jeden Kalendertag mit Ausnahme der auf die Wochentage fallenden gesetzlichen Feiertage und des letzten oder einzigen Sonntags der Krankfeierzeit.

An Stelle dieser Leistungen gewährt die Kasse freie Kur und Verpflegung in eigenem Krankenhaus und außerdem während der Dauer der Krankenhausbehandlung den Angehörigen die Hälfte des Krankengeldes.

Im Todesfalle wird ein Sterbegeld im zwanzigfachen Betrage des täglichen Arbeitsverdienstes gezahlt bis zu dem Höchstbetrage von 100 Mark.

Die im Haushalte der Mitglieder wohnenden Familienangehörigen ohne eigenen Erwerb erhalten freie ärztliche Behandlung auf die Dauer von 13 Wochen, $^4/_5$ des Arzthonorars bis zum Höchstbetrage von 12 Mark bei Entbindunegn der Ehefrauen; für die Ehefrau ein Sterbegeld in Höhe von $^2/_3$ des Sterbegeldes für das Mitglied; für die Kinder wird ein Sterbegeld gezahlt von 15 Mark bis zu einem Alter von 2 Jahren, von 25 Mark über 2 bis 6 Jahre alt, von 6 bis 15 Jahren ein solches in Höhe der Hälfte des Sterbegeldes des Mitglieds. Bei Krankenhausbehandlung der Angehörigen wird ein täglicher Zuschuß bis zu 1,25 Mark bei Ehefrauen und bis zu 0,85 Mark für Kinder gezahlt.

BILDER

PHOTOGRAPHISCHE DARSTELLUNGEN des im Bau begriffenen neuen Hüttenhospitals. Operationszimmer und medico-mechanische Abteilung des jetzigen Hüttenhospitals.

18. KRANKENKASSE FÜR DIE FABRIKEN DER FIRMA SCHÄFFER & BUDENBERG G. M. B. H. MAGDEBURG-B.

Gegründet 1883. Durchschnittliche Mitgliederzahl 2698. Der durchschnittliche Tagelohn beträgt für männliche Mitglieder über 16 Jahre 4 Mark, für männliche Mitglieder unter 16 Jahre und für Lehrlinge 1,60 Mark. Beiträge werden erhoben in Höhe von $3^1/_8$ v. H. des durchschnittlichen Tagelohns; davon zahlt $^1/_3$ die Firma.

Die Kaſſe gewährt den Mitgliedern:

1. freie ärztliche Behandlung, Arznei, Brillen, Bruchbänder uſw.,
2. Krankengeld für 26 Wochen in Höhe der Hälfte des durchſchnittlichen Tagelohns für jeden Wochentag oder an Stelle dieſer Leiſtung freie Kur und Verpflegung in einem Krankenhaus, einer Klinik und außerdem während der Dauer des Aufenthalts in ſolchen Anſtalten den Angehörigen, deren Unterhalt er bisher aus ſeinem Arbeitsverdienſte beſtritten hat, die Hälfte des Krankengeldes; Unverheiratete erhalten $^1/_8$ des durchſchnittlichen Tagelohns,
3. Rekonvaleſzentenfürſorge durch Unterbringung in ein Rekonvaleſzentenheim oder durch Zahlung einer Unterſtützung in Höhe des Krankengeldes für die Dauer eines Jahres,
4. Sterbegeld für männliche Mitglieder über 16 Jahre 90 Mark, für männliche Mitglieder unter 16 Jahre und Lehrlinge 36 Mark, für Frauen der Mitglieder 60 Mark, für Kinder der Mitglieder 10 bis 30 Mark (je nach dem Alter),
5. freie ärztliche Behandlung der Familienangehörigen,
6. für Geburtshilfe bei Ehefrauen der Mitglieder Arzthonorar bis 10 Mark für jeden Fall.

MODELLE UND BILDER

1 LOGIERHAUS für Beamte und Familienangehörige in Blankenburg a. H.

2 ERHOLUNGSHEIM für Arbeiter in Blankenburg a. H.

3 BUDENBERGSTIFT für betagte Arbeiter in Magdeburg-B.

4 ARBEITERKÜCHE in Magdeburg-B.

5 MODELL EINES KAFFEEKOCHERS in Magdeburg-B.

6 MODELLE VON BADEEINRICHTUNGEN (Wannenbad — Zellenbad) in Magdeburg-B.

19. KRANKENKASSE FÜR SÄMTLICHE BETRIEBSSTÄTTEN DES AKTIENVEREINS GUTEHOFFNUNGSHÜTTE IN OBERHAUSEN (RHEINLAND)

Die Kaſſe iſt am 1. Januar 1885 an die Stelle eines im Jahre 1862 gegründeten Unterſtützungsvereins der Aufſeher, Meiſter und Arbeiter der Gutehoffnungshütte getreten. Mitgliederzahl am 1. April 1911 10994. Geſamtausgabe im Jahre 1910 543062,27 Mark.

Die Beiträge betragen 3 v. H. des Arbeitsverdienſtes, ſoweit er 5 Mark für den Arbeitstag nicht überſteigt, zwei Drittel zahlt das Kaſſenmitglied, ein Drittel die Arbeitgeberin.

Gewährt werden freie ärztliche Behandlung durch die Kaſſenärzte, freie Arznei, Brillen, Bruchbänder und ähnliche Heilmittel ſowie Krankengeld in Höhe der Hälfte des wirklichen Arbeitsverdienſtes des Verſicherten, ſoweit er 5 Mark für den Arbeitstag nicht überſteigt. Bei Verpflegung des erkrankten Kaſſenmitglieds im Krankenhaus erhalten die Familienangehörigen die Hälfte des Krankengeldes. Erkrankte ledige Kaſſenmitglieder erhalten neben freier Kur und Verpflegung im Krankenhaus ein Krankengeld von 10 v. H. des der Be-

meſſung zugrunde zu legenden wirklichen Arbeitsverdienſtes. Sterbegeld wird im zwanzigfachen Betrage des ermittelten anrechnungsfähigen Arbeitsverdienſtes gewährt.
Die nicht ſelbſt dem Krankenverſicherungszwang unterliegenden Familienangehörigen erhalten, wenn ſie in demſelben Haushalte mit dem Kaſſenmitgliede leben, im Erkrankungsfalle freie ärztliche Behandlung durch den Kaſſenarzt und die Hälfte der Koſten für Arznei und ſonſtige Heilmittel.

A. BILDER

1 ÄRZTLICHE VERBANDSTATION auf Eiſenhütte Oberhauſen.

2 ÄRZTLICHE STATION mit elektriſchem Lichtbad und Apparaten für elektriſche Heilbehandlung auf Eiſenhütte Oberhauſen.

B. STATISTISCH-GRAPHISCHE TAFELN

3 GRAPHISCHE DARSTELLUNG über die Geſamtausgaben der Kaſſe und über Ausgaben auf den Kopf der Verſicherten ſeit 1885.

20. FABRIK-KRANKENKASSE DER AKTIEN-GESELLSCHAFT »WESER«, BREMEN

Die Kaſſe wurde 1872 gegründet, 1885 dem Krankenkaſſengeſetz angepaßt und zählt zur Zeit rund 4000 Mitglieder.
Umſatz der Jahre 1908 bis 1910 durchſchnittlich rund 200000 Mark für das Jahr.
Von den Beiträgen, die $4^1/_2$ v. H. des für die einzelnen Klaſſen feſtgeſetzten Durchſchnittstagelohns betragen, werden $^2/_3$ von den Verſicherten, $^1/_3$ von der Aktien-Geſellſchaft »Weſer« getragen.
Die Kaſſe gewährt: Vom Beginne der Krankheit ab bis zum Ablauf eines Jahres freie ärztliche Behandlung, Arzneien, ſowie Brillen, Bruchbänder und ähnliche Heilmittel; im Falle der Erwerbsunfähigkeit vom erſten Tage nach dem Tage der Erkrankung ab außerdem für jeden Wochentag, mit Ausnahme der Sonntage, ein Krankengeld, und zwar bis zum Ablaufe der 26. Woche nach dem Beginne des Krankengeldbezugs in Höhe von $66^2/_3$ v. H., für die fernere Dauer der Erwerbsunfähigkeit bis zum Ablaufe der 52. Woche in Höhe von $33^1/_3$ v. H. des für die einzelnen Klaſſen feſtgeſetzten Durchſchnittstagelohns oder an Stelle dieſer Leiſtungen freie Kur und Verpflegung in einem Krankenhauſe und außerdem während der Dauer der Verpflegung in einem Krankenhaus den Angehörigen die Hälfte vom Krankengelde. Im Todesfalle wird ein Sterbegeld im Betrage von 50, 100 oder 130 Mark gezahlt.

BILDER

2 PHOTOGRAPHIEN, darſtellend einen Stuhl zum Herausheben von Verletzten und ſonſtigen Kranken aus ſchwer zugänglichen Räumen.

21. BETRIEBSKRANKENKASSE DER FIRMA JOH. C. TECKLENBORG A.-G., SCHIFFSWERFT UND MASCHINENFABRIK, GEESTEMÜNDE

Die Kaſſe wurde im Jahre 1884 gegründet und zählt zur Zeit 1833 Mitglieder.
Die Wochenbeiträge betragen 4 v. H. des durchſchnittlichen Tagelohns.
Die Beiträge werden zu $^2/_3$ von den Kaſſenmitgliedern und zu $^1/_3$ von der Firma getragen.

Leistungen:
1. freie ärztliche Behandlung bei freier Arztwahl,
2. freie Arznei, Brillen, Bruchbänder und ähnliche Vorrichtungen und Heilmittel,
3. im Falle der Erwerbsunfähigkeit vom 3. Tage nach dem Tage der Erkrankung ab für jeden Kalendertag ausschließlich der Sonntage ein Krankengeld in Höhe von $^2/_3$ des durchschnittlichen Tagelohnes der Mitglieder.

Bei einer Erwerbsunfähigkeit von mehr als 14 Tagen wird das Krankengeld vom Tage der Erkrankung ab gezahlt. An Stelle der unter 1 bis 3 genannten Krankenunterstützung kann Kur und Verpflegung im Krankenhause gewährt werden. In diesem Falle erhalten Mitglieder, welche Angehörige zu unterhalten haben, die Hälfte des Krankengeldes, alle übrigen $^1/_8$ des durchschnittlichen Tagelohns. Sterbegeld gewährt die Kasse im dreißigfachen Betrage des für die Bemessung des Krankengeldes maßgebenden durchschnittlichen Tagelohns. Die Dauer der Krankenunterstützung beträgt 26 Wochen. Im Jahre 1910 beliefen sich die gesamten Ausgaben auf 50397,96 Mark = 20,84 Mark für den Krankheitsfall.

BILDER

SANITÄTSSTATION der Firma Joh. C. Tecklenborg A.-G., Schiffswerft und Maschinenfabrik, Geestemünde.

22. BETRIEBSKRANKENKASSE DER NORDDEUTSCHEN WOLLKÄMMEREI & KAMMGARNSPINNEREI, DELMENHORST

Gegründet 1885, zur Zeit 3200 Mitglieder nebst 2800 versicherten Angehörigen. Die Mitglieder sind eingeteilt in 4 Klassen. Klasse I: Mitglieder mit einem Verdienst über 4 Mark, Klasse II: Tagesarbeitsverdienste über 3 bis 4 Mark, Klasse III: Tagesarbeitsverdienste über 2 bis 3 Mark, Klasse IV: Tagesarbeitsverdienste bis zu 2 Mark. Die Kasse erhebt an Beiträgen 3$^3/_4$ v. H. der durchschnittlichen Tagelöhne, wovon $^2/_3$ die Mitglieder und $^1/_3$ die Firma tragen. Die Kasse gewährt den Mitgliedern: für 26 Wochen ununterbrochener Krankheitsdauer freie ärztliche Behandlung, Arznei und Heilmittel, ferner bei Erwerbsunfähigkeit, bei Dauer der Krankheit über 14 Tage, auch für die Sonntage, ein Krankengeld von 50 v. H. des für Klasse I auf 4,70 Mark, für Klasse II auf 3,70 Mark, für Klasse III auf 2,70 Mark, für Klasse IV auf 1,70 Mark festgesetzten Durchschnittslohns oder freie Kur und Verpflegung in Krankenanstalten, Erholungsheimen, Heilstätten, außerdem während der Dauer der Verpflegung in einer Anstalt 50 v. H. des Krankengeldes für die Angehörigen. Wöchnerinnen empfangen bei normalem Verlaufe des Wochenbettes Krankengeld für 6 Wochen. Im Todesfalle wird Sterbegeld gewährt. Sämtliche Angehörige, soweit sie zum größten Teil auf den Verdienst des Mitglieds angewiesen sind, sind durch das Mitglied mitversichert. Gewährt werden für 13 Wochen innerhalb 12 Monaten die gleichen Leistungen wie den Mitgliedern, ausgenommen Krankengeld, ferner Sterbegeld 20 Mark für Personen über 14 Jahre, 10 Mark für Personen unter 14 Jahre.

BÜCHER

JAHRESBERICHT für 1910 zur Auslage.

ZUR VERTEILUNG 10000 Exemplare des Jahresberichts 1910.

23. VERBAND DORTMUNDER BETRIEBS-KRANKENKASSEN ZU DORTMUND

Der Verband Dortmunder Betriebs-Krankenkaſſen iſt im Jahre 1905 als Unterverband des Verbandes rheiniſch-weſtfäliſcher Betriebs-Krankenkaſſen gegründet und umfaßt 13 Betriebskrankenkaſſen mit etwa 17000 Mitgliedern.

A. STATISTISCH-GRAPHISCHE TAFELN

1 Darſtellungen für das Jahr 1909.

2 Darſtellungen für das Jahr 1910.

B. BÜCHER

3 Zuſammenfaſſung der ſtatiſtiſchen und graphiſchen Darſtellungen für die Jahre 1903 bis einſchließlich 1910 mit vorgedrucktem Mitgliederverzeichnis, Zuſammenſtellung der Höhe der Beiträge und Umfang der Leiſtungen der einzelnen Kaſſen.

24. CHEMISCHE FABRIK UND ZINNHÜTTE TH. GOLDSCHMIDT, ESSEN-RUHR

Die Krankenkaſſe der Firma wurde 1896 gegründet. Es gehörten der Kaſſe am 31. Dezember 1910 851 Einzelperſonen und 398 Familien, zuſammen 2176 Perſonen an.

Über die geſetzlichen Beſtimmungen hinausgehend, gewährt die Krankenkaſſe ihren Mitgliedern Krankengeld bereits vom erſten Tage nach dem Eintritte der Erkrankung an, einſchließlich der Sonn- und Feſttage. Mitglieder, die im Krankenhauſe verpflegt werden und keine Angehörigen haben, deren Unterhalt ſie aus ihrem Arbeitsverdienſte beſtreiten, erhalten neben freier Kur und Verpflegung ein Krankengeld in Höhe eines Viertels des wirklichen Arbeitsverdienſtes.

Die Familienangehörigen der Kaſſenmitglieder erhalten freie ärztliche Behandlung durch die Kaſſenärzte, die Hälfte der Koſten von Arzneien und ſonſtigen Heilmitteln und im Falle der Überweiſung in eine Krankenanſtalt 0,75 Mark für Kinder und 1 Mark für Erwachſene auf den Tag als Beihilfe zu den Kur- und Verpflegungskoſten, alles für die Dauer von 18 Wochen. Ehefrauen erhalten im Falle der Schwangerſchaft eine Unterſtützung von 0,90 Mark täglich während 2 Wochen. Bei dem Tode der Ehefrau wird ein Sterbegeld von zwei Dritteln des für das Mitglied feſtgeſtellten Sterbegeldes gewährt, während beim Tode eines Kindes oder Stiefkindes im Alter bis zu 1 Jahr 10 Mark, über 1 bis zu 5 Jahren 15 Mark, über 5 bis zu 10 Jahren 20 Mark, über 10 bis zu 14 Jahren 25 Mark Sterbegeld gewährt wird.

Die Beiträge der Firma zur Krankenkaſſe betrugen 15100,89 Mark.

Das Vermögen der Krankenkaſſe beträgt 33788,77 Mark.

A. MODELLE UND BILDER

1 MODELL DES ERHOLUNGSHEIMS in Niederbredenſcheid bei Hattingen.

2 VERANDA an der Südſeite des Erholungsheims.

3 SCHAUBILD des Erholungsheims.

4 BEAMTENZIMMER im Erholungsheim.

5 HAUPTEINGANG zum Erholungsheim.

6 OBERE DIELE des Erholungsheims.

7 SPEISEDIELE des Erholungsheims.

8 TREPPENHAUS im Obergeschoß des Erholungsheims.

9 SPEISEDIELE des Erholungsheims.

B. BÜCHER

10 WOHLFAHRTSEINRICHTUNGEN der Chemischen Fabrik und Zinnhütte Th. Goldschmidt, Essen-Ruhr. Interessenten der Broschüre belieben ihre genaue Adresse in einer ausgelegten Einzeichnungsliste einzutragen. Die Broschüre wird ihnen alsdann zugesandt.

25. KRANKENKASSE DER RÖCHLING'SCHEN EISEN- UND STAHLWERKE, G. M. B. H. ZU VÖLKLINGEN A. D. SAAR.

Die Krankenkasse ist hervorgegangen aus der bereits im Jahre 1869, also schon 15 Jahre vor dem Inkrafttreten des Krankenversicherungsgesetzes, für die Altenwalder Koksofenanlage gegründeten Kasse. Sie zählt heute etwa 5200 Mitglieder. Im Jahre 1910 betrugen die Einnahmen 558 273,62 Mark, die gesamten Ausgaben 551 909,50 Mark; die reine Jahresausgabe der letzten 3 Jahre betrug im Durchschnitt 305 705,03 Mark.

Die Kasse erhebt seit August 1908 Beiträge in Höhe von 4½ v. H. (vordem 3¼ v. H.) des durchschnittlichen Arbeitsverdienstes ihrer Mitglieder, soweit er 5 Mark für den Arbeitstag nicht übersteigt, und zwar zwei Drittel von den Mitgliedern und ein Drittel von der Gesellschaft.

Die Kasse gewährt den Mitgliedern für 26 Wochen freie ärztliche Behandlung, Arznei und bei Erwerbsunfähigkeit ein Krankengeld in Höhe der Hälfte bzw. von zwei Dritteln des durchschnittlichen, 5 Mark nicht übersteigenden Tagesarbeitsverdienstes. Die Hälfte erhalten Mitglieder, welche der Kasse erst kürzere Zeit angehören; die übrigen Mitglieder vom achten Krankheitstag ab zwei Drittel und für die ersten sieben Krankheitstage die Hälfte des der Berechnung des Krankengeldes zugrunde zu legenden Arbeitsverdienstes. Beim Überschreiten von 28 Krankheitstagen fallen die Karenztage fort. An Stelle der vorgenannten Leistungen gewährt die Kasse gegebenenfalls auch Krankenhausverpflegung, und zwar in eigenem Krankenhaus, einer Klinik, einer Heilstätte, dem Richardstift oder je nach Bedarf in einer sonstigen Krankenanstalt. Während dieser Zeit erhalten verheiratete Mitglieder und solche, die Angehörige unterhalten, ein tägliches Krankengeld in der Höhe der Hälfte des oben bezeichneten Tagelohns, d. h. das volle gesetzliche Krankengeld; ein Viertel des Tagelohns erhalten unverheiratete Mitglieder, welche zum Unterhalte von Angehörigen den größten Teil beitragen, alle übrigen Mitglieder ein Achtel des Tagelohns. An Wöchnerinnen zahlt die Krankenkasse eine bare Unterstützung in der Höhe des vollen Krankengeldes auf die Dauer von 6 Wochen vom Tage ihrer Niederkunft ab. Sterbegeld wird in der Höhe des 40fachen Betrags des Krankengeldes gezahlt bei Kassenmitgliedern; beim Hinscheiden von Familienangehörigen derselben zahlt die

Kasse beim Tode der Ehefrau 50 Mark, beim Tode eines Kindes bis zum Alter von 1 Jahre 15 Mark und bei einem Kinde im Alter von mehr als 1 Jahre bis zum 16. Lebensjahre 30 Mark.

Die Angehörigen der Kassenmitglieder haben in den Sprechstunden der Kassenärzte freie ärztliche Behandlung und genießen ermäßigte Behandlungskosten in den Wohnungen. Die Arzneikosten für die Angehörigen werden zur Hälfte von der Kasse getragen.

Für die Kasse sind in Völklingen und nächster Umgebung 4 beamtete Ärzte tätig, zu deren Gehalt die Firma ganz wesentliche Zuschüsse zahlt. Ferner hat die Kasse einen Zahnarzt fest angestellt, bei welchem die Kassenmitglieder freie Behandlung haben. Die Angehörigen der Kassenmitglieder genießen beim Zahnarzte teilweise freie Behandlung, teilweise solche zu ermäßigten Sätzen. Die Kasse bringt der Zahnpflege ein besonderes Interesse entgegen. Schon beim Eintritte der jugendlichen Arbeiter in die Werksschule beginnt eine systematische zahnärztliche Behandlung und Überwachung derselben. Im Jahre 1910 haben 1388 Kassenmitglieder auf der Station zahnärztliche Hilfe gesucht und gefunden.

Die Kasse steht ferner noch mit Augen- und Ohrenspezialisten sowie für die auswärtigen Mitglieder mit einer ganzen Reihe von auswärtigen Ärzten, bei denen auch die Angehörigen der Kassenmitglieder zum größten Teile in den Sprechstunden freie Behandlung finden, in einem Vertragsverhältnisse.

Die Kasse hat ein eigenes Krankenheus, welches in den Jahren 1897 und 1898 für 42 Betten mit einem Kostenaufwande von 305460 Mark erbaut und in den Jahren 1903/1904, 1907/1908 erweitert wurde. Die Zahl der Betten beträgt heute 178; 166 für Männer und 12 für Frauen, darunter 9 für Kinder. Das Krankenhaus ist mit den neuesten medizinischen Errungenschaften ausgestattet, besitzt ein modern ausgestattetes Röntgenzimmer, eine Niederdruckdampfheizung, eine Dampfkoch-, Dampfwasch- und Dampftrockenanlage. In der chirurgischen Abteilung befinden sich ein Dauerbad für schwere Verbrennungen, im Erdgeschoß die Abteilung zur Anwendung der physikalischen Heilmethode, die Baderäume für römisch-irische und russische Dampfbäder, elektrische und medizinische, Heiß- und Warmluftbäder, Massage- und Inhalationsräume. In der Gartenanlage befindet sich eine Kapelle zur Unterbringung und Einsegnung der Verstorbenen nebst Sezierraum.

Eine Stiftung der Frau Geheimrat Carl Röchling gestattet Gewährung außerordentlicher Zuschüsse zum Krankengelde, ferner von Verpflegung Angehöriger von Kassenmitgliedern im Krankenhause, von Badekuren für Kinder von Kassenmitgliedern u. dgl.

Das Siechen- und Altersheim »Richardstift« ist ein Vermächtnis des verstorbenen Herrn Dr. Richard Röchling für Invalide und Rekonvaleszente. In demselben werden zur Zeit 34 Kassenangehörige verpflegt. Zu den Unterhaltungskosten dieses Heims trägt die Krankenkasse die Hälfte bei, während die andere Hälfte von den Röchling'schen Eisen- und Stahlwerken getragen wird. Die Kasse ist somit in der Lage, Kranke, welche in der Genesung begriffen noch nicht arbeitsfähig sind, indessen einer intensiven ärztlichen Behandlung nicht mehr bedürfen, dem Stifte überweisen zu können, eine sehr willkommene Entlastung des manchmal stark belegten Krankenhauses.

Neben in den einzelnen Betrieben der Werke vorhandenen Gelegenheiten zur Anlegung des ersten Notverbandes und Rettungsstationen mit Sauerstoffbehandlung für Gasvergiftungen, unterhält die Krankenkasse auf dem Werke eine Arzt- und Verbandstation, auf welcher ständig ein geprüfter Heilgehilfe

Dienst hat, und zwar mit Ablösung Tag und Nacht, so daß stets sachgemäße Hilfe vorhanden ist. Die Station ist dem Fernsprechnetz angeschlossen, hat demnach sowohl mit den Ärzten als auch mit dem Krankenhause Verbindung. Es hält in ihr ein Kassenarzt täglich Sprechstunde ab, um den auf dem Werke tätigen Leuten, welche ihre Arbeit nicht verlassen wollen und ambulant behandelt werden, die ärztliche Hilfe zu leisten. Ebenso hält in ihr täglich der Zahnarzt Sprechstunde ab. Außer ihr besteht noch eine zweite Station, jedoch nur für ärztliche Sprechstunden.
Zum Transport von Kranken und Verletzten vom Werke nach dem Krankenhaus oder zur Wohnung sind fünf kleinere Wagen vorhanden. Ein Teil derselben läuft auf Schienen. Außerdem steht ein größerer Krankentransportwagen mit Pferdebetrieb in Landauerart, für eine Tragbahre und für zwei Krankenwärter gebaut, zur Verfügung, der in unauffälliger Weise die Kranken von ihrer Wohnung ins Krankenhaus überführen kann.

A. BILDER

1 1. Altes Krankenhaus. 2. Erweiterungsbau. 3. Frontansicht der gesamten Anlagen. 4. Rückansicht der gesamten Anlagen.

2 1. Ein Krankensaal. 2. Veranda. 3. Aufenthaltsraum. 4. Teeküche.

3 1. Verbandzimmer. 2. Operationssaal. 3. Medikomechanisches Übungszimmer. 4. Wartezimmer.

4 1. Bade- und Duschraum. 2. Elektrisches Lichtbad. 3. Heißluft- und Sandbäder.

5 1. Kochküche. 2. Waschküche. 3. Trocken- und Mangelraum. 4. Kapelle.

6 1. Richardstift, Invalidenheim. 2. Veranda desselben. 3. Arzt- und Verbandzimmer einer Station im Werke. 4. Kranken- und Verletztentransportwagen.

B. ÜBERSICHT DER EINNAHMEN UND AUSGABEN für die Jahre 1885 bis 1910.

26. STAATLICHE BETRIEBSKRANKENKASSE FÜR DAS GROSSHERZOGTUM HESSEN IN DARMSTADT

Am 1. April 1900 zuerst für den Bereich des Großherzoglichen Ministeriums der Finanzen errichtet, seit 1. April 1907 alle Staatsbetriebe umfassend. 6813 Mitglieder.
Krankenversicherungspflichtig sind gemäß § 2a des Krankenversicherungsgesetzes auch alle bei Behörden und Staatsbetrieben gegen Lohn oder Gehalt beschäftigten, nicht angestellten Personen, insofern diese Personen nach der Art ihrer Beschäftigung bei staatlichen Behörden und Betriebsverwaltungen als versicherungspflichtig erachtet werden müssen und diese Beschäftigung nicht durch die Natur ihres Gegenstandes oder im voraus durch den Arbeitsvertrag auf einen Zeitraum von weniger als einer Woche beschränkt ist. Die Kasse erhebt Wochenbeiträge in der Höhe von $3^1/_2$ v. H. des durchschnittlichen Tagelohns, welche die Versicherten zu $^2/_3$ und der Arbeitgeber zu $^1/_3$ tragen. Die Kasse gewährt den Mitgliedern für 26 Wochen freie ärztliche Behandlung, Arznei und sonstige Heilmittel bis zum Betrage von 40 Mark und bei Erwerbsunfähigkeit ein Krankengeld in der Höhe von 50 v. H. des durchschnittlichen Tagelohns vom Tage nach der Erkrankung ab und für die auf die Wochentage fallenden Feiertage, ohne Kürzung bei Überversicherung,

bei vorſätzlicher Zuziehung der Krankheit oder bei Zuziehung infolge ſchuldhafter Beteiligung an Schlägereien oder Raufhändeln oder Trunkenheit; oder an Stelle dieſer Leiſtungen freie Kur und Verpflegung in einem Krankenhaus, einer Klinik, einem Rekonvaleſzentenheim oder Heilſtätte und außerdem während der Dauer der Verpflegung in einer ſolchen Anſtalt den Angehörigen 3/4 des Krankengeldes.

Schwangeren Mitgliedern wird freie ärztliche Behandlung der Schwangerſchaftsbeſchwerden gewährt. Wöchnerinnen erhalten 3/4 des durchſchnittlichen Tagelohns auf die Dauer von 6 Wochen ſowie freie Hebammendienſte. Im Todesfalle wird ein Sterbegeld im 20fachen Betrage des Tagelohns, mindeſtens jedoch 50 bis 100 Mark gewährt. Rekonvaleſzentenfürſorge wird gewährt bis zur Dauer eines Jahres nach Beendigung der Krankenunterſtützung, ebenſo Aufnahme in Walderholungsſtätten gegen Abzug von 20 v. H. des Krankengeldes.

Den im Haushalte der Mitglieder lebenden, nicht krankenverſicherungspflichtigen Ehefrauen und Kindern bis zu 6 Jahren ſteht nach 42tägiger ununterbrochener Karenzzeit zu: für 13 Wochen freie ärztliche Behandlung, Arznei und ſonſtige Heilmittel bis zu 40 Mark oder an deren Stelle Krankenhausverpflegung, Aufnahme in eine Heilſtätte oder in ein Erholungsheim, außerdem für Ehefrauen ein Sterbegeld von 25 bis 50 Mark, für Kinder bis zu 6 Jahren 10 bis 20 Mark, für Kinder über 6 Jahre 12,50 bis 25 Mark.
Bei der Kaſſe iſt ſeit ihrer Gründung freie Arztwahl für alle an der Kaſſenbehandlung teilnehmenden Ärzte ſowie Bezahlung nach Einzelleiſtungen eingeführt.

A. STATISTISCH-GRAPHISCHE TAFELN

GRAPHISCHE DARSTELLUNGEN über die Bewegung der Pflichtmitglieder (nach den Geſchlechtern getrennt) nach den verſchiedenen Lohnklaſſen für die Zeit vom 1. Januar 1901 bis 1. Januar 1911 ſowie über Einnahmen und Ausgaben für Krankenunterſtützung, für Pflichtmitglieder und freiwillige Mitglieder getrennt, für die Jahre 1904 bis 1910.

B. BÜCHER

AMTSBLÄTTER der Miniſterien, Rundſchreiben der Kaſſe und Geſchäftsberichte für die Jahre 1901 bis 1909, woraus die Organiſation und Entwicklung der Kaſſe, deren Wirkungskreis ſich auf das Gebiet des Großherzogtums Heſſen mit 1227 Orten und einzelnen Wohnplätzen erſtreckt, erſichtlich iſt.

27. KRANKENKASSE DER VEREINIGTEN UHRENFABRIKEN VON GEBRÜDER JUNGHANS U. THOMAS HALLER AKTIEN-GESELLSCHAFT I. SCHRAMBERG I. WÜRTTEMBERG

Die Kaſſe hat 2239 Mitglieder. Unter den ſieben am Ort anweſenden Ärzten beſteht freie Arztwahl. Familienverſicherung beſteht nicht. Schulkinder haben am Mittwoch und Samstag freien Zutritt zur Badeeinrichtung. Die Kaſſe iſt im Jahre 1884 gegründet worden.

BILDER

1 bis 4 PHOTOGRAPHIEN und Grundriß der Badeeinrichtung.

28. KRANKENKASSE DER RÖCHLING'SCHEN EISEN- UND STAHLWERKE G. M. B. H. ABTEILUNGEN GEWERKSCHAFT RÖCHLING UND CARLSHÜTTE IN ALGRINGEN

Gründung am Schlusse des Jahres 1884. Bis 1897 waren nur die Mitglieder der Abteilung Gewerkschaft Röchling der Krankenkasse zugeteilt. Im Jahre 1898 erfolgte die Zuweisung der Mitglieder der Abteilung Carlshütte.
Die Kasse erhebt Beiträge in der Höhe von 3 v. H. des ermittelten wirklichen Arbeitsverdienstes, soweit derselbe 5 Mark für den Arbeitstag nicht übersteigt. Die Beiträge tragen zu zwei Dritteln die Versicherten und zu einem Drittel die Arbeitgeber.
Die Kasse gewährt den Mitgliedern für 26 Wochen vom Beginne der Krankheit ab freie ärztliche Behandlung durch den Kassenarzt, freie Arznei sowie Brillen und ähnliche Heilmittel nach Verordnung des Kassenarztes. Im Falle der Erwerbsunfähigkeit gewährt die Kasse vom dritten Tage der Erkrankung ab für jeden Arbeitstag ein Krankengeld in Höhe der Hälfte des wirklichen Arbeitsverdienstes des Versicherten, soweit derselbe 5 Mark für den Arbeitstag nicht übersteigt. Das Krankengeld ist nach Ablauf jeder Woche zahlbar. An Stelle dieser Leistungen kann der Vorstand freie Kur und Verpflegung in einem Krankenhause treten lassen.
Die nicht selbst dem Krankenversicherungszwang unterliegenden Familienangehörigen der Kassenmitglieder erhalten im Erkrankungsfalle bis zum Ablaufe der 26. Woche nach Beginn der Krankheit freie ärztliche Behandlung, außerdem übernimmt die Kasse die Hälfte der Arzneikosten, welche den Mitgliedern für ihre Angehörigen erwachsen. Auf Krankenhausbehandlung haben die Angehörigen keinen Anspruch. Der Vorstand kann jedoch einen Beitrag zu den Krankenhauskosten bewilligen. Neben der freien Kur und Verpflegung der Kassenmitglieder in Krankenhäusern zahlt die Kasse die Hälfte oder ein Viertel des Krankengeldes, wenn von den Mitgliedern der Unterhalt von Angehörigen aus ihrem Arbeitsverdienste ganz oder größtenteils oder nur zu einem geringen Teile bestritten worden ist.

BILDER

Bilder, darstellend den Vorraum sowie das ärztliche Untersuchungszimmer mit chirurgischen und medikomechanischen Apparaten der Abteilung Carlshütte b. Diedenhofen.

29. BETRIEBSKRANKENKASSE DER KÖNIGLICHEN PORZELLAN-MANUFAKTUR IN MEISSEN

Die Kasse wurde im Jahre 1884 mit 640 Mitgliedern gegründet. Zur Zeit beträgt die Mitgliederzahl 716. Die Ausgaben beliefen sich auf 27 270 Mark im Jahre 1910. Als Beiträge werden $3^1/_2$ v. H. von den festgesetzten Tagesverdiensten erhoben und vom Arbeitgeber und den Arbeitnehmern je zur Hälfte getragen. Die Kasse gewährt den Mitgliedern freie ärztliche Behandlung, freie Arznei, Brillen, Bruchbänder vom Tage der Erkrankung ab auf die Dauer von 12 Monaten, sowie Zahnplomben, Beihilfen zu künstlichen Gebissen usw. Als Krankenunterstützung werden 75 v. H. der festgesetzten Tagesverdienste 26 Wochen lang gezahlt. Bei Erholungskuren in Kurorten (wie z. B. im eigenen Genesungsheim in Bärenfels) erhöht sich die Krankenunterſtützung um 50 v. H. auf die Dauer von 6 Wochen. Angehörigenunterſtützung gewährt die Kaſſe in Höhe von 75 v. H. der Krankenunterſtützung, wenn ein Kaſſenmitglied bei freier Kur und Verpflegung in einem Krankenhaus oder einer Klinik untergebracht iſt. Sterbegelder zahlt die Kaſſe für verſtorbene Mitglieder und deren Angehörige je 15 bis 80 Mark. Außer der Betriebskrankenkaſſe beſtehen noch einige Krankenhilfskaſſen, welche im Falle der Erwerbsunfähigkeit noch weſentliche Zuſchüſſe zum Krankengelde gewähren.

BILDER

PHOTOGRAPHIEN des Geneſungsheims in Bärenfelde.

30. BETRIEBSKRANKENKASSEN DER PORTLAND-CEMENTWERKE HEIDELBERG UND MANNHEIM, ACTIENGESELLSCHAFT IN HEIDELBERG

3 KASSEN DER WERKE: LEIMEN, WEISENAU UND NÜRTINGEN.

Gegründet 1884; gegenwärtige Geſamtzahl der Mitglieder etwa 1600. WERK LEIMEN: Anfängliche Mitgliederzahl 242, gegenwärtige 724, Beiträge 4 v. H. (Verſicherte zwei Drittel, Arbeitgeber ein Drittel). Unterſtützungsdauer 26 Wochen. Krankengeld vom dritten Tage nach Eintritt der Erwerbsunfähigkeit 50 v. H. des wirklichen Arbeitsverdienſtes, ſoweit derſelbe 5 Mark für den Arbeitstag nicht überſteigt, außerdem freie ärztliche Behandlung, freie Arznei, oder an Stelle dieſer Leiſtungen freie Kur und Verpflegung in einem Krankenhaus, einer Klinik, einer Heilanſtalt oder einem Rekonvaleſzentenheim. Während der Dauer ſolcher Verpflegungen den Angehörigen die Hälfte, Unverheirateten ein Viertel vom Krankengelde. Weibliche Mitglieder erhalten im Falle der Entbindung eine Wöchnerinnenunterſtützung auf die Dauer von 6 Wochen nach ihrer Niederkunft in Höhe des Krankengeldes. Sterbegeld: Im Todesfalle gewährt die Kaſſe den Mitgliedern ein Sterbegeld im zwanzigfachen Betrage des wirklichen Arbeitsverdienſtes bis zum Höchſtbetrage von 100 Mark, mindeſtens aber 50 Mark. Den Familienangehörigen ohne eigenen Erwerb der der Kaſſe mindeſtens 1 Jahr ununterbrochen angehörenden Mitglieder gewährt die Kaſſe für 26 Wochen freie ärztliche Behandlung und Arzneien. Iſt Unterbringung in einem Krankenhauſe nötig, trägt die Kaſſe 25 v. H., iſt fachärztliche Behandlung erforderlich, trägt die Kaſſe die Hälfte dieſer Koſten. Für Ehefrauen gewährt die Kaſſe ein Sterbegeld von zwei Dritteln, für Kinder von 14 bis 16 Jahren von der Hälfte, für Kinder von 6 bis 14 Jahren von drei Achteln und für Kinder unter 6 Jahren von einem Viertel des für das Mitglied feſtgeſetzten Sterbegeldes. Stand des Vermögens der Kaſſe (Werk Leimen): Ende 1910 85 320,01 Mark, und zwar Reſervefond 53 313,15 Mark, Betriebsfond 32 006,86 Mark. Außerdem hat die Firma einen Unterſtützungsfond geſtiftet. Stand desſelben Ende 1910 224 000 Mark. Zuwachs erhält derſelbe durch 4½ v. H. Verzinſung durch die Firma und die erzielten Überſchüſſe der Werkkantinen. Aus dieſem Fond werden durch die Firma unterſtützt: 1. Unfallverletzte, 2. die Familienangehörigen im Falle der Unterbringung eines Mitglieds in einem Krankenhauſe, 3. invalide Arbeiter, 4. hilfsbedürftige Witwen ehemaligen Werkperſonals. Gegenwärtige Geſamtunterſtützungen (Jahr 1910) 25 479,30 Mark. Werk Leimen beſonders 13 757,84 Mark. Höhe der Unterſtützungen 10 bis 20 Mark für den Monat.

Rekonvaleſzentenfürſorge: Die Firma zahlt auf ihre Koſten entſprechende Beiträge zum Verein »Geneſungsfürſorge (Großherzog-Friedrich-Jubiläumsſpende)« und ermöglicht ſomit rekonvaleſzenten Krankenkaſſenmitgliedern, wenn nötig, Unterkunft in den betreffenden Geneſungsheimen.

Arbeiterwohnhäuſer: Die Firma baute auf ihren Werken eine Anzahl ſchöner, geſunder Arbeiterwohnhäuſer. Weitere Neubauten ſtehen bevor. Miete ſehr mäßig oder gänzlich frei, je nach Vereinbarung. Das nötige Acker- und Gartenland wird unentgeltlich abgegeben.

Badeeinrichtungen: In Leimen iſt ein ſchönes Schwimmbad mit geräumigem Baſſin für Schwimmer und Nichtſchwimmer, außerdem Wannen- und Brauſebäder für das Werkperſonal und deren Familienangehörigen unentgeltlich eingerichtet.

BILDER, verſchiedene Wohlfahrtseinrichtungen darſtellend.

31. KRANKENKASSE FÜR DIE BETRIEBE DER ACCUMULATOREN-FABRIK AKTIENGESELLSCHAFT UND IHRER TOCHTERGESELLSCHAFTEN HAGEN I. W.

Die Kaſſe wurde 1889 mit Gültigkeit ab 1. Januar 1890 mit 276 Mitgliedern gegründet. 1910 hatte die Kaſſe 2686 Mitglieder mit einer Jahresausgabe von rund 140 000 Mark.

Alle Arbeiter und Angeſtellten des Hauptbetriebs der Accumulatoren-Fabrik Aktiengeſellſchaft in Hagen, die Arbeiter und Angeſtellten der auswärtigen Nebenbetriebe und die in über 30 Ingenieur- und Abteilungsbureaus beſchäftigten Perſonen ſind in der Kaſſe verſichert. Der Sitʒ der Kaſſe iſt in Hagen.

Neben den geſetʒlichen Mindeſt- bzw. Pflichtleiſtungen hat die Kaſſe von Anfang an freiwillige Leiſtungen für die Mitglieder und Familienangehörigen allgemein ohne jeden Zuſatʒbeitrag eingeführt.

Der Kaſſenbeitrag iſt mit 4 v. H. des durchſchnittlichen Tagelohns feſtgeſetʒt. Zwei Drittel des Beitrags werden von den Mitgliedern erhoben, ein Drittel von der Fabrik bezahlt.

Leiſtungen an Mitglieder ſind:

1. freie ärztliche Behandlung, wenn erforderlich fachärztliche Behandlung,
2. freie Arznei und Heilmittel,
3. Krankengeld für 26 Wochen, mit der Hälfte des durchſchnittlichen Tagelohns, bei Betriebsunfällen vom erſten Tage ab.
4. an Stelle der Leiſtungen zu 1 bis 3, wenn erforderlich, freie Kur und Verpflegung in einem Krankenhaus, einer Klinik oder einer ſonſtigen Anſtalt mit Gewährung des halben Krankengeldes für die Familenangehörigen.

Erwerbsunfähigen Mitgliedern kann Aufenthalt und freie Kur in einer Heilſtätte unter Fortzahlung des halben Familienkrankengelds gewährt werden.

Wöchnerinnen erhalten neben freier ärztlicher Behandlung und Arznei uſw. eine Wöchnerinnenunterſtütʒung in Höhe des Krankengeldes auf die Dauer von 6 Wochen, wenn erforderlich, auch für längere Zeit.

An Sterbegeld zahlt die Kaſſe allen Mitgliedern den zwanzigfachen Betrag des durchſchnittlichen Tagelohns, je nach der Beitragsklaſſe des Mitglieds im Betrage von 24 bis 100 Mark.

Alle im Haushalte des Mitglieds lebenden Angehörigen (Kinder bis zum vollendeten 14. Lebensjahre) eventuell Eltern, Geschwister und die an Stelle der Hausfrau wirkende großjährige Tochter oder Schwester erhalten

a) freie ärztliche Behandlung bis zur Dauer von 13 Wochen, wenn erforderlich, auch fachärztliche Behandlung,

b) vollständig freie Arznei,

c) an Stelle der Leistungen von a und b freie Kur und Verpflegung in einem Krankenhaus, einer Klinik oder einer Heilstätte usw. auf die Dauer bis zu 6 Wochen.

In Todesfällen von Ehefrauen wird die Hälfte (32 bis 50 Mark), von Kindern über 10 Jahren ein Viertel (16 bis 25 Mark) des Mitgliedersterbegeldes und von Kindern unter 10 Jahren 10 Mark Sterbegeld gewährt. Notwendige Leistungen, die über den Rahmen der Unterstützung der Kasse hinausgehen, werden von der Firma getragen, die auch den Angehörigen, besonders den Kindern, aus freier Entschließung Solbäder oder sonstige Anstaltspflege und Heilmittel gewährt.

STATISTISCH-GRAPHISCHE TAFELN

1 Mitgliederbewegung von 1890 bis 1909.

2 Die gesamten Kassenleistungen:
a) pflichtmäßige Ausgaben für die Kassenmitglieder,
b) freiwillige Ausgaben für die Familienangehörigen.

3 Wohlfahrtsaufwendungen der Accumulatoren-Fabrik Aktiengesellschaft für Solbadkuren usw.

UNFALLVERSICHERUNG

A. GEWERBLICHE BERUFSGENOSSEN-SCHAFTEN

Bearbeiter: Profeſſor Dr. KRAEMER, Vorſitzender der Berufsgenoſſenſchaft der chemiſchen Induſtrie, nichtſtändiges Mitglied des Reichs-Verſicherungsamts.

Die gewerblichen Berufsgenoſſenſchaften ſind ins Leben gerufen durch das Reichsgeſetz vom 6. Juli 1884. Sie bilden eine ſtaatliche, auf Gegenſeitigkeit der Betriebsunternehmer beruhende Zwangsverſicherung und haben den doppelten Zweck, die Arbeiter gegen Unfälle bei der Ausübung ihres Berufs nach Möglichkeit zu ſchützen und ihnen den aus ſolchen Unfällen erwachſenden wirtſchaftlichen Schaden zu erſetzen. Jede der zur Zeit beſtehenden 66 gewerblichen Berufsgenoſſenſchaften umfaßt einen beſtimmten Zweig der Induſtrie oder des Handwerkes, und zwar entweder innerhalb des geſamten Reichsgebiets oder innerhalb eines Teiles desſelben. Über das ganze Reichsgebiet erſtreckt ſich der Wirkungskreis von 30 gewerblichen Berufsgenoſſenſchaften, während die übrigen 36 räumlich begrenzte Reichsgebiete umfaſſen. In den gewerblichen Berufsgenoſſenſchaften waren im Jahre 1909 715953 Betriebe verſichert, welche durchſchnittlich 9003908 Perſonen beſchäftigt hatten.

Die Berufsgenoſſenſchaften genießen unter der Aufſicht des Reichs volle Selbſtverwaltung, die durch von ihnen ſelbſt erlaſſene Satzungen geregelt iſt. Zum Zwecke der Herbeiführung einer Dezentraliſation der Verwaltung kann eine Zerlegung der Berufsgenoſſenſchaften in einzelne Sektionen erfolgen. Zur Zeit beſtehen 322 ſolcher Sektionen.

Die Verwaltung wird durch den Genoſſenſchaftsvorſtand geführt, ſoweit nicht einzelne Geſchäfte durch Geſetz oder Satzung anderen Organen der Berufsgenoſſenſchaft vorbehalten ſind. Die Mitglieder des Vorſtandes ſind im Ehrenamte tätig und haften der Genoſſenſchaft für ihre Geſchäftsverwaltung nach denſelben Rechtsgrundſätzen wie der Vormund ſeinem Mündel.

Gegenſtand der Verſicherung iſt der Erſatz des Schadens, welchen die verſicherten Perſonen, zu denen außer den Arbeitern auch ein Betriebsbeamter gehört, infolge eines Unfalls beim Betriebe durch Körperverletzung oder Tötung erleiden, und zwar ohne Rückſicht darauf, ob der Unfall durch Zufall oder durch ein Verſchulden des Verletzten oder eines Dritten herbeigeführt iſt. Die Entſchädigung umfaßt folgende regelmäßige Leiſtungen:

1. Bei Verletzungen vom Beginne der 14. Woche nach Eintritt des Unfalls freie ärztliche Behandlung nebſt den erforderlichen Heil- und Hilfsmitteln und eine für die Dauer der Erwerbsunfähigkeit zu gewährende Rente.
2. Bei Tötungen ein Sterbegeld und eine an die Hinterbliebenen zu zahlende Rente.

Die Entſchädigung wird von der Berufsgenoſſenſchaft feſtgeſtellt; dieſe Feſtſtellungen ſind durch Rechtsmittel nachprüfbar (Berufung an das Schiedsgericht für Arbeiterverſicherung, Rekurs an das Reichs- (Landes-) Verſicherungsamt).

Auf Grund dieſer geſetzlichen Verpflichtung ſind von den gewerblichen Berufsgenoſſenſchaften im Jahre 1909 114204886 Mark Entſchädigungsbeträge gezahlt worden. Die Verwaltungskoſten beliefen ſich auf 11084143 Mark.

Um den Berufsgenoſſenſchaften die Erfüllung ihrer nicht minder wichtigen Aufgabe zu ermöglichen, nämlich Unfälle in den Betrieben nach Tunlichkeit abzuwenden, ist ihnen die Befugnis erteilt, Vorschriften über die von den Mitgliedern in ihren Betrieben zur Vermeidung von Unfällen zu treffenden Einrichtungen und Anordnungen sowie über das Verhalten der Versicherten in den Betrieben zu erlassen. Zuwiderhandlungen der Arbeitgeber und Arbeitnehmer werden mit Strafe geahndet.

Von der Befugnis, derartige Vorschriften zu erlassen, haben die Berufsgenossenschaften in ausgedehntem Maße Gebrauch gemacht. Hierbei ist ihnen die besondere Sachkenntnis und Erfahrung ihrer Mitglieder in den von ihnen vertretenen Industriezweigen sehr zustatten gekommen, welche diese befähigt, die Zweckmäßigkeit, Notwendigkeit und Durchführbarkeit bestimmter Unfallverhütungsvorschriften zutreffend zu beurteilen und sie den Fortschritten in Industrie und Technik so rasch wie möglich anzupassen.

Die Durchführung und Befolgung dieser Vorschriften wird dauernd durch technische Aufsichtsbeamte der Berufsgenossenschaften, gegenwärtig 363 an der Zahl, überwacht.

Die Lasten der gewerblichen Unfallversicherung werden unmittelbar nur von den Arbeitgebern getragen. Mittelbar tragen die Arbeiter zu ihnen insofern bei, als sie zu den Krankenkassen, denen die Fürsorge für Verletzte während der ersten 13 Wochen nach dem Unfalle obliegt, neben den Unternehmern Beiträge leisten. An der Verwaltung der Berufsgenossenschaften sind die Arbeiter insofern beteiligt, als sie bei dem Erlasse von Unfallverhütungsvorschriften mitzuwirken haben.

Die Unternehmer haben zu den Kosten der Versicherung, die im Wege des Umlageverfahrens von ihnen eingezogen werden, nach dem Verhältnisse desjenigen Risikos beizusteuern, mit welchem sie die Berufsgenossenschaft belasten. Dieses Risiko wird durch Einschätzung zu den verschiedenen Gefahrenklassen des von der Genossenschaftsversammlung aufzustellenden Gefahrentarifs und nach der Höhe der gezahlten Löhne festgestellt.

Die Auszahlung der Entschädigungen an die Rentenempfänger erfolgt durch die Post.

Wenn für den Erlaß der sozialen Gesetzgebung auch der Gedanke mitbestimmend gewesen ist, die Arbeitnehmer wieder zufriedener mit ihrem Lose zu machen und sie in ihren Arbeitsstätten wieder heimischer werden zu lassen, so muß man zugestehen, daß hiervon einstweilen noch wenig wahrzunehmen ist. Die Versöhnung von Arbeiter und Unternehmertum muß einer späteren Zeit vorbehalten bleiben, wo wachsende Bildung und Einsicht ein besseres Verständnis dafür erzielen werden, daß die Glieder ohne Haupt nicht bestehen können. Dagegen ist der weiter noch erhoffte Erfolg nicht ausgeblieben. Deutschland dankt in der Tat einen Teil der Blüte seiner Industrie auch der erzieherischen Wirkung der sozialen Gesetzgebung. Die vermehrte Berührung der Versicherungsträger untereinander hat den früher rücksichtslos betriebenen Konkurrenzkampf erheblich abgeschwächt. Es ist nicht mehr zulässig, seinem Nachbar, mit dem man soeben erst um denselben Tisch gesessen hat, um mit Ernst und Eifer über Fragen der Unfallversicherung zu beraten, dadurch beschwerlich zu fallen, daß man ihm seine Arbeiter abspenstig macht oder sich widerrechtlich seine Arbeitsmethoden aneignet. Man steht lehrend und lernend einander gegenüber, und da verschlägt es nicht, dem schwächeren Genossen auch einmal die Hand zu reichen und ihm in seinem Streben beratend zur Seite zu stehen. Man beginnt sich verantwortlich zu fühlen auch für die Blüte des Gewerbes, dem man angehört.

Darum soll man auch die gewiß recht erheblichen Opfer, welche die soziale Gesetzgebung der deutschen Industrie auferlegt hat, nicht beklagen; sie tragen genügend gute Früchte, die auch in Zukunft eine reichliche Ernte erwarten lassen.

32. VERBAND DER DEUTSCHEN BERUFSGENOSSENSCHAFTEN

Der Verband, welchem ſämtliche gewerblichen Berufsgenoſſenſchaften angehören, hat ſeinen Siƫ in Berlin. Er hat den Zweck, eine Vereinigung für den Meinungsaustauſch der Berufsgenoſſenſchaften ſowie für den perſönlichen Verkehr der Genoſſenſchaftsmitglieder zu bilden und die gemeinſamen Angelegenheiten der Berufsgenoſſenſchaften auf den ihnen geſeƫlich zugewieſenen oder künftig zuzuweiſenden Gebieten zu fördern.
Dieſer Zweck ſoll erreicht werden durch Verſammlungen (Berufsgenoſſenſchaftstage), welche alljährlich abgehalten werden, durch Herausgabe der Halbmonatsſchrift »Die Berufsgenoſſenſchaft«, die in Berlin erſcheint, durch andere periodiſch erſcheinende Veröffentlichungen und durch ſonſtige gemeinſam zu unternehmende Schritte.

BÜCHER

1 UNFALLVERHÜTUNG UND BETRIEBSSICHERHEIT. Denkſchrift des Verbandes der Deutſchen Berufsgenoſſenſchaften aus Anlaß des 25jährigen Beſtehens der gewerblichen Arbeiterverſicherung. Berlin, Carl Heymanns Verlag, 1910.

2 DAS JUBILÄUM DER UNFALL- UND INVALIDENVERSICHERUNG. Bericht über die Feier. Herausgegeben vom Feſtausſchuß. (Berlin, Behrend u. Co., 1910).

3 BERICHTE ÜBER DIE ORDENTLICHEN BERUFSGENOSSENSCHAFTSTAGE (II bis XXIV) 1887 bis 1910.

4 DIE BERUFSGENOSSENSCHAFT. Organ des Verbandes der Deutſchen Berufsgenoſſenſchaften. Jahrgang 1910. Berlin, Carl Heymanns Verlag.

33. SEKTION VI DER KNAPPSCHAFTS-BERUFSGENOSSENSCHAFT IN BEUTHEN O. S.

Die Knappſchafts-Berufsgenoſſenſchaft, welche ihren Siƫ in Berlin hat und ſich über das ganze Deutſche Reich erſtreckt, zerfällt in 8 Sektionen. Im Jahre 1909 waren bei ihr 1897 Betriebe mit 818989 Perſonen verſichert, von denen 108 Betriebe mit 131436 Perſonen auf die Sektion VI in Beuthen O. S. kamen. An Entſchädigungen wurden von der Berufsgenoſſenſchaft in demſelben Jahre 24524533 Mark gezahlt, wovon 3908080 Mark auf die Sektion VI entfielen. Dieſe Sektion erſtreckt ſich über den Regierungsbezirk Oppeln der preußiſchen Provinz Schleſien.

MODELLE UND BILDER

1 ANSICHT DES NEUEN VERWALTUNGSGEBÄUDES IN BEUTHEN O. S.

Der Sektion angegliedert iſt die

OBERSCHLESISCHE ZENTRALSTELLE FÜR GRUBENRETTUNGSWESEN UND VERSUCHSSTRECKE BEUTHEN O. S.

DIE OBERSCHLESISCHE ZENTRALSTELLE FÜR GRUBENRETTUNGSWESEN bezweckt die einheitliche Ausbildung und Ausrüſtung der oberſchleſiſchen Rettungsleute. Sie ſoll ferner alle Neuheiten auf dem Gebiete des Grubenrettungsweſens und der Unfallverhütung im Bergwerk praktiſch erproben und durch regelmäßige Reviſionen der Rettungslager auf den einzelnen Gruben für deren ſtete Schlagfertigkeit ſorgen. Im Falle eines größeren Unglücks kann das Rettungslager der Zentralſtelle zur Hilfe herangezogen werden.
Die Verſuchsſtrecke iſt mit den modernſten Einrichtungen zur Unterſuchung von Sprengſtoffen verſehen.

2 GRUBENRETTUNGSMANN in voller Ausrüſtung.

3 GASANALYSENAPPARAT, Syſtem Wilhelmi.

4 LAGEPLAN DER ZENTRALSTELLE FÜR GRUBENRETTUNGSWESEN.

5 LAGEPLAN DER VERSUCHSSTRECKE.

6 PLAN DES HAUPTGEBÄUDES.

7 PLAN DES ÜBUNGSHAUSES.

8 GASSPRITZE UND SCHLAUCHWAGEN DES GRUBENLÖSCHZUGES.

9 GESAMTANSICHT DER ZENTRALSTELLE FÜR GRUBENRETTUNGSWESEN.

10 GESAMTANSICHT DER VERSUCHSSTRECKE.

11 RETTUNGSLAGER, 2 Anſichten.

12 GASANALYTISCHES LABORATORIUM.

13 CHEMISCHES LABORATORIUM.

14 WERKSTATT.

15 GRUPPENBILD: Übungen der Rettungsmannſchaften.

16 GRUPPENBILD: Apparate der Verſuchsſtrecke.

34. DIE SEKTION VII DER KNAPPSCHAFTS-BERUFSGENOSSENSCHAFT

hat ihren Sitz in Zwickau und erſtreckt ſich über das Königreich Sachſen. Im Jahre 1909 waren bei ihr 125 Betriebe mit 32663 Perſonen verſichert. An Entſchädigungen zahlte ſie 943720 Mark.

A. BILDER

1 bis 5 PHOTOGRAPHIEN ÜBER DIE EINRICHTUNG DER UNFALLHILFSSTELLE ZU OELSNITZ i. E., und zwar Anſichten des Apparatezimmers, Anſicht der Ladeſtation (zugleich Aufbewahrungsraum für elektriſche Grubenlampen), Aufnahme über den Transport eines Verunglückten im Übungsraum und Anſicht des Laboratoriums.

Die von der Sektion VII errichtete, mit einer Übungsſtrecke verbundene Unfallhilfsſtelle zu Oelsnitz i. E. begann ihre Tätigkeit am 1. Mai 1907. Ihre Aufgabe beſteht in der Hauptſache darin, den Bergwerksbetrieben des Sektionsbereiches auf Verlangen bei Bekämpfung von Gefahren, insbeſondere bei Rettung gefährdeter Menſchenleben, ſich mit ihren Hilfsmitteln zu Dienſten zu ſtellen und helfend zu beteiligen. Des weiteren befaßt ſie ſich mit der planmäßigen Ausbildung von Grubenaufſichtsbeamten und Arbeitern im Grubenrettungsweſen. Ferner liefert ſie den Werken auf Beſtellung die für die Rettungsapparate nötigen Materialien, insbeſondere Sauerſtoff, zu einem angemeſſenen Preiſe und führt endlich auf Wunſch die Prüfung und Inſtandſetzung der den Werken gehörigen Rettungsapparate aus.

B. STATISTISCH-GRAPHISCHE TAFELN

6 bis 9 GRAPHISCHE DARSTELLUNGEN, welche die angezeigten, entſchädigten und tödlichen Unfälle bei der Sektion VII zeigen, und zwar beim Steinkohlenbergbau, beim Braunkohlenbergbau, beim Erzbergbau und beim geſamten ſächſiſchen Bergbau.

10 GRAPHISCHE DARSTELLUNG ÜBER DIE HÖHE UND ART DER GEZAHLTEN UNFALLENTSCHÄDIGUNGEN.

Die Sektion VII umfaßt alle Betriebe des sächsischen Steinkohlen-, Braunkohlen- und Erzbergbaues. Ende 1910 belief sich die Zahl dieser Betriebe auf 134 und die Zahl der darin beschäftigten, versicherten Personen auf 32 846, wovon 26 420 auf den Steinkohlenbergbau, 4 703 auf den Braunkohlenbergbau, 1 692 auf den Erzbergbau und 31 auf 2 Kalkwerke entfielen. Unfälle kamen im Jahre 1910 5 036 zur Anzeige, während an Unfallentschädigungen in demselben Jahre insgesamt 998 752,04 Mark gezahlt wurden. Rentenempfänger waren Anfang 1911 3791 vorhanden.

C. BÜCHER

11 1 BAND VERWALTUNGSBERICHTE DES VORSTANDES DER SEKTION VII für die Jahre 1885 bis 1909.

12 DIE TRAGBAREN ELEKTRISCHEN GRUBENLAMPEN als Geleucht beim Grubenrettungswesen von P. Kliver, Oberleiter der Unfallhilfsstelle zu Oelsnitz i. E.

---

13 DIE REKURSENTSCHEIDUNGEN DES REICHS-VERSICHERUNGSAMTS als Spruchkollegium in Unfallversicherungsangelegenheiten. Jahrgänge 1888 bis 1896, 1903, 1907 bis 1909, nebst Gesamtregister für die Jahrgänge 1886 bis 1899. Berlin, Selbstverlag des Vorstandes der Knappschafts-Berufsgenossenschaft. Anlage zu: Der Kompaß, Organ der Knappschafts-Berufsgenossenschaft für das Deutsche Reich. 6 Bände.

14 STATISTIK DER KNAPPSCHAFTS-BERUFSGENOSSENSCHAFT für das Deutsche Reich 1885 bis 1895. Herausgegeben vom Genossenschaftsvorstande. Berlin 1897.

15 GESCHICHTE UND STATISTIK DER WURM-KNAPPSCHAFT in Bardenberg bei Aachen unter Berücksichtigung des gesamten deutschen Knappschaftswesens. Herausgegeben von Simons. Berlin 1890.

16 DER KOMPASS, Organ der Knappschafts-Berufsgenossenschaft für das Deutsche Reich, Berlin. Selbstverlag des Genossenschaftsvorstandes. Jahrgänge 1886 bis 1888, 1898. 1908 bis 1910. 7 Bände.

17 VERWALTUNGSBERICHTE DER KNAPPSCHAFTS-BERUFSGENOSSENSCHAFT für die Jahre 1885 bis 1909. 3 Bände.

18 SATZUNG der Knappschafts-Berufsgenossenschaft (3).

35. DIE SÜDDEUTSCHE EDEL- UND UNEDELMETALL-BERUFSGENOSSENSCHAFT

hat ihren Sitz in Stuttgart und umfaßt 4 Sektionen. Sie erstreckt sich über Bayern, Württemberg, Baden, Hessen, die Provinz Hessen-Nassau, die Hohenzollernschen Lande und Elsaß-Lothringen. Im Jahre 1909 waren bei ihr 2475 Betriebe mit 79102 Personen versichert. An Entschädigungen zahlte sie 384363 Mark.

A. MODELLE UND BILDER

1 MODELL EINER WIRKSAMEN SICHERUNG EINER EXZENTERPRESSE MIT FUSSEINRÜCKUNG. Das Einlegen von Material in die genannte Presse ist stets mit großen Gefahren für die Arbeiter verbunden. Für die meisten dieser Pressen und Arbeitsweisen bietet die Vorrichtung von Waldraff in Freiburg auf einfache, zuverlässige und wirksame Weise Sicherung und Schutz.

2 bis 7 DIAPOSITIVE VON SCHUTZVORRICHTUNGEN. Vorträge über Schutzvorrichtungen und Schutzmaßnahmen werden wirksam durch Beigabe von Lichtbildern unterstützt und bilden so ein geeignetes Mittel, um bei Arbeitern und Werkführern das Interesse für den Schutz der Maschinen zu wecken.

B. BÜCHER

8 GEDENKSCHRIFT zum 25jährigen Bestehen der Berufsgenossenschaft.

9 DIE GEBRÄUCHLICHSTEN SCHUTZVORRICHTUNGEN AN MASCHINEN.

10 SCHUTZVORRICHTUNGEN AN PRESSEN UND WALZEN. Von Oberingenieur Schuberth, Technischem Aufsichtsbeamten der Berufsgenossenschaft.

36. DIE ZIEGELEI-BERUFSGENOSSENSCHAFT

hat ihren Sitz in Berlin, zerfällt in 14 Sektionen und erstreckt sich über das ganze Deutsche Reich. Im Jahre 1909 waren bei ihr 11179 Betriebe mit 260136 Personen versichert. An Entschädigungen wurden 2372352 Mark gezahlt.

BILDER

ZEHN PHOTOGRAPHISCHE AUFNAHMEN VON UNFALLVERHÜTUNGS-EINRICHTUNGEN in den genossenschaftlichen Betrieben. Die Schutzvorrichtungen sind durch rote Randlinien hervorgehoben.

1 VERDECKUNGEN der Einlaufstellen und Nasenkeile an Walzwerkzahnrädern.

2 SCHUTZKLAPPE (Handschutz) an der Auflegeseite einer Revolverpresse: Höchste Stellung des Stempels.

3 DIESELBE: Tiefste Stellung des Stempels.

4 STROSSENABBAU.

5 DESGL.

6 UMWEHRUNG des Transmissionsraumes, Verdeckung der Zahnradeinlaufstellen und Keilnasen an einer Strangpresse.

7 ZAHNRADVERDECKUNGEN an einer Strangpresse.

8 VERGITTERUNG des Schwungrades und des Treibriemens einer Lokomobile.

9 SCHUTZBLECH (Handschutz) vor dem Stempel einer Revolverpresse: Abnehmeseite.

10 DESGL.: Auflegeseite.

37. DIE BERUFSGENOSSENSCHAFT DER CHEMISCHEN INDUSTRIE

hat ihren Sitz in Berlin, zerfällt in 8 Sektionen und erstreckt sich über das ganze Deutsche Reich. Im Jahre 1909 waren bei ihr 8702 Betriebe mit 219601 Personen versichert. An Entschädigungen wurden 3178134 Mark gezahlt.

BÜCHER

1 SATZUNG der Berufsgenossenschaft, gültig vom 1. Oktober 1901.

2 BERICHT ÜBER DIE VERWALTUNG der Berufsgenossenschaft und die Tätigkeit der Beauftragten zur Verhütung von Unfällen, 1886 bis 1909. 2 Bände.

3 VERWALTUNGSBERICHTE für die Jahre 1900 bis 1911.

4 DIE UNFALLVERHÜTUNGSVORSCHRIFTEN. 4. Auflage.

5 EMPFEHLENSWERTE SCHUTZVORRICHTUNGEN, herausgegeben von der Berufsgenossenschaft.

38. DIE BERUFSGENOSSENSCHAFT DER GAS- UND WASSERWERKE

hat ihren Sitz in Berlin, zerfällt in 11 Sektionen und erstreckt sich über das ganze Deutsche Reich. Im Jahre 1909 waren bei ihr 2995 Betriebe mit 71403 Personen versichert. An Entschädigungen wurden 896775 Mark gezahlt.

STATISTISCH-GRAPHISCHE TAFELN

1 TAFEL DER EINGETRAGENEN HAUPTBETRIEBE. Die Tafel enthält vom Jahre 1885, dem Beginn der Berufsgenossenschaft an, die Zahlen der eingetragenen, als versichert geltenden Hauptbetriebe, der Gaswerke, Wasserwerke, Kanalisationswerke und Ölgaswerke. Später kamen noch selbständige Wassergaswerke, Azetylengaswerke und Luftgaswerke hinzu, so daß jetzt — Ende 1910 — 3200 versicherungspflichtige Hauptbetriebe vorhanden waren.

2 TAFEL MIT DEN ZAHLEN DER VERSICHERTEN PERSONEN seit 1885. Die Tafel zeigt das Ansteigen der Arbeiterzahl auf etwa das Vierfache seit Bestehen der Berufsgenossenschaft.

3 TAFEL MIT DEN ZAHLEN DER SEIT 1885 ANGEMELDETEN ARBEITSLÖHNE in den versicherten Betrieben. Die Lohnsumme ist auf das Fünffache angestiegen. Ferner ist angeführt die Summe aller Aufwendungen der Berufsgenossenschaft, einschließlich der Zuwendungen zum Reservefonds in den letzten 25 Jahren. Der jährliche Betrag ist innerhalb dieser Zeit auf das Zehnfache gestiegen. In der letzten Reihe ist die jährliche Summe der gezahlten Entschädigungen angeführt, nach und nach ansteigend bis zur Höhe von 934000 Mark.

4 KARTE VON DEUTSCHLAND mit der Bezeichnung aller bei der Berufsgenossenschaft der Gas- und Wasserwerke versicherten Gas- und Wasserwerke, erstere durch einen roten, letztere durch einen blauen Knopf angedeutet. Es ist auffallend, wie sich einzelne Gebiete Deutschlands, hauptsächlich die Industriegebiete, durch die große Zahl von Gas- und Wasserwerken auszeichnen; so z. B. das Ruhrgebiet, das Saargebiet, das Industriegebiet in Sachsen. Aber auch die reicheren Gegenden zeigen sich deutlich in der Zahl der Werke, z. B. am Laufe des Rheins, am Laufe des Mains. Andere Gegenden, z. B. der Süden Bayerns und Württemberg, enthalten eine auffallend hohe Zahl von Wasserwerken.

39. DIE PAPIERVERARBEITUNGS-BERUFSGENOSSENSCHAFT

hat ihren Sitz in Berlin, besteht aus 8 Sektionen und erstreckt sich über das ganze Deutsche Reich. Im Jahre 1909 waren bei ihr 4049 Betriebe mit 133675 Personen versichert. An Entschädigungen wurden 580811 Mark gezahlt.

A. BILDER

Querschneidemaschinen

1	MESSERSCHUTZ von Hübner.
2	Desgl. von Haubold mit Beschreibung.
3	Desgl. von Töbelmann.
4	VERSCHIEDENE MESSERSCHUTZBAUARTEN.
5	MESSERSCHUTZ von Grahl & Hoehl und von Hübner.
	Spindelpressen
6	HÄNDESCHUTZ an Handspindelpressen.
7	HÄNDESCHUTZ an Reibungsspindelpressen. } Bauart Zimmermann & Breiter in Wurzen.
8	HÄNDESCHUTZ an Reibungsspindelpressen. } Bauart Zimmermann & Breiter in Wurzen.
9	HÄNDESCHUTZ an Spindelpressen. } Bauart Colibri.
10	HÄNDESCHUTZ an Exzenterpressen. } Bauart Colibri.
11	HÄNDESCHUTZ an Reibungsspindelpressen. Bauart Bolle & Jordan, Berlin.
	Räderschneidemaschinen
12	NEUE SCHNEIDEMASCHINE von Karl Krause.
13	SCHNEIDEMASCHINE mit Selbstpressung von Wilh. Ferdinand Heim. Maschine mit und ohne Schutz.
14	NEUE SCHNEIDEMASCHINE von August Fomm.
15	SCHNEIDEMASCHINE von Wilhelm Ferdinand Heim. Vorderseite mit und ohne Schutz.
16	SCHNEIDEMASCHINE von Wilhelm Ferdinand Heim. Rückseite mit und ohne Schutz.
17	ZAHNRÄDERSCHUTZ.
18	SCHNEIDEMASCHINE von Karl Krause. Schlitzschutz, Sicherheitskurbel.
	Verschiedene Schutzvorkehrungen
19	MESSERSCHUTZ an Ritzmaschinen usw.
20	MESSERSCHUTZ an Eckenausschneidemaschinen.
21	WALZENSCHUTZ.
22	WALZENSCHUTZ.
23	TAPETENDRUCKMASCHINE.
24 bis 25	RADSCHUTZ an Tapetendruckmaschinen.
26	MESSERHALTERSCHUTZ an Papierschneidemaschinen.

B. STATISTISCH-GRAPHISCHE TAFELN

27 GRAPHISCHE DARSTELLUNG: Anzahl der Betriebe, der versicherten Personen, der angemeldeten Unfälle, der entschädigten Unfälle und der gezahlten Entschädigungen (1885 bis 1910).

28 GRAPHISCHE DARSTELLUNG: Anzahl der vorhandenen Betriebe, der noch nicht besichtigten Betriebe, der angemeldeten und der entschädigten Unfälle (1900 bis 1910).

29 GRAPHISCHE DARSTELLUNG: Anzahl der Betriebe, der versicherten Personen, der Unfälle an Schneidemaschinen mit Räderantrieb, der an diesen Maschinen gemeldeten und entschädigten Unfälle, der vermeidbaren Unfälle durch Messerhalterschlitze und ungeschützte Zahnräder (1891 bis 1910).

C. BÜCHER

30 SONDERDRUCKE der Papierverarbeitungs-Berufsgenossenschaft.

31 RUNDSCHREIBEN der Papierverarbeitungs-Berufsgenossenschaft.

32 bis 33 JAHRESBERICHTE, SATZUNG, GEFAHRENTARIF UND UNFALLVERHÜTUNGSVORSCHRIFTEN.

34 VERPFLICHTUNGSSCHEIN; beim Einkauf von Maschinen zu benutzen.

40. DIE NORDDEUTSCHE HOLZ-BERUFSGENOSSENSCHAFT

hat ihren Sitz in Berlin, besteht aus 9 Sektionen und erstreckt sich über die norddeutschen Staaten. Im Jahre 1909 waren bei ihr 41795 Betriebe mit 290413 Personen versichert. An Entschädigungen wurden 3841764 Mark gezahlt.

A. STATISTISCH-GRAPHISCHE TAFELN

1 LEISTUNGEN usw. der Berufsgenossenschaft.

B. BÜCHER

2 JUBILÄUMSSCHRIFT zum 25jährigen Bestehen der Berufsgenossenschaft. Die Schrift enthält auch bildliche Darstellungen der Heilanstalt, welche die Berufsgenossenschaft in Wilhelmshagen bei Berlin errichtet hat.

3 EIN SONDERABDRUCK ÜBER UNFALLVERHÜTUNG aus der Jubiläumsschrift.

4 BESCHREIBUNGEN UND ZEICHNUNGEN VON SCHUTZVORRICHTUNGEN, die den Anordnungen über Unfallverhütung beigefügt werden.

41. DIE NAHRUNGSMITTEL-INDUSTRIE-BERUFSGENOSSENSCHAFT

hat ihren Sitz in Mannheim und erstreckt sich über das ganze Deutsche Reich. Im Jahre 1909 waren bei ihr 12391 Betriebe mit 167880 Personen versichert. An Entschädigungen wurden 835522 Mark gezahlt.

BÜCHER

1 VERWALTUNGSBERICHTE der Berufsgenossenschaft für die Jahre 1904 bis 1909.

2 JAHRESBERICHTE der technischen Aufsichtsbeamten für die Jahre 1904 bis 1909.

42. DIE ZUCKER-BERUFSGENOSSENSCHAFT

hat ihren Sitz in Berlin und erstreckt sich über das ganze Deutsche Reich. Im Jahre 1909 waren bei ihr 405 Betriebe mit 93918 Personen versichert. An Entschädigungen zahlte sie 988051 Mark.

A. BILDER

PHOTOGRAPHIEN mustergültiger Schutz- und Wohlfahrtseinrichtungen:

1	SCHUTZVORRICHTUNG an den Triebseilen der Dampfmaschinen (Zuckerfabrik Frankenthal).
2	FEUERWEHR der Zuckerfabrik Frankenthal.
3 bis 4	SCHUTZVORRICHTUNG für Hängebahndrehweichen (Frankenthal).
5	RETTUNGSLEITER mit Plattformen an Notausgängen.
6 bis 7	SCHUTZVORRICHTUNG an Hängebahnweichen der Wagen (Frankenthal).
8	SICHERHEITSTÜR zwischen zwei Lagergebäuden (Zuckerraffinerie Uerdingen).
9	STAPELUNG von Raffinadesäcken (Uerdingen).
10	FERTIGE VORSCHRIFTSMÄSSIGE SACKSTAPEL (Rohzucker).
11	VORSCHRIFTSMÄSSIGE ANLAGE eines Rohzuckersackstapels.
12	SCHUTZVORRICHTUNG an Schnitzelpressen.
13	SCHUTZNETZE über einem Durchgang neben einer Kohlenförderanlage (Frankenthal).
14	RIEMENSCHUTZVORRICHTUNGEN an Sudmaischen (Frankenthal).
15	SCHUTZVORRICHTUNGEN an Transmissionsteilen einer Knippmaschinenanlage (Frankenthal).
16	SCHUTZVORRICHTUNG an einem Vorwärmer.
17	SCHUTZVORRICHTUNGEN an Schwungrädern.
18	SCHUTZVORRICHTUNGEN an Riemen und Riemenscheiben (Tangermünde).
19	FEUERWEHR der Zuckerraffinerie Tangermünde.
20	WASCHRAUM (Zuckerraffinerie Hildesheim).
21	WASCHRAUM UND BRAUSEBAD (Zuckerraffinerie Hildesheim).
22	WASCHRAUM für Arbeiterinnen (Uerdingen).
23	ANKLEIDERAUM für Arbeiterinnen (Uerdingen).
24	ARBEITERKOLONIE der Zuckerfabrik Frankenthal.
25	ARBEITERSPEISERAUM der Zuckerraffinerie Hildesheim.
26	ARBEITERSCHRÄNKE in der Zuckerraffinerie Hildesheim.
27	KRANKENSAAL der Zuckerraffinerie Tangermünde.
28	KINDERHEIM der Zuckerraffinerie Tangermünde.

29 ARBEITERKOLONIE der Zuckerraffinerie Tangermünde.

30 BADEANSTALT der Zuckerraffinerie Tangermünde.

31 DAMPFBADERAUM der Zuckerraffinerie Tangermünde.

32 LICHTBAD der Zuckerraffinerie Tangermünde.

B. STATISTISCH-GRAPHISCHE TAFELN

33 GRAPHISCHE DARSTELLUNG der alljährlich von 1885 bis 1910 angemeldeten, entſchädigten und tödlich verlaufenen Unfälle.

34 GRAPHISCHE DARSTELLUNG über die Höhe der in jedem Jahre von 1885 bis 1910 zur Auszahlung gelangten Entſchädigungen.

35 GRAPHISCHE DARSTELLUNG über die Höhe der Geſamtaufwendungen in den Jahren 1885 bis 1910.

C. BÜCHER

36 GESCHÄFTSBERICHTE des Vorſtandes für die Jahre 1899 bis 1909.

37 BERICHTE über die Tätigkeit der techniſchen Aufſichtsbeamten für die Jahre 1899 bis 1909.

38 SATZUNG der Berufsgenoſſenſchaft.

39 UNFALLVERHÜTUNGSVORSCHRIFTEN.

43. DIE BRAUEREI- UND MÄLZEREI-BERUFS-GENOSSENSCHAFT

hat ihren Sitʒ in Frankfurt a. M., umfaßt 9 Sektionen und erſtreckt ſich über das ganze Deutſche Reich. Im Jahre 1909 waren bei ihr 9161 Betriebe mit 111 236 Perſonen beſchäftigt. An Entſchädigungen zahlte ſie 3 034 476 Mark.

A. BILDER

In den einzelnen Bildern ſind die Schutʒvorrichtungen durch rote Färbung bezeichnet worden. Die einzelnen Bilder zeigen:

1 GRÜNMALZELEVATOR; unter Fortfall der gefährlichen Fahrſtuhleinrichtung wird das Grünmalz durch ein Becherwerk vom Tennenraum nach der Malzdarre befördert.

2 Einrichtung einer PNEUMATISCHEN GERSTE-, GRÜNMALZ- UND MALZ-BEFÖRDERUNGSANLAGE.

3 Moderne SCHROTMÜHLENANLAGE, verbunden mit AUTOMATISCHER WAGE, MALZPUTZMASCHINE und STAUBFÄNGER.

4 Innere EINRICHTUNG EINES SUDHAUSES mit ſeinen oben geſchloſſenen Pfannen und ſicheren Laufbrücken.

5 GÄRKELLER; man ſieht die Laufbrücke zwiſchen den Gärbottichen, das Geländer der Brücke braucht nicht entfernt zu werden, auch wenn die Bottiche ausgekellert werden ſollen.

6 bis 7 Einrichtung einer KOHLENSÄUREABSAUGUNG aus einem großen Zementgärbottich.

8 und 9 Darſtellung, in welcher Weiſe die LAGERFÄSSER IN DEN KELLERN unfallſicher aufgeſattelt und gelagert werden können.

10 Sogenannter DRUCKREGLER, das iſt eine automatiſch ſich ſelbſt einſtellende Saug- und Druckpumpe. Bei Verwendung dieſer Pumpe ſinkt der Spannungsdruck in den Fäſſern beim Abziehen unter Luftdruck von 0,6 Atmoſphären Überdruck auf 0,3 Atmoſphären. Die Exploſionsgefahr bei dieſer Arbeit wird daher weſentlich verringert.

11 SICHERUNG DER FASSBÖDEN BEIM ABZIEHEN UNTER LUFTDRUCK.

12 Hydrauliſch bewegte FASSREIFENANTRIEBMASCHINE. Die Handverletzungen, welche beim Bearbeiten der Faßreifen mit dem Hammer entſtehen, fallen hier fort.

13 AUTOMATISCH wirkende FASSWASCHMASCHINE mit Schutzvorrichtung.

14 ENTPICHUNGSANLAGE für Lagerfäſſer vermittels heißer Luft und ABSAUGUNG DER PICHGASE durch einen Kamin.

15 EINSPRITZPICHAPPARAT mit ſelbſttätiger Arretierung des Pumpenhebels, welcher nur beweglich iſt, wenn ein Faß über der Einſpritzdüſe ſich befindet.

16 Gegenſtück zu dem Bilde 13, nur mit dem Unterſchied, daß in dieſem Falle die MASCHINE nicht zum Faßwaſchen, ſondern zum FASSPICHEN verwendet wird.

17 Maſchinell betriebene FASSSTÜRZMASCHINE.

18 FASSELEVATOR.

19 FASSBIERWAGEN mit hochklappbarem Kutſcherſitz und Schnellbremſe. Durch eine Viertelumdrehung der Kurbel wird die Bremſe angezogen und durch einen Druck auf den Knopf wieder gelöſt.

20 RESPIRATIONSAPPARAT mit künſtlicher Luftzuführung und Sprechapparat (Syſtem König-Altona).

B. BÜCHER

21 GENOSSENSCHAFTSSATZUNG.

22 UNFALLVERHÜTUNGSVORSCHRIFTEN.

23 JAHRESBERICHTE für die Jahre 1901 bis 1909.

24 BERICHTE DER TECHNISCHEN AUFSICHTSBEAMTEN für die Jahre 1901 bis 1909.

25 PLAKAT: Erſte Hilfe — von Piſtor.

26 DENKSCHRIFT über die Ablöſung des freien Haustrunkes.

44. DIE BEKLEIDUNGSINDUSTRIE-BERUFSGENOSSENSCHAFT

hat ihren Sitz in Berlin und erſtreckt ſich über das ganze Deutſche Reich. Im Jahre 1909 waren bei ihr 9364 Betriebe mit 297751 Perſonen verſichert. An Entſchädigungen zahlte ſie 708297 Mark.

BÜCHER

Ein Heft, enthaltend UNFALLVERHÜTUNGSVORSCHRIFTEN UND MUSTERBLÄTTER, behandelnd Schutzvorrichtungen für Transmiſſionen und Maſchinen im Schuhfabrikations- und Wäſchereigewerbe.

45. DIE SEE-BERUFSGENOSSENSCHAFT

hat ihren Sitz in Hamburg und zerfällt in 6 Sektionen. Im Jahre 1909 waren bei ihr 1654 Betriebe mit 78206 Perſonen verſichert. An Entſchädigungen zahlte ſie 1117074 Mark.

EINE FISCHERFIGUR in Ölzeug mit Fanggerät.

46. DIE FLEISCHEREI-BERUFSGENOSSENSCHAFT

hat ihren Sitz in Mainz und erſtreckt ſich über das ganze Deutſche Reich. Im Jahre 1909 waren bei ihr 59745 Betriebe mit 116477 Perſonen verſichert. An Entſchädigungen zahlte ſie 1038381 Mark.

BÜCHER

1 SCHRIFTCHEN ZUM ZEHNJÄHRIGEN BESTEHEN DER FLEISCHEREI-BERUFSGENOSSENSCHAFT, enthaltend geſchichtliche Angaben über Errichtung und Verwaltung der Genoſſenſchaft mit ſtatiſtiſchem Material aus den Jahren 1897-1907, graphiſchen Darſtellungen, eine Anſicht des Verwaltungsgebäudes nebſt Plänen, ſowie mit einem Anhang, betreffend die Unfallverhütung im gleichen Zeitraum nebſt bildlichen Darſtellungen der im Fleiſchergewerbe gebräuchlichſten Schutzvorkehrungen.

2 bis 4 VERWALTUNGSBERICHTE für die Jahre 1907, 1908 und 1909.

5 SATZUNG DER GENOSSENSCHAFT.

6 DIE UNFALLVERHÜTUNGSVORSCHRIFTEN.

7 DAS UNFALLVERZEICHNIS der Berufsgenoſſenſchaft für die Zeit vom 1. Januar 1897 bis 31. Dezember 1907.

8 DER GEFAHRENTARIF der Berufsgenoſſenſchaft.

47. DIE SCHMIEDE-BERUFSGENOSSENSCHAFT

hat ihren Sitz in Berlin und erſtreckt ſich über das ganze Deutſche Reich. Im Jahre 1909 waren bei ihr 66994 Betriebe mit 147102 Perſonen verſichert. An Entſchädigungen zahlte ſie 475772 Mark.

BÜCHER

UNFALLVERHÜTUNGSVORSCHRIFTEN UND WARNUNGSSCHREIBEN.

B. LANDWIRTSCHAFTLICHE BERUFS-GENOSSENSCHAFTEN

Bearbeiter: NOETEL, Geheimer Regierungsrat, Erſter Landesrat, Vorſitzender der Ständigen Kommiſſion der deutſchen landwirtſchaftlichen Berufsgenoſſenſchaften.

Die territorial gegliederten LANDWIRTSCHAFTLICHEN BERUFSGENOSSENSCHAFTEN, 48 an der Zahl, ſind auf Grund des Reichsgeſetzes vom 5. Mai 1886, betreffend die Unfall- und Krankenverſicherung der in land- und forſtwirtſchaftlichen Betrieben beſchäftigten Perſonen (R. G. Bl. 1886 S. 132 ff.) in den Jahren 1888 und 1889 ins Leben getreten. Die zwölf preußiſchen landwirtſchaftlichen Berufsgenoſſenſchaften ſind den Provinzialverwaltungen angegliedert und zerfallen in Sektionen (Kreiſe). Die übrigen landwirtſchaftlichen Berufsgenoſſenſchaften haben die Sektionsverfaſſung nicht angenommen. Ihre Verwaltung iſt zum Teil ſtaatlichen Behörden angegliedert, zum Teil mit anderen Verwaltungen überhaupt nicht verbunden. Das erſte landwirtſchaftliche Unfallverſicherungsgeſetz iſt abgeändert worden durch das Unfallverſicherungsgeſetz für Land- und Forſtwirtſchaft vom 30. Juni 1900 (R. G. Bl. 1900 S. 335 ff.). Über die Wirkſamkeit der landwirtſchaftlichen Berufsgenoſſenſchaften unterrichtet im einzelnen die unten aufgeführte Feſtſchrift: »Die landwirtſchaftliche Unfallverſicherung im Deutſchen Reiche 1888–1908«.

48. Gemeinſame Angelegenheiten, wie z. B. der Erlaß von Unfallverhütungsvorſchriften uſw., werden von der

STÄNDIGEN KOMMISSION DER DEUTSCHEN LANDWIRTSCHAFTLICHEN BERUFSGENOSSENSCHAFTEN

welche ihren Sitz in Poſen hat und nach Bedarf zuſammentritt, vorberaten. Bei den landwirtſchaftlichen Berufsgenoſſenſchaften waren im Jahre 1909 5434100 Betriebe mit 17179000 Perſonen verſichert. An Entſchädigungen wurden von ihnen 33018500 Mark gezahlt.

BÜCHER

FESTSCHRIFT: Die landwirtſchaftliche Unfallverſicherung im Deutſchen Reiche 1888 bis 1908. Berlin 1910, Verlag von Behrend & Co.

49. DIE LAND- UND FORSTWIRTSCHAFTLICHE BERUFSGENOSSENSCHAFT FÜR DEN REGIERUNGSBEZIRK OBERBAYERN

hat ihren Sitz in München. Im Jahre 1909 waren bei ihr 92000 Betriebe mit 362000 Perſonen verſichert. An Entſchädigungen zahlte ſie 1104783 Mark.

MODELL

EINER LANDWIRTSCHAFTLICHEN MUSTERBETRIEBSANLAGE. Das im Maßſtab 1:20 ausgeführte Modell ſtellt eine vollſtändige landwirtſchaftliche Betriebsanlage mit allen zu einem Durchſchnittsbetrieb erforderlichen Räumen und Einrichtungen dar. Die ſämtlichen Maſchinen und baulichen Einrichtungen ſind mit denjenigen

Schutzvorrichtungen versehen, welche den zur Zeit geltenden Unfallverhütungsvorschriften entsprechen. Das Modell ist von der land- und forstwirtschaftlichen Berufsgenossenschaft für den Regierungsbezirk Oberbayern entworfen, unter finanzieller Mitwirkung der übrigen bayerischen landwirtschaftlichen Berufsgenossenschaften ausgeführt und dem Königlich Bayerischen Arbeitermuseum in München als Geschenk überlassen worden.

50. DIE LAND- UND FORSTWIRTSCHAFTLICHE BERUFSGENOSSENSCHAFT FÜR DAS KÖNIGREICH SACHSEN

hat ihren Sitz in Dresden. Bei ihr waren im Jahre 1909 174400 Betriebe mit 531000 Personen versichert. An Entschädigungen wurden von ihr 1595902 Mark gezahlt.

STATISTISCH-GRAPHISCHE TAFELN

TAFEL 1 stellt die Entschädigungszahlungen in den Jahren 1889 bis 1908 dar.

TAFEL 2 bringt zur vorstehenden Tafel die Erläuterungen.

TAFEL 3 gibt ein Bild über die Gesamtausgaben in den Jahren 1889 bis 1908 und

TAFEL 4 weist hierzu die Erläuterungen auf.

TAFEL 5 stellt die Verteilung der Mitglieder der Haftpflichtversicherungsgenossenschaft sächsischer Landwirte auf die einzelnen Amtshauptmannschaften im Verhältnis zum Mitgliederbestande der land- und forstwirtschaftlichen Berufsgenossenschaft für das Königreich Sachsen und

TAFEL 6 den Mitgliederbestand, die erhobenen Beiträge und die gezahlten Schadenersatzbeträge der Haftpflichtversicherungsgenossenschaft dar.

51. DIE BRAUNSCHWEIGISCHE LANDWIRTSCHAFTLICHE BERUFSGENOSSENSCHAFT

hat ihren Sitz in Braunschweig. Im Jahre 1909 waren bei ihr 60800 Betriebe mit 172000 Personen versichert. An Entschädigungen zahlte sie 190185 Mark.

STATISTISCH-GRAPHISCHE TAFELN

1 bis 6 SECHS GRAPHISCHE DARSTELLUNGEN. Die Einnahmen und Ausgaben der Braunschweigischen landwirtschaftlichen Berufsgenossenschaft während der ersten 20 Jahre des Bestehens derselben (1889 bis 1908).

7 bis 8 ZWEI GRAPHISCHE DARSTELLUNGEN. Die Häufigkeit der Unfälle und Folgen der Verletzung. Unfallhäufigkeit nach Betriebseinrichtungen und Übersicht der Kosten einzelner Unfälle.

52. FREIE VEREINIGUNG IM RHEINLANDE TÄTIGER BERUFSGENOSSENSCHAFTLICHER VERWALTUNGEN

Diese Vereinigung, welche ihren Sitz in Cöln hat, verdankt ihre Entstehung dem jetzigen Präsidenten des Reichs-Versicherungsamts, Herrn Wirklichen Geheimen Ober-Regierungsrat Dr. Dr. Kaufmann. Sie hat den Zweck, Erfahrungen auszutauſchen und nutzbar zu machen, gemeinſame örtliche Intereſſen, die ſich z. B. hauptſächlich auf dem Gebiete des Heilverfahrens, der Unfallverhütung und der Betriebsüberwachung ergeben, wahrzunehmen und endlich Einrichtungen zur Aus- und Fortbildung der für die Berufsgenoſſenſchaften tätigen Perſonen zu ſchaffen. Es gehören ihr faſt alle genoſſenſchaftlichen Verwaltungen, die in der Rheinprovinz ihren Sitz haben, als Mitglieder an.

Die Organe der Vereinigung ſind die Vertreterverſammlungen, die jährlich mindeſtens zweimal ſtattfinden, und der geſchäftsführende Ausſchuß.

A. MODELLE

1 ZWEI SCHUTZBRILLEN mit Beſchreibungen.

2 EIN VERBANDKÄSTCHEN mit Inhalt und Anweiſung zur erſten Hilfe bei Unfällen.

B. BÜCHER

3 EIN HEFT, enthaltend Tätigkeitsberichte und andere Druckſachen der Vereinigung.

4 EIN HEFT, enthaltend Geſchäftsberichte und andere Druckſachen der Sektion IV der Steinbruchs-Berufsgenoſſenſchaft.

53. WESTFÄLISCHE VEREINIGUNG BERUFSGENOSSENSCHAFTLICHER VERWALTUNGEN

Die Zwecke und Ziele der Vereinigung, welche ihren Sitz in Dortmund hat, ſind dieſelben wie bei der vorſtehend aufgeführten.

A. STATISTISCH-GRAPHISCHE TAFELN

1 KARTOGRAPHISCHE ÜBERSICHT über die in Weſtfalen vorhandenen Sanitätseinrichtungen.

B. BÜCHER

2 EIN BAND »Ziel und Wege«.

3 EIN BAND »Heilanſtalten in Weſtfalen«.

4 EIN BAND »Rundfragen an die weſtfäliſchen Gemeinden über die vorhandenen Einrichtungen für die erſte Hilfe bei Unfällen«.

INVALIDENVERSICHERUNG

A. LANDES-VERSICHERUNGSANSTALTEN

Bearbeiter: WEGER, Geheimer Rat, Vorſitzender des Vorſtandes der Landes-Verſicherungsanſtalt Königreich Sachſen.

Seit 1891 beſteht die Arbeiterverſicherung auch für den Fall der Invalidität und des Alters. Sie führt, nachdem an Stelle des Reichsgeſetzes, betreffend die Invaliditäts- und Altersverſicherung, vom 22. Juni 1889 das Invalidenverſicherungsgeſetz vom 13. Juli 1899 getreten iſt, die Bezeichnung »Invalidenverſicherung«. Mit ihr ſoll nach dem Entwurfe der Reichsverſicherungsordnung die Verſicherung zugunſten der Hinterbliebenen verbunden werden.

Dem Verſicherungszwang unterliegen jetzt nach geſetzlicher Vorſchrift vom vollendeten 16. Lebensjahr ab bei Beſchäftigung gegen — bar oder in anderer Form gewährtes — Entgelt alle Arbeiter, Gehilfen, Lehrlinge, Dienſtboten, ferner — jedoch nur, ſolange der regelmäßige Jahresarbeitsverdienſt 2000 Mark nicht überſteigt — Betriebsbeamte, Werkmeiſter, Techniker, andere Angeſtellte, Handlungsgehilfen und Lehrlinge, Lehrer und Erzieher — außer den an öffentlichen Schulen und Anſtalten —, Schiffsführer; nach Beſchluß des Bundesrats die Hausgewerbetreibenden der Tabakfabrikation und einzelne Zweige der Textilinduſtrie — Weber, Wirker uſw. —. Ausnahmen gelten bei vorübergehenden Dienſtleiſtungen beſtimmter Art, bei Beſchäftigung im öffentlichen Dienſte.

Berechtigt zur Selbſtverſicherung, die jedoch vor dem 40. Lebensjahre beginnen muß, ſind Betriebsbeamte uſw. mit einem Jahresverdienſte von 2000 bis 3000 Mark und ſonſtige Betriebsunternehmer, die nicht mehr als 2 Lohnarbeiter beſchäftigen, nichtverſicherungspflichtige Hausgewerbetreibende und Perſonen, die als Arbeitsentgelt nur freien Unterhalt genießen oder wegen nur vorübergehender Dienſtleiſtung nicht verſicherungspflichtig ſind.

Die Geſamtzahl der Verſicherten iſt jetzt auf $15^1/_2$ Millionen zu ſchätzen.

Träger der Invalidenverſicherung ſind die 31 für größere Bezirke (Kommunalverbände, Staatsgebiete uſw.) errichteten Verſicherungsanſtalten und 10 beſondere Kaſſeneinrichtungen für Eiſenbahnarbeiter, Berg- und Seeleute.

Die Mittel für die Verſicherung bringen die Arbeitgeber und die Verſicherten je zur Hälfte auf; das Reich leiſtet zu jeder Rente einen jährlichen Zuſchuß von 50 Mark.

An Verſicherungsbeiträgen, die für jede Woche verſicherungspflichtiger Beſchäftigung je nach der Lohnklaſſe der Verſicherten mit 14, 20, 24, 30, 36 Pf. zu entrichten ſind, haben die Verſicherungsanſtalten vereinnahmt von 1891 bis Ende 1909 über $2^1/_3$ Milliarden Mark und im Jahre 1910 rund 181 Millionen Mark.

Die Verſicherung gewährt einen Rechtsanſpruch auf Rente bei dauernder Invalidität von deren Beginn; bei länger als 26wöchiger Erkrankung nach Ablauf dieſer Friſt auf die weitere Dauer der vorübergehenden Erwerbsunfähigkeit Invaliden- oder Krankenrente im Mindeſtbetrage von 116,40 Mark; nach Erreichung des 70. Lebensjahrs Altersrente im Mindeſtbetrage von 110,40 Mark. Vorausſetzung iſt dabei der Nachweis der geſetzlichen Wartezeit von 200 Beitragswochen bei der Invaliden- und Krankenrente, 1200 Beitragswochen bei der Altersrente.

Ein Anſpruch auf Erſtattung der Hälfte der geleiſteten Beiträge haben unter den geſetzlichen Vorausſetzungen: die Hinterbliebenen (Witwe, Kinder unter 15 Jahren, ausnahmsweise Witwer) der vor dem Rentenbezuge verstorbenen Versicherten; weibliche Versicherte, die sich verheiraten; Empfänger von Unfallrenten, die wegen dauernder Erwerbsunfähigkeit gewährt ist.

Bewilligt wurden von 1891 bis Ende 1909 rund 2$^{1}/_{3}$ Millionen Renten; dazu im Jahre 1910 114679 Invalidenrenten, 12263 Krankenrenten, 11612 Altersrenten, zusammen 138554 Renten.

Ende 1910 bezogen über 1 Million Personen Renten aus der Invalidenversicherung. Die Rentenzahlungen von 1891 bis Ende 1909 betragen rund 1635 Millionen Mark, wovon 587 Millionen auf das Reich, 1048 Millionen auf die Versicherungsträger entfallen.

In rund 2,4 Millionen Fällen sind in dem gleichen Zeitraum an weibliche Versicherte nach ihrer Verheiratung, an Hinterbliebene von Versicherten und an Unfallrentner rund 96 Millionen Mark Beiträge erstattet worden.

Die Invalidenhauspflege, welche auf Antrag von Rentenempfängern gegen Innebehaltung der Rente verfügt werden kann, hat bis Ende 1909 nahezu 2,9 Millionen Mark gekostet und von Jahr zu Jahr zugenommen. Ende 1909 waren 2829, Ende 1910 3410 Rentenempfänger, darunter auch 959 Tuberkulöse, teils in eigenen Heimen von Versicherungsanstalten, teils in anderen dazu geeigneten Versorgungsanstalten, Asylen, Siechenhäusern usw. untergebracht, zu deren Errichtung und Unterhaltung meist Darlehen zu billigem Zinssatz oder Zuschüsse hergegeben sind. Von einigen solcher Heime sind Abbildungen ausgestellt.

Aus den vorstehenden Angaben und Zahlen geht hervor, in welcher umfassenden Weise die Versicherungsanstalten ihrer Aufgabe, für die im Arbeitsleben invalide Gewordenen zu sorgen, nachgekommen sind.

Für den auf seine Arbeitskraft angewiesenen Lohnarbeiter ist es aber von besonderem Wert, daß ihm diese, meist sein einziges Kapital, solange als möglich erhalten bleibt; es ist daher für ihn wichtiger, seine angegriffene oder gefährdete Gesundheit wiederherstellen zu können, als erwerbsunfähig und auf die Rente angewiesen zu werden. Das Gesetz gibt den Versicherungsanstalten die Befugnis, erkrankte Versicherte zur Abwendung drohender Invalidität einer Heilbehandlung zu unterwerfen. Die Versicherungsanstalten haben von dieser freiwilligen, rechtlich nicht erzwingbaren Leistung in vollster Würdigung ihrer hohen Bedeutung nicht bloß für den einzelnen Versicherten, sondern auch für die Volksgesundheit überhaupt, in immer steigendem Umfange Gebrauch gemacht. Die energische Bekämpfung von Volkskrankheiten, namentlich der Lungentuberkulose, deren Erfolg in der bedeutenden Abnahme der Sterblichkeit bei dieser weitverbreiteten Krankheit sichtbar wird, ist in erster Linie dem Vorgehen der Versicherungsanstalten zu danken, die auch bahnbrechend in der Errichtung eigener Heilanstalten vorgegangen sind und damit andere Körperschaften, Gemeinden, Vereine usw. zu gleichen Schritten angeregt haben.

Die Ausstellungsgegenstände, welche unter das Kapitel »Heilverfahren« fallen, nehmen bei dessen Umfang, Bedeutung und Beziehung zur Hygiene einen größeren Raum ein; immerhin war es nur möglich, einen Teil der zahlreichen Einrichtungen der einzelnen Versicherungsanstalten im Bild oder Modell vorzuführen. Die Darbietungen selbst wie die Erläuterungen dazu geben aber wenigstens einigen Aufschluß, wie in allen Teilen des Reichs durch den Bau zweckmäßig angelegter und eingerichteter Heilstätten für rationelle Behandlung von tuberkulösen und anderen Kranken seitens der Versicherungsanstalten gesorgt wird. Einige Zahlen mögen dies noch belegen.

Die erste von einer Versicherungsanstalt hergestellte Lungenheilstätte wurde am 1. Mai 1895 eröffnet. Bis Ende 1909 ist die Zahl der eigenen Heilanstalten auf 62 gestiegen, von denen 32 mit 3862 Betten für Lungenkranke, 30 mit 2306 Betten für andere Kranke bestimmt sind. In ihnen wurden im Jahre 1909 20174 Lungenkranke, 14220 andere Kranke verpflegt. Bis Ende 1910 war in ihnen ein Kapital von rund 53 Millionen Mark angelegt.

Im ganzen wurden im Jahre 1909 auf Kosten der Versicherungsanstalten (in runden Zahlen) 72000 Versicherte an 4,4 Millionen Verpflegtagen, darunter 40000 Lungenkranke an 2,9 Millionen Verpflegtagen ständig, d. h. in einem Krankenhaus, einer Heilanstalt u. dgl. behandelt mit einem Aufwande von 22¹/₄ Millionen Mark, davon 15 Millionen Mark für Lungenkranke.

Durch Gewährung von ambulanter ärztlicher Behandlung sowie von Beihilfen zu künstlichen Zähnen, Stützapparaten, künstlichen Gliedern und anderen Heilmitteln wurden im Jahre 1909 weiter noch 23300 Personen mit einem Aufwande von 710000 Mark unterstützt.

Ferner haben sich die Versicherungsanstalten bei allgemeinen Maßnahmen zur Hebung der Volksgesundheit beteiligt, wie z. B. durch Unterstützung von Gemeindekrankenpflegen, Walderholungsstätten, Fürsorgestellen für Lungenkranke und neuerdings auch für Alkoholkranke, durch Verteilung von Merkblättern usw.

Endlich dienen der Förderung der Arbeiterwohlfahrt und Verbesserung der allgemeinen Gesundheitsverhältnisse auch die großen Summen, welche die Versicherungsanstalten als Darlehen für gemeinnützige Zwecke bewilligt haben. Bis Ende 1910 belief sich (in runden Zahlen) die Summe dieser Darlehen auf 825 Millionen Mark. Hiervon waren gewährt: 298 Millionen Mark zur Erbauung von Arbeiterwohnungen und Ledigenheimen; 96 Millionen Mark zur Errichtung von Kranken- und Siechenhäusern, Genesungsheimen usw.; 143 Millionen Mark für öffentliche Gesundheitspflege, Erbauung von Wasserleitungen, Kanalisationen, Schlachthäusern, Volksbädern usw.; 78 Millionen Mark für Erziehung und Unterricht, Hebung der Volksbildung; 105 Millionen Mark für sonstige Wohlfahrtszwecke. Zur Befriedigung des landwirtschaftlichen Kreditbedürfnisses wurden 105 Millionen Mark gewährt; 53 Millionen Mark endlich betrugen die Anlagen in den eigenen Heilanstalten der Versicherungsanstalten.

Die Darlehen, namentlich für Arbeiterwohnungen, Ledigenheime und andere vorwiegend den Versicherten zugute kommende Wohlfahrtseinrichtungen, überschreiten öfter die Mündelsicherheit (die Hälfte des Grundstückswerts) und sind meist gegen eine unter dem üblichen Hypothekenzinssatz zurückbleibende Verzinsung hergegeben. Dafür sichern sich die Versicherungsanstalten durch Prüfung der Baupläne, Bedingungen in den Darlehensverträgen einen Einfluß darauf, daß die Wohnungen geräumig, zweckmäßig, insbesondere den hygienischen Anforderungen entsprechend hergestellt und ausgestattet, in gutem Stand gehalten, vorwiegend von Versicherten benutzt und die Mieten oder Verkaufspreise in angemessenen Grenzen gehalten werden.

Unter Abzug der getilgten Beträge waren Ende 1910 für gemeinnützige Zwecke noch 762 Millionen Mark angelegt, d. i. die Hälfte des Gesamtvermögens der Versicherungsanstalten, das Ende 1910 etwa 1510 Millionen Mark betrug.

Die Zahl der Unternehmungen, die von den Landes-Versicherungsanstalten Darlehen erhalten haben, ist, wie die große Summe der letzteren erkennen läßt, sehr groß. Nur wenige derselben konnten in der Abteilung der Versicherungsanstalten dargestellt werden. Andere sind von ihren Unternehmern in verschiedenen Gruppen der Ausstellung, z. B. der für »Ansiedelung und Wohnung«, »Arbeiterwohlfahrt«, »Krankenfürsorge«, »Tuberkulose und Alkoholismus« u. a. veranschaulicht. Ausführliche und zahlreiche Abbildungen über die Förderung der Arbeiterwohlfahrt durch Versicherungsanstalten auf dem Gebiete der Heilbehandlung, Wohnungsfürsorge und anderer Bestrebungen enthält die mitausgelegte Festschrift »Invalidenversicherung und Arbeiterwohlfahrt«, welche die Versicherungsanstalten aus Anlaß des 25jährigen Jubiläums der deutschen Arbeiterversicherung herausgegeben haben. (Verlag von Ernst Wasmuth, Berlin.)

54. LANDES-VERSICHERUNGSANSTALT OSTPREUSSEN ZU KÖNIGSBERG

1 bis 3 BILDER VON KRANKEN- UND ANDEREN ANSTALTEN sowie ARBEITER-WOHNHÄUSERN, die mit Unterstützung der Landes-Versicherungsanstalt erbaut sind: Ostpreußische Blindenunterrichtsanstalt in Königsberg, Kreiskrankenhäuser Ortelsburg und Johannisburg, Schwesternhaus Klein-Kurwien, Gemeindehaus Lyck, Erholungsheim Schneewalde, Arbeiterhäuser für eine und mehrere Familien in Lindwald, Illgoßen, Drugehnen, Davienen, Reformgasthaus Bledau, verschiedene Bauten des allgemeinen Wohnungsbauvereins Königsberg.

55. LANDES-VERSICHERUNGSANSTALT WESTPREUSSEN ZU DANZIG

BILDER

1 und 2 Album mit 4 Photographien sowie Übersichtskarte vom GENESUNGSHEIM PELONKEN, früher Danziger Patriziersitz, von der Versicherungsanstalt 1908 angekauft. In den wegen ihrer landschaftlichen Schönheit berühmten Olivaer Höhen bei Danzig in einem rings von bewaldeten Höhen umgebenen Kessel gelegen, bietet das Heim geschützte Plätze und Wandelgänge, Sonnenschein, Waldesschatten, Windschutz und ein wohltuendes Gemisch von Wald- und Seeluft; nach verschiedenen baulichen Umänderungen im Oktober 1909 eröffnet. 25 Betten für Frauen.

56. LANDES-VERSICHERUNGSANSTALT BERLIN ZU BERLIN

BILDER

1 Lageplan der BEELITZER HEILSTÄTTEN (Mark), auf Staffelei. Die Beelitzer Heilstätten, Eigentum der Landes-Versicherungsanstalt Berlin, umfassen zwei Heilstätten für Lungenkranke (Tuberkulöse), für Männer und für Frauen, ebenso zwei Sanatorien für an Krankheiten der Nerven, des Magens, an Rheumatismus, Gicht und sonstigen Krankheiten Leidende; sie liegen im Kreise Zauch-Belzig des Regierungsbezirkes Potsdam auf einem 140 ha großen Waldgelände in unmittelbarer Nähe des Bahnhofes Beelitz der Berlin-Wetzlarer Bahn, welche das Heilstättengelände in zwei annähernd gleichgroße Teile trennt. Die Chaussee Potsdam-Beelitz kreuzt die Bahn innerhalb des Heilstättengeländes. Auf diese Weise entsteht eine natürliche Teilung des Geländes in vier Teile. Nördlich der Bahn sind die Lungenheilstätten, südlich der Bahn die Sanatorien, östlich der Chaussee die Männerabteilungen, westlich die Frauenabteilungen gelegen. Die Gesamtheilstätten bilden einerseits eine einzige große Zentralanlage, anderseits sind sie aber nach Zweck und Geschlecht durch die Eisenbahn und Chaussee und außerdem noch durch einen hohen Drahtzaun voneinander getrennt. Sie liegen 46 km vom Zentrum Berlins entfernt und sind in 5/4 stündiger Bahnfahrt von dort zu erreichen. Mit dem Bau der Heilstätten wurde im Herbst 1898 begonnen; in dem ersten Bauabschnitte, der bis zum Frühjahr 1902 währte, wurde nur der Bau zur Aufnahme von rund 600 Betten ausgeführt, und zwar 300 für Lungenkranke und ebensoviel für sonstige Kranke. Die Eröffnung erfolgte im Sommer 1902. Der weitere Ausbau — 1905 bis 1907 — erstreckte sich auf die beiden Abteilungen der Lungenheilstätte. Diese wurden auf die ursprünglich geplante Höhe von 900 Betten gebracht, so daß zur Zeit insgesamt 1200 Betten, 900 für Lungenkranke, 300 für sonstige Kranke zur Verfügung stehen.
Die Herstellungskosten der Gesamtanlage stellen sich einschließlich der Kosten für den Grunderwerb auf rund 16 1/2 Millionen Mark.

2 1 Tafel mit 13 Abbildungen aus dem ZAHNÄRZTLICHEN INSTITUT, auf Staffelei. Ist im Verwaltungsgebäude der Versicherungsanstalt — Am Köllnischen Park Nr. 8 — seit 1908 eingerichtet und besteht aus zwei selbständigen Abteilungen, die eine zur Fertigung des künstlichen Zahnersatzes, die andere für die vorher etwa erforderliche Mundbehandlung und das Plombieren von Zähnen. Beide Abteilungen sind mit Apparaten und Instrumenten ausgestattet, welche in ihrer Art das neueste und beste auf dem Gebiet der Zahnheilkunde darstellen. Die beteiligten Krankenkassen haben mit der Versicherungsanstalt einen Vertrag geschlossen, nach welchem u. a. auch ihre Zuschußleistung geregelt ist. Zwecks Nachprüfung der von dem zahnärztlichen Institut ausgeführten Arbeiten wurde im Oktober 1908 eine Kontrolle durch den Direktor der Abteilung I an 100 Personen vorgenommen. Das Resultat war ein durchaus befriedigendes. Um eine gute Behandlung des künstlichen Zahnersatzes zu bewirken, erhält jeder Patient bei der Entlassung aus der Behandlung ein Merkblatt ausgehändigt. Voraussetzung für die Gewährung künstlichen Zahnersatzes auf Kosten der Versicherungsanstalt ist, daß überwiegend Beitragsmarken dieser Anstalt verwendet und nach dem Gutachten des Vertrauensarztes der Zahnersatz erforderlich ist. Weibliche Personen haben nur dann Aussicht auf Berücksichtigung ihrer Anträge, wenn sie bzw. ihre gesetzlichen Vertreter eine schriftliche Erklärung abgeben, daß sie im Falle der Erstattung der Beiträge infolge von Verheiratung innerhalb der nächsten 10 Jahre der Landes-Versicherungsanstalt die Selbstkosten des Gebisses zurückzuzahlen sich verpflichten.

In dem Institut werden — außer Umarbeitungen und Reparaturen — jährlich gegen 3000 neue Gebisse völlig kostenlos für die Versicherten hergestellt; die Kosten für ein neues Gebiß stellen sich durchschnittlich auf 34 bis 35 Mark.

57. LANDES-VERSICHERUNGSANSTALT BRANDENBURG ZU BERLIN

BILDER

1 bis 4 LUNGENHEILSTÄTTE COTTBUS für Frauen — Lageplan, Südansicht, Grundriß des Erdgeschosses, Album. In den Jahren 1898 bis 1900 in dem Cottbuser Stadtforst errichtet, am 13. Juni 1900 mit 110 Betten eröffnet. Das 24 Morgen große, mitten im Walde belegene Areal wurde von der Stadt Cottbus geschenkt.

5 GENESUNGSHEIM HOHENELSE — Grundrisse, Mappe —, auf einem 150 Morgen großen Park-, Feld- und Wiesengelände in der Nähe der Stadt Rheinsberg (Mark Brandenburg) mit ihrem historischen Park und den anschließenden mächtigen Buchenwaldungen gelegen, in den Jahren 1902 bis 1904 erbaut, mit 120 Betten, vorherrschend mit Nervenkranken (Neurasthenikern) belegt; neben diesen kommen Gelenk-, Muskelrheumatismus-, Gicht-, Ischias- und Herzkranke zur Aufnahme. Der Arbeitstherapie wird besondere Beachtung geschenkt. Außer Beschäftigung in der Land-, Park- und Gartenwirtschaft ist Gelegenheit zur Beschäftigung in Schlosser-, Tischler-, Schuhmacher- und Buchbinderwerkstatt vorhanden. In geeigneten Fällen wird auch grundlegende Anleitung zum Berufswechsel geboten.

58. LANDES-VERSICHERUNGSANSTALT POMMERN ZU STETTIN

BILDER

1 bis 19 GENESUNGSHEIM WALDFRIEDE — dazu eine Beschreibung — ist am 15. Oktober 1906 mit 65 Betten eröffnet, 2,5 km von der Stadt Naugard entfernt, in einem ausgedehnten Kiefernwalde am Nordufer eines etwa 400 Morgen großen Sees, 51,5 m über dem Meeresspiegel gelegen, bestimmt zur Aufnahme von versicherten weiblichen Rekonvaleszenten und Erholungsbedürftigen. Die Kosten des Baues (für das Hauptgebäude mit zwei Liegehallen, Pförtnerhaus, Badehaus, Bootshaus, Sonnenbad, Stallgebäude) betragen 272 941 Mark, mithin bei 65 Betten 4199 Mark für ein Bett; die des Inventars 36 444 Mark.

Die Landes-Verficherungsanftalt Pommern befitzt ferner für männliche Verficherte das Genefungsheim CANZIGSEE bei Falkenburg in Pommern, das ebenfalls in einem größeren Kiefernwalde und an einem See gelegen ift und 60 Betten enthält. Der Bau ift mit geringen Abweichungen, die durch die Befchaffenheit des Geländes bedingt find, der gleiche wie in Waldfriede. Die Koften find hier infolge größerer Erdbewegung etwas höher: 285 956 Mark, alfo bei 60 Betten 4765 Mark für ein Bett.

59. LANDES-VERSICHERUNGSANSTALT POSEN ZU POSEN

BILDER

1 bis 10 LUNGENHEILSTÄTTE OBORNIK »Kronprinz-Wilhelm-Volksheilftätte« (Zeichnungen und Photographien mit Befchreibung).
Von der Verficherungsanftalt in der Zeit vom Herbft 1901 bis Frühjahr 1903 auf einer 40 Morgen großen Fläche errichtet. Das im Kiefernwalde gelegene Anftaltsgrundftück hat eine Breite von 295 m und dehnt fich in feiner Längsrichtung faft genau von Norden nach Süden aus.
Der Bau, beftehend aus 3 Pavillons, 4 Liegehallen, 1 Hauptgebäude mit den notwendigen Verwaltungs- und Wohnräumen, 1 Wirtfchaftsgebäude, 1 Arzthaus und 1 Pförtnerhaus, bietet Raum zur Unterbringung von 100 Kranken, eröffnet am 30. April 1903. Das 10 Morgen große, zur Riefelfeldanlage eingerichtete Grundftück wird gärtnerifch bearbeitet. Für Männer.

11 bis 13 PHOTOGRAPHISCHE AUFNAHMEN VON ARBEITERWOHNHÄUSERN.

14 ff. ENTWÜRFE ZUM BAU VON ARBEITERWOHNHÄUSERN, die von der Landes-Verficherungsanftalt bei einem ausgefchriebenen Wettbewerbe preisgekrönt oder als muftergültig angekauft worden find (Schaubilder mit Zeichnungen zum Teil in Mappe, mit zugehöriger Befchreibung).

60. LANDES-VERSICHERUNGSANSTALT SCHLESIEN ZU BRESLAU

A. MODELLE UND BILDER

1 bis 10 Photographien des KRANKENHAUSES BRESLAU.
Seit 1899 Eigentum der Verficherungsanftalt, mit besonderen Stationen für innere, chirurgifche, Frauen-, Nerven- und Augenkrankheiten eingerichtet. Bettenzahl 181.

11 bis 20 Photographien des GENESUNGSHEIMS HOHENWIESE.
Für erholungsbedürftige Männer, 486 m über dem Meere gelegen, am 1. September 1902 mit 178 Betten eröffnet.

21 bis 29 Photographien des GENESUNGSHEIMS SCHMIEDEBERG im Riefengebirge.
Für erholungsbedürftige Frauen, 442 m über dem Meere gelegen, am 15. September 1900 mit 75 Betten eröffnet, im Jahre 1908 durch einen Neubau erweitert und zur Belegung von 149 Betten im Sommer und 146 Betten im Winter eingerichtet.

30 Album mit Photographien der KAISERIN-AUGUSTE-VIKTORIA-VOLKSHEILSTÄTTE ZU LANDESHUT.
Errichtet im Jahre 1904 von dem Volksheilftättenverein für die Provinz Schlefien, jetzigem Schlefifchen Provinzialverein zur Bekämpfung der Tuberkulofe in Breslau mit 80 Betten, im Jahre 1907 auf 165 Betten erweitert, umfaßt 18,6731 ha Areal und befteht aus 2 Hauptgebäuden; ein Teil des Landes ift gepachtet. Seitens der Verficherungsanftalt Schlefien wird diefe belegt und ift zu mäßigem Zinsfuße beliehen.

31 bis 39 Photographien der WALDERHOLUNGSSTÄTTEN CARLOWITZ, OSWITZ, BUNZLAU, GRÜNBERG, GÖRLITZ, OPPELN, LIEGNITZ.

40 bis 41	2 WANDERKÖRBE in Wannenform für Wöchnerinnen, enthaltend verschiedene Geräte für die Wochenpflege.
42	1 SAMMLUNG KRANKENPFLEGEGERÄTE in einem Schranke, wie sie von der Landes-Versicherungsanstalt an die Gemeindepflegestationen des Vaterländischen Frauenvereins verabfolgt werden.
	B. STATISTISCH-GRAPHISCHE TAFELN
43	Karte mit den GEMEINDEPFLEGESTATIONEN SCHLESIENS.
44	Karte mit den AUSKUNFTS- UND FÜRSORGESTELLEN FÜR UNBEMITTELTE LUNGENKRANKE und WALDERHOLUNGSSTÄTTEN in Schlesien.
45	1 Karte mit den FÜRSORGESTELLEN FÜR ALKOHOLKRANKE und den Enthaltsamkeitsvereinen in Schlesien.
46 bis 49	4 TAFELN (nach Kreisen) betreffend: a) Verteilung der Invaliden- und Krankenrenten, b) Ausscheiden der Invaliden- und Krankenrenten, c) und d) Verbreitung der Tuberkulose.
50	TAFEL, die Wirkung des Heilverfahrens, insbesondere Erfolge im Krankenhause zu Breslau (s. o. 1 ff.), den Genesungsheimen in Schmiedeberg und Hohenwiese sowie den Lungenheilstätten.
	C. BÜCHER
51 ff.	MERKBLÄTTER, Vorträge und Abhandlungen von Ärzten; Verwaltungsberichte usw.
	61. LANDES-VERSICHERUNGSANSTALT SACHSEN-ANHALT ZU MERSEBURG
	BILDER
1 bis 6	Lageplan und Vogelperspektive der LUNGENHEILSTÄTTE SCHIELO mit Denkschrift über deren Errichtung. Die Heilstätte liegt am Südostabhange des Harzes, 300 bis 380 m über dem Meere, 8 km von Harzgerode, der nächsten Bahnstation entfernt, ist 1903 bis 1905 von der Versicherungsanstalt erbaut, am 2. Oktober 1905 mit 120 Betten eröffnet, jetzt für 143 Betten eingerichtet. Dazu gehört eine über 30 ha große mit Buchenhochwald bestandene Fläche.
7	ERHOLUNGSHEIM RODBERG BEI BERKA a. Ilm.
	BÜCHER
8	DENKSCHRIFT über die Errichtung der Heilstätte Schielo.
	62. LANDES-VERSICHERUNGSANSTALT SCHLESWIG-HOLSTEIN ZU KIEL
	PFLEGESTATIONEN.
	63. LANDES-VERSICHERUNGSANSTALT HANNOVER ZU HANNOVER
	MODELLE UND BILDER
1 u. 2	Modell mit Grundriß vom GENESUNGSHAUS FRIEDRICHSHÖHE IN PYRMONT, im Jahre 1900 auf einem 1,5 ha großen, von dem Fürsten Friedrich zu Waldeck-Pyrmont zu billigem Preise zur Verfügung gestellten Gelände in schönster Lage

des Bades Pyrmont, 150 m über dem Meeresſpiegel erbaut und am 13. April 1901 in Betrieb genommen, mit eigener Badeanſtalt, die an eine der heilkräftigen Stahlquellen Pyrmonts angeſchloſſen iſt und auch zu Trinkkuren benutzt wird, zur Aufnahme von blutarmen und bleichſüchtigen weiblichen Verſicherten beſtimmt, hat 90 Betten, Sommer und Winter geöffnet.

3 bis 8 Modell mit Lageplan, Perſpektive und 3 Grundriſſen eines ARBEITERWOHNHAUSES DES BAUVEREINS RÜSTRINGEN bei Wilhelmshaven, e. G. m. b. H.

9 bis 12 Modell eines ARBEITERWOHNHAUSES DER RENTENGUTSKOLONIE des evangeliſchen Arbeitervereins in HANNOVER-BOTHFELD; dazu 3 Zeichnungen (Grundriſſe, Perſpektive).

64. LANDES-VERSICHERUNGSANSTALT WESTFALEN ZU MÜNSTER

A. MODELLE

1 und 2 2 MODELLE UND VERSCHIEDENE ZEICHNUNGEN, welche den Einfluß der Landes-Verſicherungsanſtalt auf die Geſundung des Kleinwohnungsweſens durch Prüfung und Abänderung der den Anträgen auf Gewährung von Baudarlehen beigefügten Bauzeichnungen darſtellen.

B. BÜCHER

3 VERSCHIEDENE DRUCKSACHEN (Berichte der Verſicherungsanſtalt und von ihr benutzter Heilſtätten und Invalidenheime).

65. LANDES-VERSICHERUNGSANSTALT RHEINPROVINZ ZU DÜSSELDORF

A. MODELLE UND BILDER

1 Modell der HEILSTÄTTE FÜR RHEUMATIKER IN AACHEN-BURTSCHEID mit 250 Betten, zu drei Viertel mit Männern und ein Viertel mit Frauen belegt.

2 bis 9 Photographien von der LUNGENHEILSTÄTTE RONSDORF. Eine halbe Stunde von der Station Ronsdorf entfernt, in einer Höhe von 300 m über der Nordſee am oberen Rande eines nach Südweſten ſich erſtreckenden kleinen Tales mit dem Hauptfrontblick nach Süden über reichbewaldete Höhen und Täler, gegen Weſten, Norden und Oſten durch Berglehnen geſchützt, von der Geſellſchaft »Bergiſche Volksheilſtätten für heilbare Lungenkranke« errichtet und am 16. September 1901 mit 131 Betten eröffnet, jetzt 140 Betten. Sie iſt am 1. Januar 1909 von der Verſicherungsanſtalt käuflich erworben worden und wird erweitert.

10 bis 13 Photographien der HEILSTÄTTE FÜR WEIBLICHE NERVENKRANKE RODERBIRKEN bei Leichlingen. Errichtet von der Geſellſchaft »Rheiniſche Volksheilſtätten für Nervenkranke zu Düſſeldorf«, beſteht aus 4 Pavillons und umfaßt mit dem zugehörigen Gut Roderhof und dem Waldgut Roderbirken rund 130 ha, am 1. Juni 1906 mit 145 Krankenbetten in Betrieb genommen, am 1. Januar 1909 auf die Landes-Verſicherungsanſtalt Rheinprovinz übergegangen, deren Ausſchuß einen Erweiterungsbau beſchloſſen hat.

14 bis 23 Photographien der WALDERHOLUNGSSTÄTTEN BEI DÜSSELDORF. Die Walderholungsſtätten ſind im Frühjahr 1903 und im Jahre 1906 eröffnet worden. Sie liegen im Aaper Walde in unmittelbarer Nähe der Halteſtelle »Hubertusheim« der elektriſchen Straßenbahn Düſſeldorf-Ratingen auf der gegen eine Anerkennungsgebühr von der Königlichen Regierung zur Verfügung geſtellten Waldparzelle; ſie ſind in der Regel vom 1. Mai bis 1. Oktober in der Zeit von 8½ Uhr morgens bis 7 Uhr abends für die in Pflege genommenen Erholungsbedürftigen offen und von dieſen durch Benutzung der elektriſchen Bahn erreichbar.

24 bis 33 Photographien, darſtellend die Einrichtung des TUBERKULOSE-WANDER-MUSEUMS. Von der Landes-Verſicherungsanſtalt Rheinprovinz 1909 eingerichtet und dazu beſtimmt, in den einzelnen Bezirken der Rheinprovinz, der Hohenzollernſchen Lande ſowie des Fürſtentums Birkenfeld im Kampfe gegen die Tuberkuloſe die Aufklärungsarbeit für das Weſen und die Heilbarkeit dieſer Krankheit zu unterſtützen, wird auf diesbezüglichen Antrag von Gemeinden, Kreiſen oder Vereinen zur Aufſtellung auf 2 bis 4 Wochen überlaſſen.

34 Wandkarte der Rheinprovinz, in welcher die FÜRSORGESTELLEN FÜR LUNGENKRANKE, ſonſtige Kranke und Trinker eingezeichnet ſind.

66. VERSICHERUNGSANSTALT FÜR NIEDERBAYERN ZU LANDSHUT

A. MODELL UND BILDER

1 INVALIDENHAUS der Verſicherungsanſtalt (Photographie), für Männer und Frauen, 1895 in Landshut errichtet.

2 bis 4 STÄDTISCHE ARBEITERWOHNHÄUSER in Zwieſel (Modell, Photographie und Plan).

5 bis 7 WOHNHÄUSER für landwirtſchaftliche Arbeiter in Irlbach (Perſpektive, Hauptplan, Werkpläne).

8 KRANKENHAUS der barmherzigen Brüder in Straubing. Mit den modernſten Einrichtungen verſehen, am 24. Januar 1905 eröffnet, ſeitens der Verſicherungsanſtalt Niederbayern zu mäßigem Zinsfuß beliehen und zur Unterbringung von Kranken aller Art in Anſpruch genommen, hat eine beſondere Abteilung für Lungenkranke und eine Station als Heimſtätte für lungenkranke Rentenempfänger beiderlei Geſchlechts.

9 bis 10 RAUCHBILD-ZEICHNUNG (Plan, Beſchreibung) der Anſtalt für männliche Unheilbare uud Kretinen in Straubing. Für 300 Pfleglinge; von der Verſicherungsanſtalt für Niederbayern mit einem Kapitale von 99000 Mark zu 3 1/2 v. H. gegen die Verpflichtung zur Aufnahme von Invalidenrentenempfängern beliehen.

67. VERSICHERUNGSANSTALT FÜR DIE PFALZ ZU SPEYER

BILDER

1 und 2 VOLKSHEILSTÄTTE RAMBERG, errichtet von dem Verein für Volksheilſtätten in der Pfalz, in der Gemarkung Eußertal, 8 km von der Bahnſtation Albersweiler entfernt, 376 m hoch gelegen, am 1. September 1905 mit 61 Betten eröffnet, 1908 von der Verſicherungsanſtalt erworben. Zur Zeit nur für männliche, nach der geplanten Erweiterung auch für weibliche Lungenkranke.

68. VERSICHERUNGSANSTALT FÜR OBERPFALZ UND REGENSBURG ZU REGENSBURG

BILDER

1 VOLKSHEILSTÄTTE DONAUSTAUF, 1,3 km von dem gleichnamigen Marktflecken entfernt, auf einem ſanft anſteigenden Hügel am Donaugelände, welcher ehemals Weinpflanzungen trug, gelegen, gegen Norden, Oſten und zum Teil gegen Weſten durch Berg und Waldungen vor rauhen Winden geſchützt, 470 m über dem Meere, mit der Längsſeite nach Süden gerichtet, bietet einen weiten Blick auf die Donauebene mit dem durch Schiffsverkehr belebten Strom, weſtlich auf Regensburg, öſtlich auf Hügelland, auf dem ſich die Walhalla erhebt; im Jahre 1908 von dem Verein zur Bekämpfung der Tuberkuloſe in der Oberpfalz erbaut, von der Verſicherungsanſtalt zu beſonders mäßigem Zinsfuß beliehen; 60 Betten für männliche Lungenkranke.

2 INVALIDENHEIM IN TIRSCHENREUTH, 1906 mit 67 Betten für Männer in einem der Stadtgemeinde Tirſchenreuth abgemieteten Gebäude eingerichtet, von Ordensſchweſtern bedient.

69. VERSICHERUNGSANSTALT FÜR OBERFRANKEN ZU BAYREUTH

BILDER. Eine Mappe.

GENESUNGS- UND INVALIDENHEIME KULMBACH, durch Ankauf bzw. Umbau einer Villa und eines kleinen Anweſens von zuſammen etwa 5 ha Fläche im Januar 1906 mit 42 Betten eröffnet, von großem Park umſchloſſen, ſeit Januar 1907 auch als Invalidenheim mit 10 Plätzen für männliche Rentner eingerichtet.

BERNECK, im Januar 1908 als Geneſungsheim für weibliche Verſicherte in einer früheren Villa mit 30 Betten eröffnet, von denen 10 durch Invalidenrentnerinnen belegt werden.

70. VERSICHERUNGSANSTALT FÜR MITTELFRANKEN ZU ANSBACH

MODELLE UND BILDER

1 bis 4 Paſtellbild, Lageplan der LUNGENHEILSTÄTTE BEI PAPPENHEIM, 435 m über dem Meere gelegen, von der Verſicherungsanſtalt für 60 männliche Kranke eingerichtet und im Jahre 1910 dem Betrieb übergeben. Außer der Heilſtätte Pappenheim beſtehen in Mittelfranken noch ſolche in Engelthal für Männer und in Fürth für Frauen.

5 Modell der WALDERHOLUNGSSTÄTTE ZU WEISSENBURG I. B., aus Mitteln der Verſicherungsanſtalt für Mittelfranken im Jahre 1910 errichtet, für die Stadt Weißenburg und Umgebung beſtimmt, enthält je eine Abteilung für Männer und Frauen.
In gleicher Weiſe wird gegenwärtig eine Walderholungsſtätte in Schwabach bei Nürnberg eingerichtet und demnächſt in Betrieb genommen werden. Weitere Walderholungsſtätten beſtehen zu Engelthal und bei Fürth.

FÜRSORGESTELLEN für Lungenkranke ſind 14 vorhanden, in Ansbach, Dinkelsbühl, Erlangen, Fürth, Georgensgmünd, Gunzenhauſen, Lauf, Neuſtadt a. A., Nürnberg, Roth a. S., Rothenburg o. T., Schwabach, Uffenheim, Weißenburg i. B.

71. VERSICHERUNGSANSTALT SCHWABEN UND NEUBURG ZU AUGSBURG

A. MODELLE UND BILDER

1 Krippenbild mit dem Modell der im Bau begriffenen HEILSTÄTTE WASACH. Das Bild ſtellt figürlich die von der Verſicherungsanſtalt Schwaben und Neuburg mit der Heilbehandlung Tuberkulöſer in den letzten 6 Jahren erzielten Erfolge dar.

2 Aquarell des GENESUNGS- UND INVALIDENHEIMS ICHENHAUSEN. Für Frauen (16 Betten), im freundlichen Günztale mit einem ſchönen Ausblick auf die fernen Allgäu-Alpen.

B. STATISTISCH-PLASTISCHE DARSTELLUNGEN

3 bis 10 8 HALBPYRAMIDEN; dieſe veranſchaulichen die Leiſtungen der deutſchen Landes-Verſicherungsanſtalten auf dem Gebiete des Heilverfahrens und des Arbeiterwohnhausbaues, und zwar läßt erſehen

die erſte Pyramide die deutſchen Landes-Verſicherungsanſtalten nach ihrer Größe (nach der Zahl der Verſicherten) — eine Hauptgrundlage für die Beurteilung der in den anderen Pyramiden dargeſtellten Verhältniſſe —, die zweite Pyramide die Zahl der auf Koſten der deutſchen Landes-Verſicherungsanſtalten im Jahre 1909 in ſtändiger Heilbehandlung geweſenen Perſonen,

die dritte Pyramide die Zahl der auf Koſten der deutſchen Landes-Verſicherungsanſtalten im Jahre 1909 in ſtändiger Heilbehandlung geweſenen Perſonen im Verhältniſſe zur Zahl der in den betreffenden Anſtaltsbezirken vorhandenen Verſicherten,

die vierte Pyramide die Zahl der auf Koſten der deutſchen Landes-Verſicherungsanſtalten im Jahre 1909 wegen Lungentuberkuloſe in ſtändiger Heilbehandlung geweſenen Perſonen,

die fünfte Pyramide die Zahl der auf Koſten der deutſchen Landes-Verſicherungsanſtalten im Jahre 1909 wegen Lungentuberkuloſe in ſtändiger Heilbehandlung geweſenen Perſonen im Verhältniſſe zur Zahl der in den betreffenden Anſtaltsbezirken vorhandenen Verſicherten,

die ſechſte Pyramide den Geſamtaufwand der einzelnen deutſchen Landes-Verſicherungsanſtalten für das Heilverfahren im Jahre 1909,

die ſiebente Pyramide den Geſamtaufwand der einzelnen deutſchen Landes-Verſicherungsanſtalten für das Heilverfahren im Jahre 1909 im Verhältniſſe zu ihren Beitragseinnahmen,

die achte Pyramide die Anlage des Vermögens der deutſchen Landes-Verſicherungsanſtalten in Darlehen zur Förderung gemeinnütziger Beſtrebungen, beſonders zur Förderung des Arbeiterwohnhausbaues nach dem Stande vom 31. Dezember 1910.

72. LANDES-VERSICHERUNGSANSTALT KÖNIGREICH SACHSEN ZU DRESDEN

Die für das Königreich Sachſen errichtete Verſicherungsanſtalt gehört zu den größten. Die Zahl ihrer Verſicherten iſt bei Einführung der Verſicherung mit 808 000 angenommen worden, jetzt auf 1 300 000 Perſonen zu ſchätzen und erfaßt gegen 27 v. H. der Einwohner Sachſens, von denen noch rund 60 000 der reichsgeſetzlichen Invalidenverſicherung bei den Penſionskaſſen für Eiſenbahn- und Bergarbeiter genügen.

Von der Landes-Verſicherungsanſtalt wurden von 1891 bis 1910 im ganzen 180949 Renten, und zwar 129656 Invaliden-, 10616 Kranken- und 40477 Altersrenten bewilligt, davon Ende 1910 noch 76766 (66039 Invaliden-, 1157 Kranken-, 9570 Alters-)Renten bezogen.

Bis Ende 1910 hat die Landes-Verſicherungsanſtalt für Renten, Beitragserſtattungen, Heilverfahren, Invalidenhauspflege und Sonderleiſtungen an Verſicherte 114,5 Millionen Mark verausgabt, von ihrem Vermögen (Ende 1910 174 Millionen Mark) meiſt zu einem niedrigen bis auf 3 v. H. heruntergehenden Zinsſatze 25 1/2 Millionen Mark auf Arbeiterwohnhäuſer und 86 Millionen Mark zur weiteren Förderung der Arbeiterwohlfahrt, Volksgeſundheit und anderer gemeinnütziger Zwecke ausgeliehen (vgl. dazu die ausgeſtellte Tafel).

A. MODELLE UND BILDER

1 bis 10 Modell, Grundriſſe und Innenanſichten der HEILSTÄTTE HOHWALD b. Neuſtadt i. Sa., 8 km von dieſer Stadt und nächſten Bahnſtation entfernt. Die Heilſtätte mit 260 Betten für lungenkranke Männer iſt vom Herbſt 1902 bis 1905 auf einem 17,60 ha großen Trennſtück des gleichnamigen Forſtes 400 m über Meereshöhe an einem nach Süden um 40 m fallenden und nach dieſer Richtung freien Ausblick bietenden Hang errichtet, nach den anderen Seiten von bewaldeten Höhenzügen umrahmt, ſeit Dezember 1905 in Benutzung, jetzt Sommer und Winter voll belegt. Im allgemeinen wird die hygieniſch-diätetiſche Heilmethode, in geeigneten Fällen auch Tuberkulin angewandt, diagnoſtiſch der Röntgenapparat viel benutzt.

	Über Anlage-, Betriebskosten, Zahl der Behandlungen, Kurerfolge usw. gibt die ausgestellte Tafel (siehe unter Ziffer 19) nähere Auskunft. Zur Heilbehandlung von Lungenkranken belegt die Landes-Versicherungsanstalt wie schon früher so auch jetzt noch innerhalb ihres Bezirkes die durch Zuwendungen und Darlehen unterstützten Heilstätten Albertsberg (für Männer), Carolagrün (für Frauen) des Sächsischen Heilstättenvereins und Reiboldsgrün (im Privatbesitz) sowie die Heilstätte der Stadt Leipzig bei Adorf, außerhalb Sachsens namentlich das Krankenheim von Dr. Weicker in Görbersdorf, die Heilstätte Römhild der Thüringischen Versicherungsanstalt und Lippspringe. Im Jahre 1910 sind von ihr im ganzen 2865 Lungenkranke, 1847 Männer und 1018 Frauen, an insgesamt 223 738 Verpflegtagen behandelt und dafür 1007612 Mark Verpflegkosten bezahlt worden.
11a	RÖNTGENAUFNAHMEN (verkleinerte Glasdiapositive) aus der Heilstätte Hohwald. Die dort gefertigten Platten stellen Übergänge von normaler Lunge zu schweren und schwersten Veränderungen bei Lungentuberkulose und die häufigsten Komplikationen dabei dar. Erläuterungen zu den Einzelplatten sind diesen beigeschrieben.
12	LUFTUNTERSUCHUNGEN, welche auf den ausgestellten Scheiben von Fliespapier die Verunreinigung der Luft durch Staub und Ruß in der Großstadt, in kleinerer Stadt von 5000 Einwohnern und in Heilstätte Hohwald darstellen. Dazu wurden 500 oder 1000 Liter Luft durch das Fließpapier gesaugt und die Niederschläge auf diesem fixiert. Die Aufnahmen erfolgten in Dresden durch die Zentralstelle für öffentliche Gesundheitspflege (Präsident Geh. Medizinalrat Professor Dr. Renk), in Kleinstadt und Heilstätte durch letztere (Dr. Schulze).
13	Modell der HEILSTÄTTE GOTTLEUBA, welche in Nähe der Stadt Gottleuba — altbekanntes Moorbad — nach Planung der Architekten Schilling u. Graebner noch im Bau begriffen ist, 1912 eröffnet, in der ersten Bauperiode mit 500 Betten für männliche und weibliche Versicherte, die der Heilbehandlung oder Erholung bedürfen, eingerichtet, in der zweiten Periode auf 800 Betten erweitert und bei späterem Bedarf noch mehr vergrößert werden soll. Die Bauwerke für die Zentralanlagen (Badeanstalt mit Moorbereitung, Kessel- und Maschinenhaus, Kochküche, Wäscherei, Verwaltungsgebäude, Kläranlage nach biologischem System) werden schon in der ersten Bauperiode so groß ausgeführt, daß sie bei starker Belegung künftig ausreichen. Die Heilstätte hat eigene Wasserleitung, erhält elektrische Beleuchtung und Kraft und wird durch Fernleitung von einer Zentralanlage in den einzelnen Gebäuden mit Warmwasser auch für Heizung versorgt. Die Moorgewinnung ist jenseits der Stadt in Nähe des Quellgebiets für die Wasserleitung gesichert. Auf dem der Landes-Versicherungsanstalt gehörenden Areale von über 90 ha, darunter 50 ha forstwirtschaftlich nutzbarer Wald, ist auch die Errichtung von Invalidenheimen zur Versorgung von Rentenempfängern (§ 25 des Invalidenversicherungsgesetzes) in Aussicht genommen.
14	Modell der BADEANSTALT in der ebengenannten HEILSTÄTTE GOTTLEUBA. Von der mit der Installation beauftragten Firma F. H. Beeg in Dresden hergestellt, veranschaulicht das Modell die Einrichtung des im Rohbau fertigen Zentralbads für die verschiedenen darin anzuwendenden Heilmethoden als: Hydrotherapie, Zusatz-, Moor-, Heißluft-, Dampf-, Schwefel-, Sandbäder, Röntgen-, Radiumbehandlung usw., die Anlage des Schwimmbades sowie für mechanische Heilgymnastik.
15 bis 17	Mappen, ANSICHTEN einiger durch die Landes-Versicherungsanstalt BELIEHENER ARBEITERWOHNHÄUSER enthaltend.
	B. STATISTISCH-GRAPHISCHE TAFELN
18	Darstellung der hauptsächlichsten Einnahmen, Ausgaben und Vermögensanlagen der Landes-Versicherungsanstalt von 1891 bis 1910.
19	Graphische Darstellungen und Bezifferung der Anlage- und Betriebskosten, Heilbehandlungen usw. in der Heilstätte Hohwald.

73. VERSICHERUNGSANSTALT WÜRTTEMBERG ZU STUTTGART

BILDER

1 LUNGENHEILSTÄTTE ÜBERRUH bei Isny, in den Jahren 1905 bis 1908 im Württembergischen Algäu am Fuße des Schwarzen Grats auf Markung Polsternang, Gemeinde Großholzleute, Oberamt Wangen, auf einem 30,61 ha großen Gelände erbaut, 3,5 km von der Eisenbahnstation Großholzleute entfernt, 802,5 bis 841,65 m hoch über dem Meere, nach Süden offener Ausblick auf die Vorberge des Algäus, von allen anderen Seiten durch einen ziemlich steil ansteigenden Tannenwald umschlossen. Eröffnet am 1. September 1908 mit 180 Betten für Frauen.

2 LUNGENHEILSTÄTTE WILHELMSHEIM für Männer, bei Oppenweiler (Bahnstation) auf Markung Schiffrain, Gemeinde Reichenberg, Oberamt Backnang, 435 m über dem Meere, von dem Verein für Volksheilstätten in Württemberg erbaut, im Sommer 1900 mit 100 Betten eröffnet, 1904 von der Versicherungsanstalt angekauft und erweitert, so daß zur Zeit 177 Kranke untergebracht werden können. Das Areal der Heilstätte umfaßt 7,37 ha.

3 GENESUNGSHEIM BAD RÖTENBACH bei Nagold, ist hervorgegangen aus einem kleinen Schwarzwaldbad, dessen Eigenschaft und Gebrauch als »Gesund- und Heilbrunnen« schon im Jahre 1726 von einem Arzte beschrieben wird und das später eine besuchte Sommerfrische war. Im Jahre 1899 von der Versicherungsanstalt käuflich erworben und am 10. April 1900 nach Vornahme von Erweiterungsbauten in Betrieb genommen, mehrmals durch verschiedene Neubauten vergrößert, bietet es Raum zur Aufnahme von 70 Pfleglingen. Das Genesungsheim liegt 3 km von der Oberamtsstadt und Eisenbahnstation Nagold entfernt, rund 463 m über dem Meere, in einem Seitentale der Nagold am Saume des Tannenwaldes, vor Winden geschützt, in freundlicher stiller Umgebung. Das Areal des Genesungsheims umfaßt 5,1465 ha. Zur Aufnahme kommen männliche Versicherte,

a) welche Krankheiten überstanden haben und der Pflege im Krankenhause nicht mehr bedürfen, für welche aber behufs Förderung und Ermöglichung tatsächlicher Wiederaufnahme ihres Berufs weitere Genesung und Erholung in besonderer Anstalt sich empfiehlt, oder

b) bei welchen es sich sonst um klimatische oder ähnliche einfachere Kuren handelt.

4 GENESUNGSHEIM LORCH, im Jahre 1902 erbaut, im Mai 1903 mit 53 Betten für Frauen eröffnet, 297 m über dem Meere am Südhang eines das Remstal rechtsuferig begrenzenden Höhenzuges, inmitten eines 1,9089 ha großen Obstgartens, auf Markung Lorch (Eisenbahnstation Lorch) gelegen.

5 KRANKENHEIM WILDBAD (Schwarzwald), erbaut 1902 und eingeweiht im Mai 1903, liegt am südöstlichen Hange des Enztales, unmittelbar über dem Bahnhof Wildbad, auf Markung Wildbad, 440 m über dem Meere, zur Aufnahme für Kranke, welche zur Heilung von Gicht und Rheumatismus des Gebrauchs der Thermalbäder bedürfen, bestimmt, von April bis Oktober geöffnet. 90 Betten für Frauen und Männer.

74. LANDES-VERSICHERUNGSANSTALT BADEN ZU KARLSRUHE

BILDER

1 bis 10 Lageplan, Grundrisse, Ansichten der drei Lungenheilstätten:

FRIEDRICHSHEIM bei Marzell im badischen südlichen Schwarzwald, 844 m über dem Meere, Bahnstation Badenweiler, 1899 eröffnet, mit 232 Betten für Männer.

LUISENHEIM, von Friedrichsheim durch einen 40 m hohen, mit einem Tunnel zur Überleitung von Dampf und Warmwasser durchstochenen Bergrücken getrennt, 1905 eröffnet, mit 200 Betten für Frauen.

NORDRACH-KOLONIE, im mittleren badischen Schwarzwald, oberen Nordrachtal, Bezirk Offenburg, Bahnstation Zell am Harmersbach, 450 m über dem Meere, als Heilstätte von der Landes-Versicherungsanstalt 1908 angekauft und mit 100 Betten für Männer eingerichtet.

75. LANDES-VERSICHERUNGSANSTALT GROSSHERZOGTUM HESSEN ZU DARMSTADT

BILDER

1 Photographien über die mit gutem Erfolg in der ERNST-LUDWIG-HEILSTÄTTE für lungenkranke Männer ein- und durchgeführte Beschäftigung von Pfleglingen. Die Heilstätte selbst durch vorgelagerte Höhenzüge gegen Nord- und Ostwinde geschützt, erhebt sich auf dem Abschlußplateau eines gegen Süden geöffneten Tales des Odenwaldes in der Nähe des Dörfchens Sandbach, 245 m über dem Meeresspiegel, umfaßt 818 Ar eigenes, von gepachtetem Gemeindewald umgebenes Gelände, ist 1900 bis 1901 erbaut und am 22. März 1901 mit 135 Betten eröffnet.

2 DAS TUBERKULOSE-WANDERMUSEUM mit statistischen Anmerkungen über dessen Besuch, Vorträge usw.

76. THÜRINGISCHE LANDES-VERSICHERUNGSANSTALT ZU WEIMAR

A. MODELLE UND BILDER

1 und 2 Modell und Grundriß des Hauptgebäudes der SOPHIENHEILSTÄTTE, POST BERKA (Kreis Weimar), für lungenkranke Männer, einschließlich zwei Arztwohnhäusern, Personalwohnhaus, Werkstatt, Gewächshaus usw., 5600 qm überbaute Fläche, davon 1200 qm Liegehallen. Keller und Erdgeschoß enthalten Wirtschafts-, Untersuchungs-, Speise- und Tagesräume, die beiden Obergeschosse 82 Krankenzimmer mit zusammen 210 Betten, außerdem Personalwohnräume, Beobachtungsstationen, getrennte Schlaf-, Speise- und Tagesräume für bazillenführende und bazillenfreie Kranke, Werkstatt und ausgedehnte Gartenanlagen für Beschäftigungskuren. Eigene Milchgewinnung. Zur Heilstätte gehören insgesamt 16,5 ha Waldung (alte Nadelholzbestände), 77 ha Felder, Wiesen und Gärten. Quellwasser in bester Beschaffenheit in überreichlicher Menge.

Die Thüringische Landes-Versicherungsanstalt unterhält ferner die Heilstätte Römhild für weibliche Lungenkranke (80 Betten) und hat eine Anzahl Lungenkranke in fremden Anstalten untergebracht.

Im Jahre 1910 wurden Lungenkranke verpflegt: 725 in eigenen Anstalten, 397 in fremden Anstalten, zusammen 1122 mit 68 785 Verpflegungstagen mit einem Aufwand von 332 123 Mark, von denen 89 384 Mark durch Zuschüsse von Krankenkassen, Gemeinden und Privaten gedeckt wurden. Aufwand für einen Verpflegungstag 4,83 Mark. Außerdem werden tuberkulöse Rentenempfänger in Krankenhäusern dauernd untergebracht. Im Jahre 1910 fanden 122 Personen dieser Art Aufnahme.

3 bis 6 Außenansichten und Darstellungen aus dem Innenleben des INVALIDENHEIMS ETZELBACH. Das Heim besteht aus zwei Abteilungen: a) für nichtpflegebedürftige Rentenempfänger 50 Betten, b) für pflegebedürftige Rentenempfänger 25 Betten. Die Landes-Versicherungsanstalt besitzt außerdem das gleichartige Invalidenheim Debrahof bei Rudolstadt (42 Betten) und bringt Invalide in Dritten gehörenden Anstalten unter.

Im Jahre 1910 wurden im ganzen 173 Pfleglingen 65 154 Pflegetage mit einem Gesamtaufwand von 95 177 Mark gewährt, von denen 40 083 Mark durch die Renten oder Zuschüsse gedeckt wurden. Zuschuß der Landes-Versicherungsanstalt pro Verpflegungstag 0,85 Mark, im ganzen 55 094 Mark.

B. BÜCHER

Die Invalidenpflege der THÜRINGISCHEN LANDESVERSICHERUNGSANSTALT zu Weimar.

77. LANDES-VERSICHERUNGSANSTALT OLDENBURG ZU OLDENBURG

BILDER

1 bis 2 GENESUNGSHEIM HAUS SANNUM. Dieſes Heim ſoll Lungenkranken nach der Heilſtättenkur und Geneſenden nach langem Krankenhausaufenthalte durch planmäßige Beſchäftigung mit geeigneten, insbeſondere gärtneriſchen und landwirtſchaftlichen Arbeiten den Übergang zur Berufstätigkeit ohne Gefährdung des Kurerfolges ermöglichen, auch anderen Kranken, für die Beſchäftigungskuren angezeigt ſind, insbeſondere Nervenkranken, zum Aufenthalt dienen. Bettenzahl: 36 für Männer, 24 für Frauen. Größe: 75 ha, Anlagekapital: 152400 Mark, Koſten des Verpflegungstages 1910: 2,56 Mark.

78. LANDES-VERSICHERUNGSANSTALT BRAUNSCHWEIG ZU BRAUNSCHWEIG

MODELL

LUNGENHEILSTÄTTEN ALBRECHTSHAUS-MARIENHEIM bei Stiege im Harz, 500 m hoch, mitten im Walde, vor Winden geſchützt, nach Süden gelegen, in der Hauptſache für Lungenkranke — Männer und Frauen — beſtimmt, im Jahre 1897 als Heilſtätte für Geneſende eröffnet, 1898 und 1904 vergrößert. Die zugehörende Kapelle iſt als Holzbau im nordiſchen Stile einer ſogenannten Stabkirche ausgeführt.

79. LANDES-VERSICHERUNGSANSTALT DER HANSESTÄDTE ZU LÜBECK

A. MODELLE UND BILDER

1 Modell des Licht- und Luftbades im ERHOLUNGSHEIM FÜR MÄNNER IN GROSS-HANSDORF. Die Einrichtungen des Luft- und Lichtbades kommen ſowohl den auf der Krankenſtation des Erholungsheims befindlichen Erholungsbedürftigen und Nervenkranken als auch den auf der Vorſtation zur Feſtſtellung der Art ihres Leidens befindlichen tuberkuloſeverdächtigen Lungenkranken zugute. Ein gleiches Luft- und Lichtbad befindet ſich in dem Geneſungsheim für Frauen in Groß-Hansdorf. Im übrigen wird auf die Ausführungen in der Denkſchrift unter laufender Nr. 4 hingewieſen.

2 Aquarellzeichnung der HEILSTÄTTE ODERBERG-GEBHARDSHEIM bei St. Andreasberg im Harz (Winterlandſchaft). Die Heilſtätte liegt in einer Höhe von 650 m über der Oſtſee, dient zur Aufnahme von lungentuberkulöſen Männern und enthält 180 Betten. Weiteres ergibt die unter laufender Nr. 4 aufgeführte Denkſchrift.

3 Darſtellung der LUPUSBEHANDLUNG. Nähere Aufſchlüſſe über dieſe Behandlung gibt die nachſtehend angegebene Denkſchrift.

B. BÜCHER

4 DENKSCHRIFT mit Abbildungen: »20 Jahre Kranken- und Invalidenfürſorge der Landes-Verſicherungsanſtalt der Hanſeſtädte.« Weitere Druckexemplare ſtehen Intereſſenten auf Wunſch zur Verfügung.

80. LANDES-VERSICHERUNGSANSTALT ELSASS-LOTHRINGEN ZU STRASSBURG

MODELLE UND BILDER

1 Modell des GENESUNGSHEIMS SCHIRMECK. Das Genesungsheim ist von der Landes-Versicherungsanstalt Elsaß-Lothringen in den Jahren 1909 bis 1911 erbaut; es liegt 420 m hoch auf einem Bergabhang nordwestlich der Stadt Schirmeck im Breuschtal (Vogesen) mit herrlicher Aussicht auf das Tal und die umliegenden Berge. Es dient zur Erholung männlicher Versicherter besonders nach überstandener Krankheit, Operation usw. und kann in 32 Krankenzimmern 120 Patienten aufnehmen. Das Untergeschoß enthält in dem einen Flügel die Küchen- und Kellerräume, in dem anderen die Badeeinrichtungen — Voll-, Dampf- und Wannenbäder aller Art — sowie einen Saal für mediko-mechanische Behandlung. Das Erdgeschoß enthält Kranken- und Aufenthaltsräume, das Obergeschoß zwei Speisesäle und weitere Krankenzimmer. Auf dem Abhange hinter dem Hauptgebäude ist ein Sonnenlichtbad eingerichtet. Außer dem Hauptgebäude sind noch vorhanden: ein Wohnhaus für den Verwalter, ein weiteres Wohnhaus für vier verheiratete Angestellte, Gärtnerwohnung, Waschhaus, Hühnerstall.

2 bis 3 Photographien der Lungenheilstätten:

TANNENBERG für Männer, bei Saales in den Vogesen, 675 m hoch gelegen, in den Jahren 1902 bis 1904 vom Bezirk Unterelsaß gebaut und im Jahre 1906 durch Kauf in den Besitz der Landes-Versicherungsanstalt Elsaß-Lothringen übergegangen. Sie enthält 51 Krankenzimmer, in denen 142 Kranke aufgenommen werden können. Direktor der Anstalt ist ein Arzt, dem ein Assistenzarzt und drei Krankenschwestern beigegeben sind. Von der Anstalt herrliche Aussicht auf die Gebirgskette der deutschen und französischen Vogesen.

LEOPOLDINENHEIM für Frauen, 810 m hoch bei Altweier, dem höchsten Vogesendorf im Elsaß, gelegen, in den Jahren 1902 und 1903 von der Landes-Versicherungsanstalt Elsaß-Lothringen errichtet, kann 92 Kranke aufnehmen. Das Hauptgebäude enthält im Untergeschoß die Küchen- und Kellerräume, im Erdgeschoß Speisesaal Aufenthalts- und Wirtschaftsräume, in den beiden Obergeschossen die Krankenzimmer; außerdem sind in zwei Döckerschen Baracken 40 Kranke untergebracht. Das Nebengebäude enthält die Badeeinrichtungen, die Wäscherei und Wohnräume für drei verheiratete und mehrere unverheiratete Bedienstete.

B. BESONDERE KASSENEINRICHTUNGEN (KNAPPSCHAFTSVEREINE)

Bearbeiter: KÖHNE, Knappſchaftsdirektor, Gerichtsaſſeſſor a. D., Direktor des Allgemeinen Knappſchaftsvereins Bochum.

Die deutſchen Knappſchaftsvereine haben die Aufgabe, den ihnen als Mitglieder angehörenden Bergarbeitern und Grubenbeamten und deren Angehörigen in Fällen von Krankheit, Invalidität oder Tod Unterſtützungen zu gewähren. Die Regelung des Knappſchaftsweſens iſt den einzelnen Bundesſtaaten vorbehalten, die in ihren Landesgeſetzen das Beſtehen von Knappſchaftsvereinen für den Bergbau fordern und ihre Tätigkeit beaufſichtigen. Die Knappſchaftsvereine beruhen wie die reichsgeſetzliche Arbeiterverſicherung auf der Grundlage des Beitrittszwanges und erhalten die Mittel zur Erfüllung ihrer Aufgaben aus Beiträgen, zu deren Entrichtung die Werksbeſitzer und Mitglieder verpflichtet ſind. Sie werden von einem aus Vertretern der Werksbeſitzer und Mitglieder beſtehenden Vorſtande verwaltet.

Mit ihren erſten Anfängen reichen die Knappſchaftsvereine bis ins tiefe Mittelalter zurück. Den Anlaß zu ihrer Entſtehung gab die Eigenart des Bergbaues mit ſeinen beſonderen Gefahren für Leben und Geſundheit der Bergarbeiter und die Sonderſtellung, welche die Bergarbeiter früher in rechtlicher und ſozialer Beziehung einnahmen. Als ihre Aufgabe ſtellten ſie ſich anfänglich wohl in erſter Linie die Wahrung und Förderung der allgemeinen Standesintereſſen der Bergarbeiter, die Erweckung und Förderung eines bergmänniſchen Solidaritätsgefühls und Korpsgeiſtes, bald aber auch die Unterſtützung der Kranken, Invaliden, Witwen und Waiſen. Die zur Durchführung dieſer letzteren, den Knappſchaftsvereinen bis in die heutige Zeit verbliebenen Aufgabe beſtehenden Einrichtungen waren in der erſten Zeit ſehr beſcheiden und dürftig. Die Mittel für ihre Unterſtützungsaufgaben erhielten die Knappſchaftskaſſen anfänglich durch freiwillige Beiträge, die bei Bedarf unter den Knappſchaftsgenoſſen geſammelt wurden. Bald aber traten an die Stelle dieſer freiwilligen Beiträge feſte Beitragsſätze und auch Beihilfen der Gewerken, deren letztere darin beſtanden, daß die Gewerken ſogenannte Freikuxe für die Knappſchaft mitbauten, beſtimmte Prozentſätze des Produktionsertrags an die Knappſchaft abführten und die vorübergehenden Unterſtützungen aus eigenen Mitteln beſtritten, indem ſie bei Erkrankungen oder Verunglückungen den Lohn für eine beſtimmte Dauer — in der Regel 4 bis 6 Wochen — weiter zahlten, ſo daß der Knappſchaft in der Hauptſache die Fürſorge für die länger und dauernd erwerbsunfähigen Bergleute und für die Witwen und Waiſen verblieb.

Verſuche zu einer geſetzlichen Regelung der Knappſchaftskaſſen finden ſich ſchon ſehr früh. Die Knappſchaftskaſſen werden ſchon in den älteſten Quellen des deutſchen Bergrechts, ſo namentlich in den Constitutiones iuris metallici Wenzeslai II vom Jahre 1300 (der ſogenannten Kuttenberger Bergordnung) erwähnt. Aber im allgemeinen fanden die Knappſchaftskaſſen in den berggeſetzlichen Verordnungen nur ſehr allmählich im Laufe vieler Jahrhunderte Eingang, ſo daß es im allgemeinen lange Zeit bei dem überlieferten Gewohnheitsrechte verblieb. Die zahlreichen Bergordnungen des 14. und 15. Jahrhunderts ſcheinen keine Anordnungen über das Knappſchaftsweſen getroffen zu haben. Von den ebenſo zahlreichen Bergordnungen des 16. Jahrhunderts und von den weniger zahlreichen des 17. Jahrhunderts berückſichtigen das Knappſchaftsweſen die folgenden:

die Rammelsberger B.-O. 1539,
die Naſſau-Katzenelnbogenſche B.-O. 1559,

gebenden Vorschriften der Reichsgesetzgebung in Einklang zu bringen, auf die Sicherstellung der den einzelnen Knappschaftsvereinen obliegenden Leistungen hinzuwirken, und durch Einführung eines gesetzlichen Gegenseitigkeitsverhältnisses aller preußischen Knappschaftsvereine den Knappschaftsmitgliedern die Erhaltung erworbener Pensionsanwartschaften beim Übertritt in einen anderen Bergbaubezirk und Knappschaftsverein zu sichern. Das preußische Berggesetz vom 24. Juni 1865 bedeutete eine so durchgreifende und mustergültige Ordnung der bergrechtlichen Verhältnisse und der Knappschaftsvereine, daß es mit mehr oder weniger erheblichen Änderungen von den meisten der übrigen deutschen Staaten als Landesgesetz übernommen wurde, so daß heute fast überall, wo in Deutschland Bergbau betrieben wird, Knappschaftsvereine bestehen, die der reichsgesetzlichen Arbeiterversicherung Deutschlands als mustergültiges Vorbild dienten.

81. ALLGEMEINER KNAPPSCHAFTS-VEREIN ZU BOCHUM

Der Allgemeine Knappschafts-Verein zu Bochum, hervorgegangen aus der am 1. Juli 1890 erfolgten Verschmelzung des Märkischen Knappschafts-Vereins zu Bochum, des Essen-Werdenschen Knappschafts-Vereins zu Essen a. d. Ruhr und des Mülheimer Knappschafts-Vereins zu Mülheim a. d. Ruhr, umfaßt mit Ausnahme einiger weniger Werke, für welche besondere Knappschaftsvereine bestehen, alle im Oberbergamtsbezirk Dortmund gelegenen, dem Allgemeinen Berggesetze für die Preußischen Staaten unterworfenen Bergwerke, Aufbereitungsanstalten und Salinen nebst den zugehörigen Betriebsanstalten. Sein Zweck ist, für seine Mitglieder und deren Angehörige nach den Bestimmungen seiner Vereinssatzung Fürsorge zu treffen und ihnen außerdem als zugelassene Kasseneinrichtung im Sinne des § 8 des Invalidenversicherungsgesetzes vom 13. Juli 1899 eine diesem Gesetz entsprechende Fürsorge zu sichern. Die Mittel hierzu fließen dem Verein aus fortlaufenden Beiträgen der zur Zahlung gesetzlich verpflichteten Werksbesitzer und versicherten Mitglieder zu.
Der verschiedenen Art der Fürsorge entsprechend, bestehen innerhalb des Vereins drei Kassenabteilungen:
die Krankenkasse zur Leistung von Krankenunterstützung in Krankheitsfällen (Krankengeld, freie ärztliche Behandlung, Arznei usw.) für die Dauer von 26 Wochen;
die Pensions- und Unterstützungskasse zur Leistung von dauernden Unterstützungen im Falle der Berufsinvalidität der Bergleute, sowie von Witwen- und Waisenrenten an die Hinterbliebenen verstorbener Bergleute;
die Invaliditäts- und Alterskasse zur Gewährung von Renten neben der Pension für Berufsinvalidität in den Fällen, in welchen die Beschränkung der Erwerbsfähigkeit mehr als $66^2/_3$ v. H. beträgt.
Der Verein steht zur Unterbringung seiner der Krankenhauspflege bedürftigen Mitglieder mit fast sämtlichen in seinem Bezirke gelegenen Krankenhäusern in einem Vertragsverhältnis und hat daneben eigene Krankenhäuser in Gelsenkirchen und Recklinghausen (vgl. A Ziffer 2 und 3). Außerdem besitzt der Verein eine eigene Lungenheilstätte, die »Auguste-Viktoria-Knappschafts-Heilstätte« in Beringhausen bei Meschede i. W. (vgl. A Ziffer 1), die im Jahre 1904 in Betrieb genommen wurde, sowie das im Jahre 1908 erworbene Genesungsheim in Volmarstein (vgl. A Ziffer 4).

A. MODELLE UND BILDER

1 ANSICHT UND GRUNDRISS DER AUGUSTE-VIKTORIA-KNAPPSCHAFTS-HEILSTÄTTE. Die mit einem Kostenaufwand von über $1^1/_2$ Millionen Mark nach

gebenden Vorschriften der Reichsgesetzgebung in Einklang zu bringen, auf die Sicherstellung der den einzelnen Knappschaftsvereinen obliegenden Leistungen hinzuwirken, und durch Einführung eines gesetzlichen Gegenseitigkeitsverhältnisses aller preußischen Knappschaftsvereine den Knappschaftsmitgliedern die Erhaltung erworbener Pensionsanwartschaften beim Übertritt in einen anderen Bergbaubezirk und Knappschaftsverein zu sichern. Das preußische Berggesetz vom 24. Juni 1865 bedeutete eine so durchgreifende und mustergültige Ordnung der bergrechtlichen Verhältnisse und der Knappschaftsvereine, daß es mit mehr oder weniger erheblichen Änderungen von den meisten der übrigen deutschen Staaten als Landesgesetz übernommen wurde, so daß heute fast überall, wo in Deutschland Bergbau betrieben wird, Knappschaftsvereine bestehen, die der reichsgesetzlichen Arbeiterversicherung Deutschlands als mustergültiges Vorbild dienten.

81. ALLGEMEINER KNAPPSCHAFTS-VEREIN ZU BOCHUM

Der Allgemeine Knappschafts-Verein zu Bochum, hervorgegangen aus der am 1. Juli 1890 erfolgten Verschmelzung des Märkischen Knappschafts-Vereins zu Bochum, des Essen-Werdenschen Knappschafts-Vereins zu Essen a. d. Ruhr und des Mülheimer Knappschafts-Vereins zu Mülheim a. d. Ruhr, umfaßt mit Ausnahme einiger weniger Werke, für welche besondere Knappschaftsvereine bestehen, alle im Oberbergamtsbezirk Dortmund gelegenen, dem Allgemeinen Berggesetze für die Preußischen Staaten unterworfenen Bergwerke, Aufbereitungsanstalten und Salinen nebst den zugehörigen Betriebsanstalten. Sein Zweck ist, für seine Mitglieder und deren Angehörige nach den Bestimmungen seiner Vereinssatzung Fürsorge zu treffen und ihnen außerdem als zugelassene Kasseneinrichtung im Sinne des § 8 des Invalidenversicherungsgesetzes vom 13. Juli 1899 eine diesem Gesetz entsprechende Fürsorge zu sichern. Die Mittel hierzu fließen dem Verein aus fortlaufenden Beiträgen der zur Zahlung gesetzlich verpflichteten Werksbesitzer und versicherten Mitglieder zu. Der verschiedenen Art der Fürsorge entsprechend, bestehen innerhalb des Vereins drei Kassenabteilungen:

die Krankenkasse zur Leistung von Krankenunterstützung in Krankheitsfällen (Krankengeld, freie ärztliche Behandlung, Arznei usw.) für die Dauer von 26 Wochen;

die Pensions- und Unterstützungskasse zur Leistung von dauernden Unterstützungen im Falle der Berufsinvalidität der Bergleute, sowie von Witwen- und Waisenrenten an die Hinterbliebenen verstorbener Bergleute;

die Invaliditäts- und Alterskasse zur Gewährung von Renten neben der Pension für Berufsinvalidität in den Fällen, in welchen die Beschränkung der Erwerbsfähigkeit mehr als $66^2/_3$ v. H. beträgt.

Der Verein steht zur Unterbringung seiner der Krankenhauspflege bedürftigen Mitglieder mit fast sämtlichen in seinem Bezirke gelegenen Krankenhäusern in einem Vertragsverhältnis und hat daneben eigene Krankenhäuser in Gelsenkirchen und Recklinghausen (vgl. A Ziffer 2 und 3). Außerdem besitzt der Verein eine eigene Lungenheilstätte, die »Auguste-Viktoria-Knappschafts-Heilstätte« in Beringhausen bei Meschede i. W. (vgl. A Ziffer 1), die im Jahre 1904 in Betrieb genommen wurde, sowie das im Jahre 1908 erworbene Genesungsheim in Volmarstein (vgl. A Ziffer 4).

A. MODELLE UND BILDER

1 ANSICHT UND GRUNDRISS DER AUGUSTE-VIKTORIA-KNAPPSCHAFTS-HEILSTÄTTE. Die mit einem Kostenaufwand von über $1^1/_2$ Millionen Mark nach

dem Plan der Herren Geh. Baurat Schmieden und Regierungsbaumeister Boethke errichtete Auguste-Viktoria-Knappschafts-Heilstätte wurde im Jahre 1904 eröffnet. Sie liegt etwa 6 km von der Stadt Meschede entfernt in den landschaftlich schönen sauerländischen Gebirgen in etwa 110 m Höhe über der Talsohle. Als Zugang dienen eine zum Materialientransport und auch zur Personenbeförderung benutzte Drahtseilbahn und ein mit einer Steigung von 1:25 ausgebauter etwa 1700 m langer Zufuhrweg. Die Gesamtanlage besteht aus Hauptgebäude, Wirtschaftsgebäude mit Kessel- und Maschinenhaus, Liegehallen, Arzthaus, Gutshof und Wohnhäuser für das verheiratete Personal. Die Zahl der zur Verfügung stehenden Betten beträgt 118.

2 ANSICHT UND GRUNDRISS DES KNAPPSCHAFTS-KRANKENHAUSES I. Der nach dem Plan der Herren Geh. Medizinalrat Dr. Rapmund, Regierungs- und Baurat Horn und Regierungsbaumeister Kanold im Jahre 1903 begonnene Bau des Knappschafts-Krankenhauses I in Gelsenkirchen III, der einen Kostenaufwand von 1 776 473 Mark erforderte, wurde im Jahre 1905 vollendet und in Betrieb genommen. Die ganze Anlage besteht aus Hauptgebäude, Wirtschaftsgebäude, Isoliergebäude und Wohnhaus für den Chefarzt. Das Hauptgebäude enthält die Krankenräume, die Operationssäle mit Zubehör, die Zimmer der Ärzte, der Verwaltung und des Pflegepersonals und besteht aus Keller- bzw. Untergeschoß, Erd-, Ober- und Dachgeschoß. Das Krankenhaus ist für männliche Kranke bestimmt, die Anzahl der Betten ist auf 220 bemessen. Es wird geleitet von einem Chefarzt, dem 3 Assistenzärzte zur Seite stehen. Außerdem hat das Krankenhaus die Ermächtigung, bis zu 3 Medizinalpraktikanten zu beschäftigen. Neben dem männlichen Pflegepersonal sind 10 Schwestern der Westfälischen Schwesternschaft vom Roten Kreuz in Münster tätig. Das gesamte Personal der Anstalt beträgt zur Zeit 68.

3 ANSICHT UND GRUNDRISS DES KNAPPSCHAFTS-KRANKENHAUSES II. Das Knappschafts-Krankenhaus II in Recklinghausen wurde Ende 1906 dem Betrieb übergeben. Die gesamten Kosten betragen 1 855 246 Mark. Der Bau entspricht in seiner Anordnung dem des Krankenhauses I und hat eine Gesamtbettenzahl von 244, die im Bedarfsfalle auf 280 bis 290 erhöht werden kann. Die Leitung liegt gleichfalls in Händen eines Chefarztes, dem 4 Assistenzärzte zur Seite stehen. Auch dieses Krankenhaus hat die Ermächtigung, 3 Medizinalpraktikanten zu beschäftigen. Außer dem männlichen Pflegepersonal sind hier 15 Schwestern des Schwesternhauses Rotes Kreuz in Cöln-Lindenthal tätig. Das gesamte Personal beträgt 80.

4 ANSICHT DES GENESUNGSHEIMS VOLMARSTEIN. Das von dem Verbande der evangelischen Arbeitervereine für Rheinland und Westfalen im Jahre 1899/1900 für seine pflegebedürftigen Mitglieder errichtete, auf waldiger Bergeshöh bei Volmarstein gelegene Genesungsheim wurde im Jahre 1908 vom Allgemeinen Knappschafts-Verein käuflich erworben. Der Kaufpreis betrug 270 000 Mark, zu dem das Rheinisch-Westfälische Kohlensyndikat in großherziger Weise 100 000 Mark beisteuerte, so daß dem Knappschafts-Verein 170 000 Mark zu zahlen blieben. Die ganze Anlage zerfällt in das eigentliche Anstaltsgebäude, Arzthaus, Verwalterwohnhaus, Wirtschaftsgebäude und Gewächshaus. Die Anstalt, die in ihrem aus Keller-, Erd-, Ober- und Dachgeschoß bestehenden Anstaltsgebäude Raum zur Unterbringung von 103 Rekonvaleszenten bietet, steht unter Leitung eines Chefarztes. Das Verwaltungs- und Wirtschaftspersonal besteht aus 19 Personen.

5 GESAMTANSICHT DER VORDERFRONT des im Juni 1910 dem Betrieb übergebenen NEUEN VERWALTUNGSGEBÄUDES. Die Baukosten dieses 110 m langen Gebäudes, welches etwa 800 Beamten Platz bietet, betragen ohne Grundstückskosten 3 000 000 Mark. Das Gebäude besteht aus Keller-, Unter-, Erd-, I., II., Ober- und ausgebautem Dachgeschoß. Die beiden etwa 45 m hohen Türme sind ganz aus Werkstein aufgeführt worden, während bei dem übrigen Teil der Vorderansicht und den beiden Seitenflügeln des Gebäudes nur der Sockel und die Lisenen Werkstein erhalten haben. Zwischen den Türmen liegt in der Höhe des I. und II. Obergeschosses der Sitzungssaal für den zu gleichen Teilen aus Arbeitgebern und Arbeitnehmern bestehenden Vorstand. Dem Sitzungssaal angegliedert liegen zu beiden Seiten die Fraktionssäle für die Werksbesitzer und Arbeitervertreter, die diesen Gelegenheit zu besonderen Konferenzen bieten. Die Architektur des Baues ist in neuzeitlichen Formen gehalten.

6 MODELL DER HINTERFRONT DES NEUEN VERWALTUNGSGEBÄUDES, die Einrichtung einer Versicherungsabteilung veranschaulichend. Das Rückgrat des ganzen Gebäudes nehmen die Räume für die sogenannten Versicherungsabteilungen, d. h. die Abteilungen ein, welche mit der Bearbeitung der Personalien und der gesamten Ansprüche der einzelnen versicherten Bergleute beschäftigt sind. Die Zahl der versicherten Personen beträgt zur Zeit 353 000. Für jeden Bergmann, der erstmalig die Bergarbeit aufnimmt, muß aus praktischen Gründen gleich ein Aktenstück, das die Aufnahmepapiere (Geburtsurkunde, Gesundheitszeugnis) enthält, angelegt werden. Infolge des unter den Bergleuten großen Wechsels von einem Knappschaftsbezirk in den andern wird die Zahl der aufzubewahrenden Akten eine sehr große. Zur Zeit sind ungefähr 730 000 Akten vorhanden.

Um eine möglichst schnelle und zuverlässige Bearbeitung des Aktenmaterials herbeizuführen, erschien es notwendig, die Beamten räumlich möglichst an den Plätzen unterzubringen, wo die Akten aufbewahrt werden. Auf diese Weise entstanden die Bureauräume, welche das Modell zeigt. Die Bureaus zerfallen in

a) Aktenregale, die den an der Hofseite gelegenen Teil des Aktensaales einnehmen,

b) Plätze für die Beamten, die an der Außenseite des Saales liegen.

Die Aktenregale haben eine Länge von 107 m, bis zum Dachgeschoß eine Höhe von 17,20 m. In jedem Aktengeschoß können etwa 8 Aktenstücke untergebracht werden; insgesamt stehen 400 000 Aktenfächer zur Verfügung und diese berechnet auf 8 Stück pro Fach, ergibt rund 3 200 000 Aktenbände.

Die Aktenregale sind nach dem System der Archiv- und Bibliotheksbauten (System Lipmann) hergestellt. Sie stellen eine in sich abgebundene Eisenkonstruktion dar, die bis auf die Fundamente durchgeführt ist und ihrerseits mit ihren U-Eisenstützen die Deckenträger der Geschoßdecken aufnimmt.

Die Aktenfächer sind besonders daraufhin konstruiert, um mit der Entstaubungsanlage (Preßluft-Vakuum, System Borsig) mittels besonders geformter Saugdüsen leicht gereinigt werden zu können. Die Aktenfächer bestehen aus einem geschlossenen 1 mm starken Eisenblechboden, der an drei Seiten durch kleine Wellblechstücke das Fach von den Nachbar- und Hinterfächern abgrenzt, so daß sich die Akten nicht ineinanderschieben können. Es wird auf diese Weise eine bessere Ordnung erzielt, die den Betrieb sehr erleichtert, da bei der großen Fächerzahl nur wenige Akten immer in einem Fach zu liegen kommen.

Die einzelnen Geschosse der Aktenregale sind wieder in zwei Halbgeschosse geteilt, deren oberes durch kleine eiserne Treppen mit dem unteren verbunden ist und einen Fußboden aus Holzrosten hat. Die Höhe der Halbgeschosse ist mit 2,20 m so gewählt, daß die Akten aus den obersten Fächern ohne Hilfe von Leitern oder Trittgestellen herausgenommen werden können.

7 RELIEF DER BERGMANNSGRUPPE im Lichthof des Verwaltungsgebäudes des Allgemeinen Knappschafts-Vereins. Das Relief ist eine Stiftung des verstorbenen Vorstandsmitgliedes Bergwerksdirektor Dach in Düsseldorf. Es zeigt Bergleute bei der Arbeit in einem Querschlage.

8 PHOTOGRAPHIE DER GESAMTANLAGE DES LICHTHOFES.

9 ZWEI GIPSABGÜSSE DER BRONZEBERGMANNSFIGUREN im Vestibül des Verwaltungsgebäudes.

B. STATISTISCH-GRAPHISCHE TAFELN

10 DIE ZAHL DER ERKRANKUNGEN AN WURMKRANKHEIT (Ankylostomiasis) in den Jahren 1897-1909.

11 DIE ZAHL DER ERKRANKUNGS- UND TODESFÄLLE AN TUBERKULOSE in den Jahren 1897-1909. Die Zahlen der Erkrankungen und Todesfälle an Tuberkulose sind nur in ihrer absoluten Größe gestiegen. Im Verhältnis zur Mitgliederzahl haben diese Zahlen jedoch abgenommen, und zwar die Zahl der Todesfälle von durchschnittlich 1,713 im Jahre 1897 unter je 1000 Mitgliedern auf 1,593 im Jahre 1909.

12 DIE ZAHL DER ERKRANKUNGEN AN AUGENZITTERN in den Jahren 1900 bis 1909. Die große Zunahme der festgestellten Erkrankungen an Augenzittern ist mindestens zum Teil verursacht durch die strenge Beobachtung und häufigere ärztliche Behandlung dieser Erkrankungen.

13	DIE ZAHL DER ERKRANKUNGEN AN GESCHLECHTSKRANKHEITEN in den Jahren 1906-1909.
14	DIE ENTWICKELUNG DES ALLGEMEINEN KNAPPSCHAFTS-VEREINS. Das Verwaltungsperſonal des Allgemeinen Knappſchafts-Vereins in den Jahren 1860-1909.
15	DIE EINNAHMEN, DIE AUSGABEN UND DER VERMÖGENSBESTAND DER KRANKEN- UND PENSIONSKASSE in den Jahren 1860-1909.
16	DER DURCHSCHNITTLICHE ANTEIL EINES STÄNDIGEN MITGLIEDES AN DEM VERMÖGEN DER PENSIONSKASSE in den Jahren 1860-1909. Die plötzliche Abnahme des durchſchnittlichen Anteils eines ſtändigen Mitgliedes am Vermögen im Jahre 1908 iſt zurückzuführen auf die ſtarke Zunahme der Zahl der ſtändigen Mitglieder in dieſem Jahre. Dieſe Zunahme beruht auf der Herauſſetzung des Alters für die Aufnahmefähigkeit von 30 auf 40 Jahre.
17	DIE ZAHL DER MITGLIEDER DES ALLGEMEINEN KNAPPSCHAFTS-VEREINS und die Zahl der Empfänger von Invaliden-, Witwen-, Kinder- und Waiſenrenten ſeiner Penſionskaſſe in den Jahren 1860-1909. Die Abnahme der Zahl der rentenberechtigten Kinder von 1907 ab iſt zu erklären durch den Wegfall der Erziehungsbeihilfe für die Kinder der nach 1907 invalidiſierten lebenden Invaliden. Hierfür erhielten die Invaliden Erſatz durch eine entſprechende Erhöhung der Invalidenrenten.
18	DIE EINNAHMEN DER KRANKEN- UND PENSIONSKASSE in den Jahren 1860 bis 1909. Wegen der Abnahme der Ausgaben für Unterſtützungen an Kinder und Waisen vgl. Anmerkung zu Tafel 17.
19	DIE AUSGABEN DER KRANKEN- UND PENSIONSKASSE in den Jahren 1860 bis 1909. Die vorübergehende Steigerung der Verwaltungskoſten in den Jahren 1901 und 1902 iſt zurückzuführen auf die Koſten für den Bau der Lungenheilſtätte.
20	DIE EINNAHMEN DER INVALIDITÄTS- UND ALTERSKASSE in den Jahren 1902-1909 ſowie die Ausgaben für den gleichen Zeitraum.
21	DIE EINNAHMEN, DIE AUSGABEN UND DER VERMÖGENSBESTAND DER INVALIDITÄTS- UND ALTERSKASSE ſowie die Zahl der Empfänger von reichsgeſetzlichen Invaliden- und Altersrenten in den Jahren 1892-1909. Die vorübergehende Steigerung der Verwaltungskoſten in den Jahren 1902-1904 iſt verurſacht durch die Koſten für den Bau der Lungenheilſtätte.

82. SAARBRÜCKER KNAPPSCHAFTSVEREIN ZU SAARBRÜCKEN

Der Saarbrücker Knappſchaftsverein iſt eine auf berggeſetzlicher Vorſchrift beruhende, nach dem Invalidenverſicherungsgeſetze zugelaſſene Kaſſeneinrichtung. Er umfaßt die der Königlichen Bergwerksdirektion zu Saarbrücken unterſtellten Werke, die zugehörenden Betriebsanſtalten und die Knappſchaftsverwaltung und bezweckt, für die daſelbſt beſchäftigten Perſonen, ſoweit ſie kraft Geſetzes zur Mitgliedſchaft verpflichtet oder berechtigt ſind, die Krankenverſicherung ſowie die Invaliden- und Hinterbliebenenverſorgung zur Durchführung zu bringen. Außerdem hat er die Aufgabe, außerordentliche Unterſtützungen zu gewähren und durch Zahlung von Schulgeld und Lieferung von Schulbüchern für die Kinder der Vereinsmitglieder den Volksſchulunterricht zu fördern.

Die erſten Anfänge des Vereins waren die ſogenannten Bruderladen, die bereits um die Mitte des 18. Jahrhunderts unter den Saarbergleuten zum Zwecke der Krankenunterſtützung beſtanden. Durch Verordnung des Fürſten Ludwig von Naſſau-Saarbrücken vom 17. Mai 1769 wurde eine Bruderbüchſe für die Bergleute ſämtlicher landesherrlicher Gruben eingerichtet, die freie Kur und Arznei ſowie

Krankengeld und etwa weiter nötige Unterstützungen zu gewähren hatte. In dieser Verordnung ist die Gründung des Vereins zu erblicken. Eine festere Organisation erhielt die Einrichtung durch das Reglement vom 17. Oktober 1797 unter der Bezeichnung »Knappschaftskasse bey den Nassau-Saarbrückischen und anderen Steinkohlenbergwerken«. Sie bezweckte nunmehr außer der Krankenunterstützung auch die Unterstützung der Invaliden, Witwen und Waisen. Das Reglement von 1797 blieb jedoch nur wenige Jahre für die Verwaltung der Kasse maßgebend, denn bereits am 21. Februar 1801 wurde es zu förmlichen Satzungen erweitert, die über Einkünfte und Leistungen der Kasse genauere Bestimmungen trafen.

Die unruhigen Zeiten zu Anfang des 19. Jahrhunderts, verursacht durch die andauernden Kriege und den Wechsel in den Hoheitsrechten des Landes, wirkten auf die Entwicklung der Kasse, die bei ihren geringen, nur aus Mitgliederbeiträgen aufgebrachten Mitteln an und für sich einen schweren Stand hatte, höchst nachteilig. Als daher im Jahre 1815 die Vereinigung der Saarbrücker Lande mit der Krone Preußen stattgefunden hatte und die Verwaltung der staatlichen Bergwerke dem Königlich Preußischen Bergamte zu Saarbrücken übertragen war, beantragten die Mitglieder der Kasse in der Erkenntnis, daß ihre Vereinigung ohne Beihilfe der Werke nicht lebensfähig zu erhalten sei, die Übernahme der Verwaltung der Knappschaftskasse durch das Bergamt. Ihrem Ansuchen wurde seitens der Bergbehörde entsprochen, und so ging mit Beginn des Jahres 1817 die Verwaltung an das Saarbrücker Bergamt unter der Aufsicht des Königlichen Oberbergamts zu Bonn über. Die Bergverwaltung ließ es sich angelegen sein, das Gedeihen des Instituts nach Kräften zu fördern und gab ihm durch das Reglement vom 26. November 1817 eine neue Richtschnur. Gleichzeitig übernahm die Bergverwaltung die Gewähr für die Erfüllung der den Vereinsgenossen im Reglement gemachten Zusagen, indem von da ab neben den Beiträgen der Mitglieder Zuschüsse durch die Grubenkassen geleistet wurden.

Begünstigt durch das rasche Emporblühen des Bergbaues und die Segnungen eines ungestörten Friedens nahm dann die Entwicklung des Instituts unter einer sorgsamen und haushälterischen Verwaltung erfreulichen Fortgang. Bald zeigte sich auch das Bedürfnis, neue Vorschriften über die Verwaltung der Kasse zusammenzufassen. Es wurde daher unter dem 20. Januar 1839 eine neue Knappschaftsordnung für die auf den landesherrlichen Gruben im Bergamtsbezirke Saarbrücken beschäftigten Bergarbeiter durch den preußischen Finanzminister erlassen, die am 23. Juni 1853 durch eine von dem Minister für Handel, Gewerbe und öffentliche Arbeiten vollzogene »revidierte Knappschaftsordnung« ersetzt wurde.

Vier Jahrzehnte hindurch stand das Knappschaftsinstitut unter Leitung des Königlichen Bergamts, dem es seine Festigung und seinen inneren Ausbau verdankt. Als es im Jahre 1854 zur Knappschaftsgesetzgebung kam, war der Saarbrücker Knappschaftsverein bereits gebildet und abgegrenzt. Die nunmehr durch Gesetzeskraft der Vereinstätigkeit zugewiesenen Aufgaben, die unter dem allgemeinen Namen »Knappschaftskasse« die Leistungen einer Pensions-, einer Witwen- und Waisen-Versorgungskasse sowie einer Kranken- und Sterbekasse zu umfassen hatten, waren hier nicht allein längst eingeführt, sondern durch mancherlei weitere Einrichtungen, wie Industrie- und Sonntagsschulen, Gewährung freien Elementarunterrichts usw. erweitert. Von besonderer Wichtigkeit war nur die Bestimmung des Gesetzes, welche die Verwaltung des Vereins durch das Königliche Bergamt aufhob und einem Knappschaftsvorstand übertrug, dessen Mitglieder zur einen Hälfte von den Werkseigentümern, zur anderen Hälfte von den Knappschaftsältesten zu wählen waren. Diese gesetzliche Bestimmung gelangte durch das Knappschaftsstatut vom 29. Januar 1857 zur Ausführung. Auf Grund desselben wurde ein Vorstand durch Ernennung dreier

Mitglieder seitens des Ministers für Handel und Gewerbe und durch Wahl ebenso vieler Vertreter der Vereinsmitglieder seitens der Ältesten berufen und von diesem so gebildeten Vorstande nunmehr die Verwaltung des Vereins übernommen. Von da ab ist das Gesetz bzw. die auf Grund desselben erlassene Satzung die alleinige Richtschnur für die Beschlüsse und Handlungen der Verwaltung.

Das dem Staate zustehende gesetzliche Aufsichtsrecht wurde durch das Königliche Bergamt und einen ständigen, von ihm ernannten Beauftragten ausgeübt. Von 1857 bis 1867 wirkte die Bergbehörde von Aufsichts wegen bei jedem Verwaltungsakte des Vorstandes mit. Das Aufsichtsrecht wurde auch in der Neubearbeitung der Satzung vom 3. Januar 1863, zu der formell die Aufhebung des Bergamts den nächsten Anlaß bot, ungeschmälert aufrechterhalten, ging aber an das Königliche Oberbergamt zu Bonn über, das wieder zu dem Zwecke einen Beauftragten an Ort und Stelle in der Person des jeweiligen Vorsitzenden der Königlichen Bergwerksdirektion ernannte.

Das Allgemeine Berggesetz für die preußischen Staaten vom 24. Juni 1865 verlieh den Knappschaftsvereinen eine größere Beweglichkeit und Selbständigkeit, indem es die in dem ursprünglichen Gesetze gestellten Aufgaben und Zwecke ganz der Selbstverwaltung der Vereine übertrug. Das den Königlichen Oberbergämtern zustehende Aufsichtsrecht erstreckt sich von da an im wesentlichen nur noch darauf, die Beobachtung der Satzungen und die satzungsmäßige Verwaltung des Vereinsvermögens zu überwachen. Die so veränderten gesetzlichen Bestimmungen veranlaßten im Jahre 1867 eine nochmalige Umarbeitung der Satzung, der eine weitere, umfassendere im Jahre 1872 gefolgt ist.

Die neue Fassung der Satzung war bedingt durch die Gewerbeordnung für den Norddeutschen Bund vom 21. Juni 1869, die einschneidende Veränderungen der Arbeiterverhältnisse — u. a. die Freizügigkeit der Arbeiter — mit sich brachte. Sie war aber auch insofern dringlich, als durch die ungünstigen Einwirkungen des deutsch-französischen Krieges und durch die Zunahme der Zahl der Unterstützungsempfänger das Vereinsvermögen schwere Einbußen erlitten hatte und an eine Beseitigung des vorhandenen Fehlbetrags und an die finanzielle Sicherstellung der Einrichtung gedacht werden mußte. Gleichzeitig war eine den veränderten Lebensverhältnissen entsprechende Erhöhung der Leistungen, insbesondere der Invalidenpensionen, Witwen- und Waisenunterstützungen, geboten.

Die Tätigkeit des Vereins auf Grund der Satzung vom 26. Juli 1872 setzte sich zunächst bis zum 1. Juli 1886 fort. Von hier ab gab der 5. Nachtrag zur Satzung, der die Einführung des Krankenversicherungsgesetzes vom 15. Juni 1883 beim Saarbrücker Knappschaftsverein bezweckte, dem Krankenkassenwesen durch vollständige Trennung der Krankenkasse von der Pensionskasse eine bestimmte Form, bis das Gesetz, betreffend die Invaliditäts- und Altersversicherung, vom 22. Juni 1889 eine vollständige Neuorganisation und umfassende Änderung der Satzungsbestimmungen mit sich brachte, nach deren Durchführung der Verein am 18. Dezember 1890 durch Bundesratsbeschluß als besondere Kasseneinrichtung im Sinne des Reichsgesetzes, betreffend die Invaliditäts- und Altersversicherung, anerkannt wurde und vom 1. Januar 1891 ab die reichsgesetzliche Invalidenversicherung selbständig übernahm.

Die Umgestaltung der letzteren durch das Invalidenversicherungsgesetz vom 13. Juli 1899 erforderte wiederum eine durchgreifende Prüfung der Satzung und hatte am 1. Januar 1900 das Inkrafttreten der Knappschaftssatzung vom 1. Februar 1900 zur Folge, auf Grund deren die abermalige Anerkennung des Vereins als besondere Kasseneinrichtung erfolgte.

Schließlich gab das am 1. Januar 1908 in Kraft getretene Gesetz vom 19. Juni 1906, betreffend die Abänderung des Siebenten Titels im Allgemeinen Berggesetze für die preußischen Staaten vom 24. Juni 1865, in Verbindung mit den auf eine Erhöhung der Vereinsleistungen zielenden Bestrebungen der Vereinsmitglieder Veranlassung, die letztgenannte Satzung schon bald durch eine diesen Wünschen wie auch der gesetzlichen Neuregelung des Knappschaftswesens Rechnung tragende Satzung zu ersetzen. Letztere trat, nachdem sie von der Aufsichtsbehörde bestätigt und der Verein vom Bundesrate von neuem als besondere Kasseneinrichtung im Sinne der §§ 8, 9 des Invalidenversicherungsgesetzes anerkannt worden war, bereits vom 1. März 1907 ab als »Satzung für den Saarbrücker Knappschaftsverein vom 21. März 1907« in Kraft.

Auf Grund dieser Satzung werden nunmehr geleistet aus der Krankenkasse: freie ärztliche Behandlung und Arznei, Sterbegeld und außerordentliche Unterstützungen (ausschließlich der Leistungen an die Invaliden) und Krankengeld; aus der Pensionskasse: Invalidenpension, Invalidenwartegeld, Erblindungszulage, Witwenpension, Waisengeld, freie ärztliche Behandlung und Arznei sowie Sterbegeld der Invaliden, die Kosten des Volksschulunterrichts und außerordentliche Unterstützungen; aus der Invalidenversicherungskasse: die reichsgesetzlichen Invaliden- und Altersrenten sowie Beitragserstattungen.

Die durchschnittliche Zahl der Vereinsmitglieder, die allen 3 Kassenabteilungen gleichzeitig angehörten, betrug im Jahre 1910 rund 51500.

Der Vereinsbezirk erstreckt sich auf preußischem Gebiet über die Kreise Saarbrücken, Ottweiler, Saarlouis, St. Wendel und Merzig bis in die an letzteren angrenzenden Teile des Landkreises Trier, auf bayerischem Gebiete (der Pfalz) über die Bezirke St. Ingbert, Zweibrücken, Homburg, Kusel bis Kaiserslautern, ferner über den südlichen Teil des Fürstentums Birkenfeld (Oldenburg). Er ist in 49 Kursprengel eingeteilt, in welchen ebenso viele Knappschaftsärzte mit der ärztlichen (Revier-) Behandlung der Mitglieder betraut sind. Außerdem sind 5 Fachärzte für besondere Krankheiten und 10 approbierte Zahnärzte für die Zahnbehandlung bestellt. Die Krankenhausbehandlung erfolgt im allgemeinen in 4, dem Vereine gehörenden, insgesamt 750 Betten umfassenden Krankenhäusern, von welchen das neueste im Fischbachtale bei Saarbrücken mit einem Kostenaufwande von rund 2 Millionen Mark errichtet und im Jahre 1910 in Benutzung genommen worden ist. Im übrigen werden auch nach Bedarf auswärtige Heilanstalten in Anspruch genommen.

A. MODELLE UND BILDER

1 MODELL DES KNAPPSCHAFTSKRANKENHAUSES IM FISCHBACHTALE im Größenverhältnisse von 1:100.

ZWEI MAPPEN MIT PHOTOGRAPHISCHEN ANSICHTEN, und zwar:

2 MAPPE 1 mit Ansichten vom Knappschaftskrankenhaus im Fischbachtale;

3 MAPPE 2 mit Ansichten von den Knappschaftskrankenhäusern zu Völklingen, Sulzbach und Neunkirchen.

B. STATISTISCH-GRAPHISCHE TAFELN

1 DIE EINNAHMEN, AUSGABEN UND DAS VERMÖGEN des Knappschaftsvereins mit besonderer Angabe des Vermögens bei der reichsgesetzlichen Invalidenversicherung.

2 DIE DURCHSCHNITTLICHE ZAHL DER VEREINSMITGLIEDER und das Vermögen auf den Kopf der Mitglieder.

3 DIE INVALIDEN, WITWEN UND WAISEN DES VEREINS mit besonderer Darstellung der Zahl der Empfänger von reichsgesetzlichen Renten (Invaliden- und Altersrenten). Die starke Zunahme der Invaliden in den Jahren 1872 und 1873, 1891 bis 1893, 1907 und 1908 ist zurückzuführen auf das Inkrafttreten neuer Satzungen mit erhöhten Pensionsleistungen.

4 DIE JAHRESAUSGABEN an Invalidenpensionen, Renten auf Grund des Invalidenversicherungsgesetzes, Witwenpensionen und Waisengeld mit besonderer Darstellung der in den Pensionsleistungen einbegriffenen und der bar zu zahlenden Renten.

5 DIE ZAHL DER KRANKHEITSFÄLLE im Vergleiche zur Zahl der Mitglieder, die durchschnittliche Krankheitsdauer und die Ausgaben für Krankenpflege und an Krankengeld.

C. BÜCHER

1. Die aus Anlaß der Einweihung des Knappschaftskrankenhauses im Fischbachtale herausgegebene FESTSCHRIFT, enthaltend die Darstellung der Entwicklung des Knappschaftsvereins und die Beschreibung des Krankenhausbaues.
2. Der VERWALTUNGSBERICHT des Knappschaftsvereins für das Jahr 1909.
3. Die SATZUNG des Saarbrücker Knappschaftsvereins vom 21. März 1907.
4. Entwicklung und Ergebnisse des Saarbrücker Knappschaftsvereins. (Zur Verteilung.)

83. NORDDEUTSCHE KNAPPSCHAFTS-PENSIONSKASSE ZU HALLE A. S.

BILDER

Lageplan, Grundrisse und Abbildungen der Knappschaftsheilstätte Sülzhayn im Harze, Bahnstationen Ellrich und Benneckenstein.

84. KNAPPSCHAFTSKASSEN DES KÖNIGREICHS SACHSEN, DES PREUSSISCHEN OBERBERGAMTSBEZIRKS HALLE A. S. UND DER THÜRINGISCHEN STAATEN

18. Pensionskassen und Knappschaftsvereine mit 136000 Mitgliedern.

Die Knappschaftskassen, Knappschaftspensionskassen und Knappschaftsvereine sind die ersten und ältesten Träger der Arbeiterversorgung, ihr Ursprung führt bis zum Jahre 1300 zurück. Sie haben die doppelte Aufgabe, den in bergbaulichen Betrieben beschäftigten Arbeitern in Krankheitsfällen eine ausreichende Krankenunterstützung und im Falle ihrer Unfähigkeit zur Berufsarbeit eine laufende Invalidenpension sowie im Falle ihres Todes weitere laufende Pensionen an die Witwen und Waisen zu gewähren. (Im Königreiche Sachsen ist die Durchführung der Krankenversicherung den Werkskrankenkassen der einzelnen Werke überlassen.)

An Krankenunterstützung wird gewährt: für Mitglieder ununterbrochene freie ärztliche Behandlung und freie Arznei für 26 Wochen und Krankengeld oder Krankenhausbehandlung oder Heilstättenpflege und Angehörigenunterstützung, fachärztliche Behandlung, Wöchnerinnenunterstützung, außerordentliche Unterstützungen, Sterbegeld. Frauen und Kinder erhalten freie Kur und Arznei für 26 Wochen, fachärztliche und Krankenhausbehandlung, Sterbegeld.

An Pensionen werden gezahlt: laufende Invaliden-, Witwen- und Waisenpensionen. Außerdem gewähren die preußischen und thüringischen Knappschaftsvereine den Pensionsempfängern und ihren Angehörigen freie Kur und Arznei für 26 Wochen, Krankenhaus- oder Heilstättenbehandlung, fachärztliche Behandlung, außerordentliche Unterstützungen und Begräbnisbeihilfen.

STATISTISCH-GRAPHISCHE TAFELN

1 Anzahl der kurberechtigten Personen und die Leistungen der Krankenkassen in den Jahren 1900 bis 1909.

I. Bewegung der kurberechtigten Personen und der Krankheitsfälle:
   a) Anzahl sämtlicher kurberechtigten Personen,
   b) Anzahl der Mitglieder,
   c) Anzahl der Frauen und Kinder,
   d) Anzahl der Krankheitsfälle der Mitglieder.

II. Die Bewegung der Höhe der Krankenunterstützungen in den Jahren 1900 bis 1909:
   a) Krankengeld,
   b) Arzthonorar,
   c) Arzneikosten,
   d) Begräbniskosten und sonstige Ausgaben,
   e) Krankenhausbehandlungskosten.

III. Die Krankenkassenleistungen für eine kurberechtigte Person (1900 bis 1909).

2 DIE BEWEGUNG DER PENSIONSEMPFÄNGER, Höhe der Pensionen in den Jahren 1900 bis 1909 und die Bewegung der Gesamtrücklagen:

I. Bewegung der Zahl der Pensionsempfänger.
   a) Zahl sämtlicher Pensionsempfänger,
   b) Zahl der Invaliden,
   c) Zahl der Witwen,
   d) Zahl der Waisen.

II. Gesamthöhe der Pensionen:
   a) für alle Pensionsempfänger,
   b) Höhe der Invalidenpensionen,
   c) Höhe der Witwenpensionen,
   d) Höhe der Waisenpensionen.

III. Bewegung der Rücklagen von 1900 bis 1909.

85. OBERSCHLESISCHER KNAPPSCHAFTSVEREIN ZU TARNOWITZ O.-S.

Der Oberschlesische Knappschaftsverein bezweckt die Krankenversicherung seiner Mitglieder nach § 171b bis e des Allgemeinen Berggesetzes (Krankenkassenleistungen) und die Gewährung von Unterstützungen an die arbeitsunfähig gewordenen Mitglieder sowie an die Angehörigen verstorbener Mitglieder nach § 172a bis e des Allgemeinen Berggesetzes (Pensionskassenleistungen). Er ist hervorgegangen aus dem Schlesischen Hauptknappschaftsinstitut, welches durch das am 3. Dezember 1769 von Friedrich dem Großen erlassene »Privilegium für die Bergleute in dem souveränen Herzogtume Schlesien und der Grafschaft Glatz« gegründet wurde.

Das Gebiet des Oberschlesischen Knappschaftsvereins erstreckt sich auf die im Regierungsbezirk Oppeln gelegenen, vom Staate betriebenen oder verliehenen Bergwerke, Aufbereitungsanstalten und Salinen, die zugehörenden Betriebsanstalten und die zur Zeit dem Verein angehörenden Hüttenwerke und die dem Allgemeinen Berggesetze nicht unterworfenen Aufbereitungsanstalten und Eisenerzförderungen.

Ende des Jahres 1909 gehörten dem Vereine 83 Werke mit 154902 Mitgliedern an. Von diesen Werken waren im Betriebe: 54 Steinkohlenbergwerke, 1 Braunkohlenbergwerk, 1 Eisenerzbergwerk, 4 Blei- und Zinkbergwerke, 18 Zinkerzbergwerke, 3 Eisen- und Stahlhütten und 2 Blei- und Silber- und Kupferhütten.

Zu der Kranken- und Pensionskasse haben sowohl die Arbeiter als auch die Werksbesitzer Beiträge zu leisten. Die Beiträge der Werksbesitzer für beitrittspflichtige Mitglieder sind ebenso hoch wie die Beiträge der Mitglieder selbst.

Als gesetzliche Leistungen der Krankenkasse gewährt der Verein den Mitgliedern auf die Dauer von 26 Wochen freie ärztliche Behandlung, Arznei und im Falle der Erwerbsunfähigkeit Krankengeld (den Lazarettkranken 40 v. H. und den in der Behausung behandelten Kranken — Revierkranken — 50 v. H. des durchschnittlichen Tagelohns), ferner Wöchnerinnenunterstützung auf die Dauer von 6 Wochen in Höhe des satzungsmäßigen Krankengeldes und ein Sterbegeld im 25fachen Betrage des durchschnittlichen Tagelohnes.

Als Mehrleistungen der Krankenkasse gewährt er einmalige außerordentliche Unterstützungen in Geld, Badeunterstützungen und größere Heilmittel; für die Familienangehörigen der Mitglieder freie ärztliche Behandlung, Begräbnisbeihilfen, größere Heilmittel und Behandlung in Solbädern für Kinder.

Als gesetzliche Leistungen der Pensionskasse gewährt der Verein Invaliden- und Witwenpension und Waisenunterstützung sowie Begräbnisbeihilfen für die Invaliden. Als Mehrleistung gewährt die Pensionskasse Witwenaussteuer, freie ärztliche Behandlung für die Invaliden und deren Angehörige und für die Witwen und Waisen; freie Arznei für die Invaliden; Begräbnisbeihilfe für Angehörige von Invaliden und für Witwen und Waisen, Erziehungsbeihilfen, Unterstützungen für gebrechliche Waisen, einmalige Unterstützungen durch Geld, Gewährung von Heilmitteln, Fürsorge für Kinder durch Unterbringung in Heilstätten und Erziehungsanstalten und endlich für Personen, welche bei der Berufsarbeit invalide geworden sind, ohne einen Anspruch auf Invalidenpension erlangt zu haben, wenn sie dem Vereine vor dem 1. Januar 1908 länger als 10 Jahre angehört haben, eine fortlaufende Unterstützung (Drittelinvalidengeld).

Die Mitglieder sind verpflichtet, in Erkrankungsfällen sich in den Knappschaftslazaretten behandeln zu lassen.

Die allgemeinen Lazarette des Oberschlesischen Knappschaftsvereins befinden sich in den Orten Beuthen, Bielschowitz, Czuchow, Kattowitz, Königshütte, Laurahütte, Myslowitz, Orzesche, Petershofen, Tarnowitz, Rudahammer, Rybnik, Rydultau und Zabrze. Ferner ist in Kattowitz eine Augen- und eine Ohrenklinik auf dem Lazarettgrundstück errichtet, und in dem Solbade Goczalkowitz ist ein Kurhaus mit 75 Betten eingerichtet. Schließlich gehört dem Knappschaftsvereine noch in Malapane ein Gebäude, in dem außer der Wohnung des Arztes Räume für die Untersuchung der Kranken und für die Aufbewahrung der Apothekerwaren vorhanden sind. In den nächsten Jahren werden drei weitere allgemeine Lazarette in Knurow, Scharley und Czerwionka und ein zweites Kurhaus in dem Solbade Jastrzemb errichtet werden. Zur Zeit gehören dem Verein insgesamt 39 Krankenhäuser, 10 Verwaltungsgebäude und 95 sonstige mit dem Lazarettbetrieb in Verbindung stehende Gebäulichkeiten sowie ein Areal von 51 ha 83 ar 34 qm. Der Wert aller Krankenhausanlagen ist buchmäßig auf etwa 10 Millionen Mark ermittelt, der tatsächliche Wert ist aber erheblich höher.

Die Zahl der Kranken, welche täglich in den Lazaretten behandelt und verpflegt werden, beträgt rund 3200. Die Kosten der ärztlichen Behandlung, Arznei und Verpflegung in den Lazaretten stellt sich einschließlich der Amortisation für die Lazarettanlagen für jeden Kranken auf fast genau 3 Mark für einen Verpflegungstag.

A. MODELLE

KNAPPSCHAFTSLAZARETT in Rudahammer.

KNAPPSCHAFTSLAZARETT in Knurow.

B. 1 SCHAUKASTENSTÄNDER

mit Abbildungen ausgeführter Neubauten (Lazarettbauten, Verwaltungsgebäuden usw.), sowie statistischen Tabellen in den senkrechten Flächen, ferner mit Entwürfen von jetzt begonnen Neubauten und 2 Festschriften auf den schrägen Flächen.

ANHANG

1 Büste Kaiser Wilhelms II., von Professor G. JANENSCH, Berlin.

2 Büste Kaiser Friedrichs III., von Professor R. BEGAS, Berlin.

3 Büste Kaiser Wilhelms I., von Professor R. BEGAS, Berlin.

4 Arbeiterfigur, von Professor HOSAEUS, Berlin, als Wahrzeichen für die Sonderausstellung der deutschen Arbeiterversicherung modelliert.

5 Junger Arbeiter mit Sohn, von Professor HAVERKAMP, Berlin-Friedenau.

6 Der Bootsbauer, von Professor G. JANENSCH, Berlin, vom Geheimen Hofrat Professor Eugen Bracht, Dresden, freundlichst zur Verfügung gestellt.

7 Der Schmied, von Professor G. JANENSCH, Berlin, in Bronzeguß ausgeführt und von der Aktiengesellschaft vorm. Gladenbeck & Sohn, Bildgießerei, Berlin, freundlichst zur Verfügung gestellt.

8 Bergmann
9 Hüttenmann } von Professor REUSCH, in Bronzeguß ausgeführt und von der Kunstgießerei Aktiengesellschaft Schaeffer & Walcker, Berlin, freundlichst zur Verfügung gestellt.

10 Heimkehrende Schnitterin, von Professor MANZEL, Berlin-Charlottenburg.

11 Heimkehr, von HANS MÜLLER, von der Kunsthandlung Emil Richter in Dresden freundlichst zur Verfügung gestellt.

12 Zwei Bergleute, von Bildhauer FRITSCH, Düsseldorf, aufgestellt vom Allgemeinen Knappschafts-Verein, Bochum. Siehe auch S. 91.

FÜHRER DURCH DIE AUSSTELLUNG: DIE DEUTSCHE ARBEITERVERSICHERUNG

(Hierzu Grundrisse der beiden Hallen der Sonderausstellung)

DIE SONDERAUSSTELLUNG: DIE DEUTSCHE ARBEITERVERSICHERUNG wird von dem Besucher in der Regel unmittelbar von dem Hauptempfangs- und Festsaale der Hygiene-Ausstellung aus betreten. Man gelangt auf diesem Wege zunächst in die erste, kleinere Halle, welche die Verbindung des Festsaales mit dem Sonderpavillon (Pavillon 5) herstellt, der die zweite, größere Halle umfaßt.

In der ersten, kleineren Halle haben zunächst die ausstellenden Träger der Krankenversicherung, des ältesten Zweiges der deutschen Arbeiterversicherung, Platz gefunden. Auf der rechten Seite die Ortskrankenkassen (Seite 26 des Katalogs). Hier stellen die Ortskrankenkassen für den Gewerbebetrieb der Kaufleute, Handelsleute und Apotheker zu Berlin (Seite 30), die gemeinsame Ortskrankenkasse zu Düsseldorf (Seite 32), für Leipzig und Umgegend (Seite 29) und Dresden (Seite 28) aus. Die drei letzteren sind Vertreter der gemeinschaftlichen großen Ortskrankenkassen, welche alle versicherten Berufe eines Bezirkes umfassen, die erstgenannte eine besondere Krankenkasse für bestimmte Berufszweige.

Von Ausstellungsgegenständen sind hier besonders hervorzuheben:

Bei der Ortskrankenkasse für den Gewerbebetrieb der Kaufleute, Handelsleute und Apotheker zu Berlin die Ansichten der der Kasse gehörenden Lungenheilstätte Müllrose bei Frankfurt a. O.

Bei der Gemeinsamen Ortskrankenkasse zu Düsseldorf das Modell des Genesungsheims Höfel im Landkreise Düsseldorf nebst Ansichten von diesem Heim sowie die Bilder von dem zahnärztlichen Institut und einen Schaukasten mit zahnärztlichen und zahntechnischen Arbeiten.

Bei der Ortskrankenkasse Leipzig die Ansichten der Genesungsheime Augustusbad bei Dresden, zu Förstel im Erzgebirge und auf dem Gute am Gleesberg, der Nervenheilstätte in Naunhof bei Leipzig und des Zanderinstituts.

Bei der Ortskrankenkasse Dresden das Modell des Frauen-Genesungsheims »Altwettinshöhe« in Zitzschewig sowie Ansichten der in Zitzschewig befindlichen Genesungsheime für Männer und Frauen.

Auf der linken Seite ist die Ausstellung der deutschen Betriebskrankenkassen untergebracht, die der Verband zur Wahrung der Interessen der deutschen Betriebskrankenkassen eingerichtet hat. Ausgestellt werden Modelle, graphische Darstellungen, Photographien, Tabellen usw. Das Verzeichnis der einzelnen Aussteller enthält der Katalog auf Seite 34ff.

Besonders hervorzuheben ist hier eine plastische Darstellung der Geldbeträge der Leistungen auf den Kopf eines Mitglieds 1885 bis 1910 der Betriebskrankenkasse für die Gußstahlfabrik der Firma Fr. Krupp A.-G. zu Essen, dargestellt in Zehnpfennigstücken. Von derselben Firma ein Modell der Erholungshäuser für die Kassenmitglieder und deren Familienangehörigen. Ferner ein Modell des Erholungsheims bei Hattingen a. Ruhr der Betriebskrankenkasse der Chemischen Fabrik und Zinnhütte von Th. Goldschmidt in Essen a. Ruhr.

Nun folgen die ausstellenden Knappschaftsvereine, die bis auf den Oberschlesischen Knappschaftsverein in Tarnowitz (O.-S.) auch als besondere Kasseneinrichtungen der Invalidenversicherung tätig sind.

Anzuführen sind hier besonders der Allgemeine Knappschaftsverein zu Bochum, welcher tabellarische Darstellungen über seine Entwicklung in den letzten 50 Jahren, Bilder und Grundrisse seiner Krankenhäuser, der Lungenheilstätten und Genesungsheime, ferner das Modell der Rückseite seines neuen Verwaltungsgebäudes, zwei Bergmannsfiguren und das Relief einer Bergmannsgruppe vorführt.

Es folgen der Saarbrücker Knappschaftsverein mit dem Modell des Krankenhauses im Fischbachtale, die Norddeutsche Knappschafts-Pensions-Kasse in Halle, die Pläne und Ansichten der Knappschaftsheilstätte in Sülzhain im Harz ausstellt, sowie
die Knappschaftsvereine des Königreichs Sachsen, des Oberbergamtsbezirks Halle a. S. und der Thüringischen Staaten, welche hauptsächlich ihre Leistungen in graphisch-statistischen Darstellungen vorführen.

Der Oberschlesische Knappschaftsverein in Tarnowitz (O.-S.) ist mit Modellen der Knappschaftslazarette in Rudahammer Knurow sowie mit einem Schaukastenständer vertreten, in welchem Abbildungen von Neubauten und statistischen Tabellen zur Schau gestellt sind.

Die Knappschaftskassen versichern ihre Mitglieder von alters her sowohl gegen Krankheit wie gegen Berufsinvalidität. Da sie bei Einführung der reichsgesetzlichen Arbeiterversicherung bereits seit langer Zeit bestanden und ihre Mitglieder teilweise noch besser stellen als jene, hat das Gesetz ihnen ihre Organisationen und ihren Wirkungskreis belassen. In ihrer Eigenschaft als besondere Kasseneinrichtungen der Invalidenversicherungsanstalten erhalten sie auch den für die Invalidenversicherung gewährten Reichszuschuß. Näheres über die geschichtliche Entwickelung usw. der Vereine findet sich auf Seite 87 ff. des Katalogs.

In den Kojen der größeren Halle vor dem Mittelpunkte, wo das Reichs-Versicherungsamt seine Gegenstände ausstellt, sind rechts und links die Schaustücke der Landes-Versicherungsanstalten der Invalidenversicherung untergebracht. Diese schildern namentlich die Bestrebungen auf dem Gebiete des Heilverfahrens durch zahlreiche Bilder von Heilstätten; ebenso sind eine Reihe von Modellen solcher zur Schau gestellt.

Wendet man sich zunächst zur rechten Seite, so ist hier eine Karte vom Reichs-Versicherungsamt aufgehängt, aus der man die Heilanstalten und Invalidenhäuser der deutschen Versicherungsanstalten im Jahre 1910 ihrer Lage nach ersehen kann. In der Koje, in der sich diese Karte befindet, ist besonders noch hervorzuheben eine Sammlung von Krankenpflegegerätschaften, welche die Landes-Versicherungsanstalt Schlesien gegen Erstattung von 1/3 der Anschaffungskosten an diejenigen vaterländischen Frauen- (Zweig-) Vereine in Schlesien, denen für die Einrichtungen von Gemeindepflegstationen von ihr Beihilfen gewährt werden, zur Benutzung für die Gemeindepflegstationen liefert. Ebenso ist von dieser Landes-Versicherungsanstalt ausgestellt ein Wanderkorb für Wöchnerinnen mit Inhalt, der kostenlos an die vaterländischen Frauen- (Zweig-) Vereine zur Benutzung durch die Gemeindepflegstationen geliefert wird. In derselben Koje findet sich sodann noch ein Modell der Lungenheilstätten Albrechtshaus-Marienheim der Landes-Versicherungsanstalt Braunschweig. In der Nachbarkoje hat ein Modell des Genesungsheims Schirmeck der Landes-Versicherungsanstalt Elsaß-Lothringen Platz gefunden. In dieser Koje fallen sodann noch plastische Darstellungen auf, welche die

Landes-Verficherungsanftalt Schwaben-Neuburg ausftellt, welche die Aufwendungen fämtlicher deutfchen Verficherungsanftalten zur Darftellung bringen. Sie betreffen den Gefamtaufwand für das Heilverfahren im Jahre 1909, Anlage des Vermögens in Darlehen zur Förderung gemeinnütziger Beftrebungen, befonders zur Förderung des Arbeiterwohnungsbaues, die Zahl der in ftändiger Heilbehandlung geftandenen Perfonen unter befonderer Hervorhebung der wegen Lungentuberkulofe Behandelten. Vier diefer Darftellungen befinden fich in der gegenüberliegenden Koje.

Die Verficherungsanftalt Hannover bringt zur Schau das Modell des Genefungshaufes Friedrichshöhe nebft zwei kleinen Modellen von Arbeiterwohnhäufern.

Von den Schauftücken der Landes-Verficherungsanftalt Königreich Sachfen ift befonders hervorzuheben ein großes Modell der noch im Bau befindlichen Heilftätte bei Gottleuba fowie ein Modell des Zentralbades für diefe Anftalt. Gegenüber befindet fich das Modell der Lungenheilftätte derfelben Landes-Verficherungsanftalt in Hohwald bei Neuftadt. Neben dem Modell von Gottleuba befindet fich ein folches vom Erholungsheim Groß-Hansdorf der Landes-Verficherungsanftalt der Hanfeftädte fowie ein weiteres Modell der Rheumatiker-Heilanftalt der Landes-Verficherungsanftalt Rheinprovinz zu Aachen-Burtfcheid.

In der Koje hinter dem Modell Hohwald befindet fich ein folches des Hauptgebäudes der Sophien-Heilftätte für lungenkranke Männer auf dem Emskopf fowie 4 Ölbilder des Invalidenheims Etzelbach. In der Nebenkoje ift eine kleine Walderholungsftätte bei Weißenburg i. B. der Verficherungsanftalt für Mittelfranken fowie ein folches eines Arbeiterwohnhaufes ausgeftellt.

Schließlich fei noch hervorgehoben ein Krippenbild mit dem Modell der im Bau begriffenen Heilftätte Wafach; hier werden die Erfolge mit der Behandlung der an Lungentuberkulofe Erkrankten während der Jahre 1905 bis 1909 in anfchaulicher Weife durch kleine Bleifiguren dargeftellt. Die mit Arbeitszeugen ausgerüfteten Perfonen ftellen die Erwerbsfähigen, die mit Krücken verfehenen die in ein Invalidenheim Eingewiefenen, die Kreuze die Verftorbenen dar.

Den Mittelpunkt der größeren Halle nimmt eine Mittelkoje ein, in welcher, ebenfo wie in je 2 Seitenkojen, das Reichs-Verficherungsamt feine Ausftellungsgegenftände untergebracht hat.

In der Mittelkoje fteht die von Profeffor Hofaeus (Berlin) eigens für diefe Ausftellung entworfene und hergeftellte überlebensgroße, vergoldete Arbeiterfigur, welche als Wahrzeichen der ganzen Sonderausftellung zum künftlerifchen Ausdruck bringen foll, wie der Arbeiter im Deutfchen Reich im friedlichen Wettbewerbe der Nationen unter dem Schutz und der Förderung der deutfchen Arbeiterverficherung bei der Arbeit werktätig die Hände zu regen vermag.

Außer diefer Arbeiterfigur ift die Ausftellung durch eine Reihe weiterer Figuren aus dem Arbeitsleben des deutfchen Volkes gefchmückt (vgl. Anhang Seite 99).

Die drei Kaiferbüften zieren den Ausftellungsraum der Arbeiterverficherung mit Grund. Denn die deutfche Arbeiterverficherung ift eine der größten Errungenfchaften des neu geeinten Deutfchen Reichs. Sein erfter großer Kaifer, beraten von feinem Reichskanzler Fürften Bismarck, war Begründer, feine Nachfolger find Mehrer und Förderer diefer fegensreichen Gefetzgebung.

Auf dem Tifche vor der Mittelkoje befindet fich ein Bild des Dienftgebäudes des Reichs-Verficherungsamts in Berlin (Königin-Augusta-Straße 26). Neben diefem die Bödikerdenkmünze (von Profeffor Hofaeus), welche aus Anlaß des 25jährigen Jubiläums der Unfall- und der Invalidenversicherung zum Andenken an den ersten Präsidenten des Reichs-Versicherungsamts, den Organisator der neuartigen Schöpfung des Reichskanzlers Fürsten Bismarck, dessen hervorragender Mitarbeiter er war, geschlagen worden ist.

Auf dem Tische sind auch die wichtigsten Bücher und Druckschriften ausgelegt, insbesondere Veröffentlichungen des Reichs-Versicherungsamts. Auch die beiden Reden des jetzigen Präsidenten des Reichs-Versicherungsamts Dr. Dr. Kaufmann »dem Andenken Bödikers« und »25 Jahre Unfall- und Invalidenversicherung« sind hier ausgelegt.

Auf der Außenseite der Mittelkoje ist eine statistisch-heraldisch-allegorische Gesamtdarstellung der Einnahmen, Ausgaben und Leistungen der Arbeiterversicherung in Gestalt eines Bildes einer Eiche gegeben, welches im Abdruck dem Katalog beigegeben ist. Gesamttafeln über Kranken-, Unfall- und Invalidenversicherung nebst Erläuterungen ergänzen dieses Bild. In den zur Linken der vergoldeten Arbeiterfigur belegenen Kojen des Reichs-Versicherungsamts werden die auf die Vorbeugung bei der Arbeiterversicherung (insbesondere die Unfallverhütung) gerichteten Bestrebungen dargestellt, und zwar sowohl statistisch durch Tafeln, welche die Unfallhäufigkeit — auch getrennt nach Alter, Geschlecht und Betriebsgruppen —, die Arten der Unfälle usw. betreffen, wie namentlich auch durch zahlreiche Bilder von bewährten Sicherheits- und Unfallverhütungseinrichtungen. In 12 Albums finden sich über 1000 der neuesten Bilder dieser Art, die, mit Erläuterungen versehen, einen anschaulichen Einblick geben, wie man in Deutschland auf allen Gebieten der Technik bemüht ist, die Betriebseinrichtungen unfallsicher und hygienisch einzurichten. Eine so vollständige und den neuesten Stand schildernde Sammlung solcher Bilder ist bisher noch nicht ausgestellt worden. Auf der anderen Seite gibt das Reichs-Versicherungsamt in zwei Kojen einen Überblick über die auf das Heilverfahren gerichteten Bestrebungen der Kranken-, Unfall- und Invalidenversicherung. Auch hier sind die statistischen Tafeln über den Umfang und die Leistungen der Krankenversicherung und die Krankenfürsorge der Unfall- und Invalidenversicherung ergänzt durch Bilder von Krankenhäusern, Heilanstalten, Erholungsstätten, Genesungs- und Invalidenhäusern, die teils den Versicherungsträgern der Arbeiterversicherung gehören, teils von diesen für ihre Versicherten besonders benutzt werden. Die Auswahl dieser Bilder, welche dem Reichs-Versicherungsamte von den Versicherungsträgern zu Ausstellungszwecken zur Verfügung gestellt worden sind, ist so getroffen, daß durch sie die von den einzelnen ausstellenden Versicherungsträgern vorgeführten Bilder ergänzt werden.

In dem hinter der Mittelkoje gelegenen Teile der zweiten Halle findet sich die Ausstellung der ausstellenden Versicherungsträger der Unfallversicherung, nämlich der gewerblichen und landwirtschaftlichen Berufsgenossenschaften und deren Verbände.

Besonders zu erwähnen sind hier:

Die Sektion VI der Knappschafts-Berufsgenossenschaft, welche unter anderem die Figur eines Gruben-Rettungsmannes in voller Ausrüstung sowie einen Gasanalysenapparat ausstellt.

Die Sektion VII der Knappschafts-Berufsgenossenschaft,

die Ziegelei-Berufsgenossenschaft,

die Berufsgenossenschaft der Gas- und Wasserwerke, welche auf einer großen Karte von Deutschland die bei ihr versicherten Gas- und Wasserwerke nachweist,

die Papierverarbeitungs-Berufsgenoſſenſchaft,
die Zucker-Berufsgenoſſenſchaft mit ihren graphiſchen Darſtellungen und beſonderen Unfallverhütungsbildern,
die Brauerei- und Mälzerei-Berufsgenoſſenſchaft,
die See-Berufsgenoſſenſchaft mit Druckſachen; bei dieſer iſt auch eine Fiſcherfigur in Ölzeug mit Fanggerät aufgeſtellt, welche der Deutſche Seefiſcherei-Verein aus dem Muſeum in Altona zur Verfügung geſtellt hat.

Die land- und forſtwirtſchaftliche Berufsgenoſſenſchaft für den Regierungsbezirk Oberbayern ſtellt zur Schau das von ihr entworfene Modell einer landwirtſchaftlichen Muſterbetriebsanlage, bei welcher den Unfallverhütungsvorſchriften durchweg Rechnung getragen iſt. Das Modell iſt von den acht Bayeriſchen land- und forſtwirtſchaftlichen Berufsgenoſſenſchaften dem Königlich Bayeriſchen Arbeitermuſeum in München geſtiftet.

Die land- und forſtwirtſchaftliche Berufsgenoſſenſchaft für das Königreich Sachſen ſchildert auf ſtatiſtiſch-graphiſchen Tafeln das Anwachſen ihrer Ausgaben und Leiſtungen.

Die Haftpflichtverſicherungsgenoſſenſchaft der Sächſiſchen Landwirte bringt die Verteilung ihrer Mitglieder.

Die Braunſchweigiſche landwirtſchaftliche Berufsgenoſſenſchaft ſtellt ſtatiſtiſch-graphiſche Tafeln über ihren Mitgliederbeſtand und ihre Einnahmen und Ausgaben aus. Zwei Wände derſelben Kojen decken ſtatiſtiſche Tafeln des Reichs-Verſicherungsamts über Unfallverſicherung, insbeſondere die landwirtſchaftliche Unfallverſicherung; hier ſind noch die Karten zur Unfallhäufigkeit auf dem Gebiete der landwirtſchaftlichen Unfallverſicherung und — beſonders zahlreich — die für die einzelnen Verſicherungsträger der Gewerbe-, Bau- und See-Unfallverſicherung und deren Betriebsgruppen zu erwähnen. Dieſe letzteren decken die Wand rechts vom Ausgange des Pavillons zum nächſten Ausſtellungsraum.

Beſonders wichtig iſt für die Ausſtellung »Die Deutſche Arbeiterverſicherung« der vorliegende Katalog. In dieſem ſind die Ausſtellungsgegenſtände im einzelnen aufgeführt. Die ſtatiſtiſch-graphiſchen Geſamttafeln des Reichs-Verſicherungsamts ſind in ihm in den Hauptergebniſſen mitgeteilt. 32 derſelben ſind in Dreifarbendruck beigegeben.

Außerdem iſt der Katalog mit Grundriſſen der beiden Ausſtellungshallen und mit einer Abbildung der Arbeiterfigur, welche das Wahrzeichen der Ausſtellung bildet, geſchmückt. Beſondere Einleitungen, die von fachkundigen Mitgliedern des Arbeitsausſchuſſes verfaßt ſind, leiten die einzelnen Abſchnitte ein.

In dieſer Geſtalt hat der Katalog bleibenden Wert um ſo mehr, als er die Hauptergebniſſe der 25jährigen Statiſtik der Arbeiterverſicherung enthält. Der Katalog iſt in der Ausſtellung im Preiſe von 1 Mark käuflich. Unentgeltlich wird ein vom Arbeitsausſchuß herausgegebenes Merkblatt »Die Deutſche Arbeiterverſicherung« abgegeben, daß in deutſcher, franzöſiſcher, engliſcher und italieniſcher Sprache verfaßt iſt.

Die architektoniſche Ausſtattung der beiden Hallen der Deutſchen Arbeiterverſicherung iſt von dem Kgl. Sächſiſchen Baurat, Profeſſor Tſcharmann in Dresden, bewirkt. Der Tiſch für die Bücherei des Reichs-Verſicherungsamts iſt von den Deutſchen Werkſtätten für Handwerkskunſt, G. m. b. H., Dresden-Hellerau, freundlichſt zur Verfügung geſtellt. Über die zur weiteren Ausſchmückung der beiden Hallen der Arbeiterverſicherung verwendeten Kunſtgegenſtände gibt der Anhang des Katalogs, Seite 99, Aufſchluß.

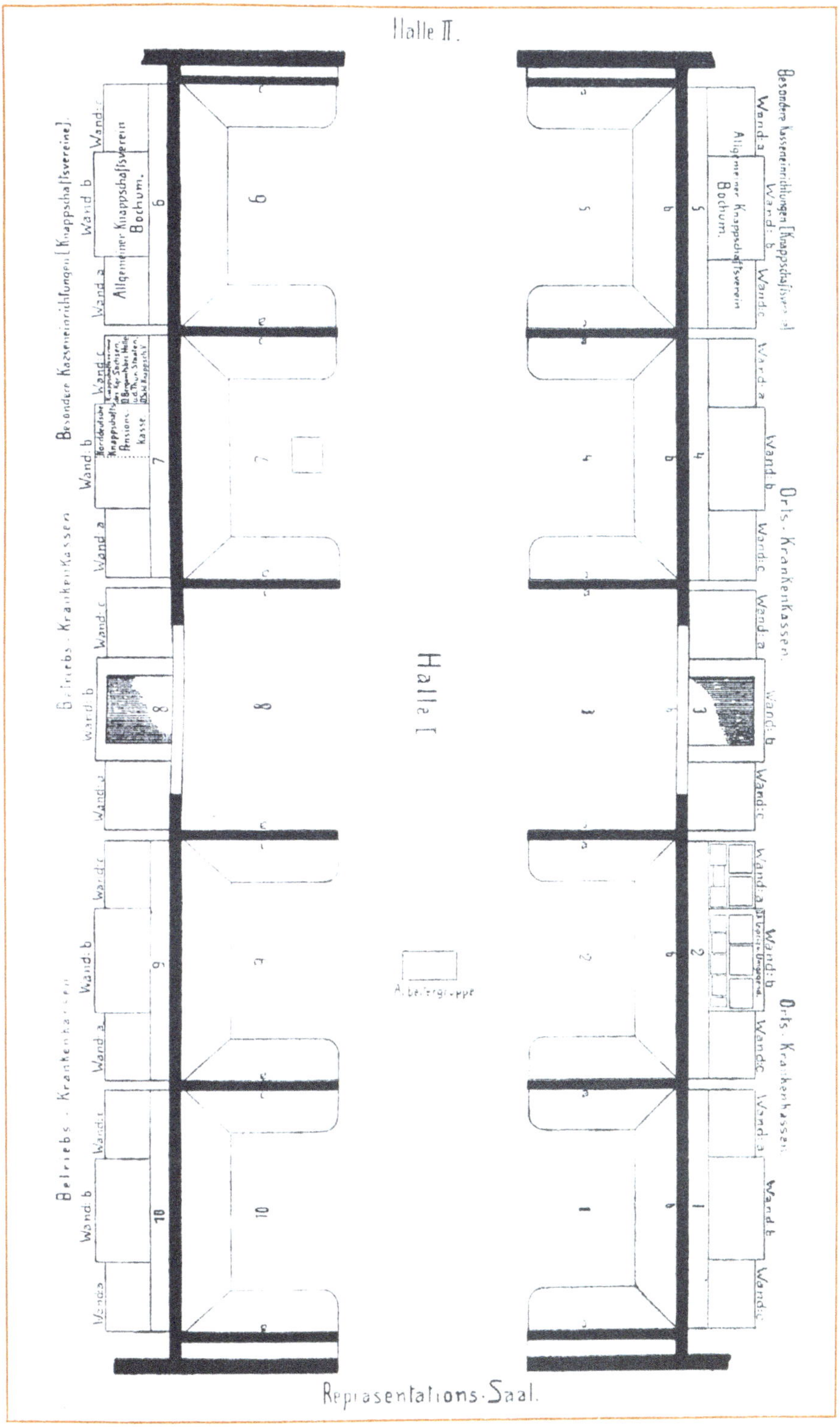
Halle II.
Besondere Kasseneinrichtungen (Knappschaftsvereine).
Allgemeiner Knappschaftsverein Bochum.
Betriebs-Krankenkassen
Orts-Krankenkassen
Halle I
Arbeitergruppe
Repräsentations-Saal.

Additional information of this book

(Die deutsche Arbeiterversicherung; 978-3-662-24187-5)

is provided:

EXTRA MATERIALS extras.springer.com

http://Extras.Springer.com